ESTADOS NÃO REPRESENTADOS E A CONSTRUÇÃO DE SIGNIFICADO

Blucher

ESTADOS NÃO REPRESENTADOS E A CONSTRUÇÃO DE SIGNIFICADO

Contribuições clínicas e teóricas

Organizadores

Howard B. Levine | Gail S. Reed |
Dominique Scarfone

Tradução
Patrícia Fabrício Lago

All rights reserved.

Authorised translation from the English language edition first published by Karnac Books Ltd. and now published by Routledge, a member of the Taylor & Francis Group.

Título original: *Unrepresented States and the Construction of Meaning: Clinical and Theoretical Contributions*

© 2013 Howard B. Levine, Gail S. Reed e Dominique Scarfone (organizadores)

© 2016 Editora Edgard Blücher Ltda.

1ª reimpressão – 2019

Blucher

Rua Pedroso Alvarenga, 1245, 4º andar
04531-934 – São Paulo – SP – Brasil
Tel.: 55 11 3078-5366
contato@blucher.com.br
www.blucher.com.br

Segundo o Novo Acordo Ortográfico,
conforme 5. ed. do *Vocabulário Ortográfico
da Língua Portuguesa*, Academia
Brasileira de Letras, março de 2009.

É proibida a reprodução total ou parcial
por quaisquer meios sem autorização
escrita da editora.

FICHA CATALOGRÁFICA

Estados não representados e a construção de significado contribuições clínicas e teóricas / organização de Howard B. Levine, Gail S. Reed, Dominique Scarfone ; tradução de Patrícia Fabrício Lago. – São Paulo : Blucher, 2016.

388 p. (Série Ideias e Aplicações Psicanalíticas)

Bibliografia

ISBN 978-85-212-1134-1

Título original: Unrepresented States and the Construction of Meaning: Clinical and Theoretical Contributions

1. Psicanálise I. Levine, Howard B. II. Reed, Gail S. III. Scarfone, Dominique. IV. Lago, Patrícia Fabrício.

16-1409 CDD 150.195

Todos os direitos reservados pela Editora
Edgard Blücher Ltda.

Índice para catálogo sistemático:
1. Psicanálise

Para André Green, in memoriam.

Conteúdo

Série *Ideias e Aplicações Psicanalíticas*   9
Editores e colaboradores   11

PARTE I
Aspectos clínicos e teóricos da representação: uma introdução

1. Introdução: de um universo de presenças a um
   universo de ausências   21
   Gail S. Reed, Howard B. Levine & Dominique Scarfone
2. Um espelho vazio: reflexões sobre a não
   representação   41
   Gail S. Reed
3. A tela incolor: representação, ação terapêutica
   e a criação da mente   73
   Howard B. Levine

8 CONTEÚDO

PARTE II

Presença e ausência: estudos teóricos

4. De traços a signos: apresentação e representação 115
   Dominique Scarfone

5. Figurabilidade psíquica e estados não representados 141
   César Botella & Sara Botella

6. "Se apenas soubéssemos o que existe!" 175
   Laurence Kahn

7. Estados mentais "não representados" 211
   Marion M. Oliner

PARTE III

Explorações clínicas

8. Pulsão, representação e as demandas da
   representação 237
   Marilia Aisenstein

9. A descoberta do guarda-chuva 257
   Jacques André

10. Em busca da simbolização: o trabalho de
    sonho do analista 273
    Roosevelt M. S. Cassorla

11. O inconsciente inacessível e a *rêverie* como
    um caminho de figurabilidade 295
    Giuseppe Civitarese

12. O processo de representação na
    primeira infância 321
    Christine Anzieu-Premmereur

Referências 341

Índice remissivo 367

Série *Ideias e Aplicações Psicanalíticas*

Comitê de Publicações da IPA

Este volume – o primeiro em sua versão brasileira – deu continuidade à série "Ideias e Aplicações Psicanalíticas" do Comitê de Publicações da Associação Psicanalítica Internacional, em associação com Karnac Books.

O objetivo desta série é se concentrar na produção científica de autores expressivos, cujas obras representam contribuições notáveis para o desenvolvimento do campo psicanalítico, bem como aprofundar ideias e temas relevantes, surgidos durante a história da psicanálise, que merecem ser conhecidos e discutidos pelos psicanalistas da contemporaneidade.

A relação entre as ideias psicanalíticas e suas aplicações deve ser apresentada a partir da perspectiva da teoria, prática clínica, técnica e pesquisa, de modo a manter sua validade para a psicanálise contemporânea.

O Comitê de Publicações objetiva compartilhar ideias com a comunidade psicanalítica e com profissionais de outras disciplinas relacionadas, a fim de ampliar seus conhecimentos e gerar um intercâmbio produtivo entre o texto e o leitor.

Editado por Howard B. Levine, Gail S. Reed e Dominique Scarfone, o presente livro – *Estados não representados e a construção de significado: contribuições clínicas e teóricas* – aborda o difícil campo dos estados não representados da mente, onde a capacidade de internalizar objetos é interrompida, perdida regressivamente ou nem mesmo desenvolvida. Isso acarreta, nesses pacientes não neuróticos ou *borderlines*, um nível diferente de funcionamento psíquico, que exige, portanto, mudanças em nossa escuta e prática psicanalítica.

Conforme discutido pelos editores na introdução, são apresentados aos leitores os principais aspectos teóricos – tais como os conceitos fundamentais de teóricos da mente primordial e das vicissitudes da representação –, bem como um detalhado material clínico que destaca a natureza única e específica do papel do analista em seu trabalho com pacientes não neuróticos.

Agradecemos especialmente aos editores e a todos os colaboradores que enriqueceram este livro e esta série com seus artigos valiosos – e de modo especial, Karnac Books e sua editoria no Brasil, por compartilhar nossos esforços na língua portuguesa.

Gennaro Saragnano
Presidente, Comitê de Publicações, IPA

Editores e colaboradores

Marilia Aisenstein é analista didata da Sociedade Psicanalítica Helênica e da Sociedade Psicanalítica de Paris (SPP). É Presidente da SPP e do Instituto Psicossomático de Paris, membro do conselho editorial da Revista Francesa de Psicanálise, cofundadora e editora da Revista Francesa de Psicossomática. Faz parte do Conselho de Administração da IPA e é a representante europeia para o Comitê Executivo da IPA. Atualmente, trabalha em seu consultório particular e dá seminários nas Sociedades de Paris e Helênica e preside o Comitê Executivo da Clínica de Psicanálise da SPP. É autora de três livros sobre psicossomática e hipocondria e tem inúmeros artigos publicados em revistas francesas e internacionais.

Jacques André é analista e supervisor na Associação Psicanalítica da França (APF), professor titular de psicopatologia na Universidade Paris-Diderot, e diretor da *Petite Bibliothèque de Psychanalyse* com a *Presses Universitaires de France* (PUF). Recentemente, publicou *"Laura – or the sexual borders of need"* no *International Journal of Psychoanalysis*. Entre outros títulos, é autor de "As Origens Femininas da Sexualidade", traduzido em cinco línguas, *"Les 100 mots* *de la psychanalyse*" (PUF, *Que Sais-Je?*, 2009) e, mais recentemente, "*Paroles d'hommes*" (Gallimard, 2012).

Christine Anzieu-Premmereur é membro do corpo docente do Centro Psicanalítico de Treinamento e Pesquisa de Columbia, onde é diretora do Programa de Treinamento em Psicoterapia Pais-Bebês, e do Instituto Psicanalítico de Nova York, onde é codiretora do Centro da Criança Pacella. É membro da Sociedade Psicanalítica de Paris (SPP) e da Associação de Medicina Psicanalítica e professora de psiquiatria na Universidade de Columbia. É membro da Associação Psicanalítica Americana e da IPA. Trabalha em seu consultório particular em Nova York como psicanalista de crianças e adultos. Também atende pais e bebês. Já publicou dois livros em francês sobre *Brincar em Psicoterapia Infantil* e sobre *Intervenções Psicanalíticas com Pais e Bebês*, e é autora de vários capítulos de livro e artigos em inglês sobre maternidade, função materna e desenvolvimento da criança, processo de simbolização na infância e técnicas de intervenção na primeira infância.

César Botella é analista didata na Sociedade Psicanalítica de Paris (SPP), da qual foi secretário-geral. Graduou-se como psiquiatra nas universidades de Madrid e Paris e fez formação psicanalítica na SPP. Foi presidente da Comissão de Psicanálise de Crianças e Adolescentes, da qual foi um dos membros fundadores dentro da SPP, foi delegado da COCAP e é delegado do CAPSA. Também trabalhou como psicanalista infantil em várias instituições de renome de Paris, ocupando-se principalmente com crianças psicóticas pequenas e, especialmente, crianças autistas. Tem uma vasta experiência em psicossomática e seguiu os preceitos da Escola de Psicossomática de Paris (IPSO), onde atualmente desenvolve pesquisa. Seu trabalho "Figurabilidade e Regrediência" (com Sara Botella), para o Congresso de Psicanalistas de Língua Francesa de 2001, foi publicado na Revista

Francesa de Psicanálise e fará parte de seu próximo livro. Como palestrante internacional (Europa, América Latina), publicou numerosos artigos. Seu livro mais conhecido é "O trabalho de figurabilidade psíquica". Atualmente trabalha exclusivamente em seu consultório particular em Paris.

Sara Botella é analista didata na Sociedade Psicanalítica de Paris (SPP). Estudou fonética em Budapeste e na Universidade de Sorbonne, em Paris. Além de sua formação psicanalítica na SPP, fez formação em análise de crianças e adolescentes, assim como em psicossomática na Escola de Psicossomática de Paris (IPSO). Trabalhou com psicossomática e como psicanalista de crianças e adolescentes em diversas instituições de Paris. Seu trabalho "Figurabilidade e Regrediência" (com César Botella), para o Congresso de Psicanalistas de Língua Francesa de 2001, foi publicado na Revista Francesa de Psicanálise e fará parte de seu próximo livro. Como palestrante internacional, publicou inúmeros artigos. Sua obra mais conhecida é o livro "O trabalho de figurabilidade psíquica". Atualmente trabalha exclusivamente em seu consultório particular em Paris.

Roosevelt M. S. Cassorla é analista didata da Sociedade Brasileira de Psicanálise de São Paulo e do Grupo de Estudos Psicanalíticos de Campinas e trabalha em seu consultório particular em Campinas, Brasil. Foi professor titular do Departamento de Psicologia Médica da Universidade Estadual de Campinas, e no Curso de Pós-Graduação em Saúde Mental. Atuou no Conselho Editorial do *International Journal of Psychoanalysis* e de várias revistas psicanalíticas brasileiras. Editou três livros sobre suicídio e morte e é autor de vários capítulos de livro e artigos sobre psicologia médica e psicanálise. Seus trabalhos recentes referem-se à técnica psicanalítica, *enactment* e configurações *borderline*.

14   EDITORES E COLABORADORES

Giuseppe Civitarese é membro da Associação Italiana de Psicanálise e da Associação Psicanalítica Americana, e trabalha em seu consultório particular em Pavia, Itália. Publicou vários artigos nas principais revistas psicanalíticas internacionais. Alguns de seus livros são: *The intimate room: theory and technique of the analytic field* (*The New Library of Psychoanalysis*, Routledge, 2010); *La violenza delle emozioni: Bion e la psicoanalisi postbioniana* (Raffaello Cortina, 2011) [*The violence of emotions: Bion and post-Bionian psychoanalysis* (*The New Library of Psychoanalysis*, Routledge, 2013)]; *Perdere la testa: Abiezione, conflitto estetico e critica psicoanalitica* (Clinamen, 2012). Também coeditou *L'ipocondria e il dubbio: L'approccio psicoanalitico* (Franco Angeli, 2011).

Laurence Kahn, antes de dedicar-se à psicanálise, era historiadora especialista em estudos helênicos e psicóloga. Trabalhou com a equipe de Jean-Pierre Vernant na Escola de Estudos Superiores em Ciências Sociais (EHESS), na França, onde obteve seu doutorado em História com a tese publicada em 1978 sob o título *Hermès passe oú les ambiguïtés de la communication* (Maspero). Atualmente é supervisora na Associação Psicanalítica da França (APF), da qual foi presidente entre 2008 e 2010. Integrou o Conselho Editorial da *Nouvelle Revue de Psychanalyse* de 1990 a 1994 e do *Le Fait de l'analise* de 1996 a 2000. Divide seu tempo entre a prática clínica, lecionar e escrever. É Diretora de Publicações do Anuário da APF. Publicou vários livros de psicanálise: *La petite maison de l'âme* (Gallimard, 1993), Sigmund Freud 1897-1904 (PUF, 2000), *Ficcion et vérité freudiennes – Entretiens avec Michel Énaudeau* (Balland, 2004), *Cures d' enfance* (Gallimard, 2004), *Faire parler le destin* (Klincksieck, 2005) e, mais recentemente, *L'Écoute de l'analyste* (PUF, 2012). Publica exaustivamente, tanto nacional como internacionalmente, em revistas psicanalíticas e em livros com outros autores.

Howard B. Levine é analista didata do Instituto de Psicanálise Massachusetts (MIP) e membro do corpo docente do Instituto de Psicanálise de New England Leste (PINE). Atende em consultório particular em Brookline, Massachusetts. É membro da Associação Americana de Psicanálise e da IPA, membro fundador do Grupo de Estudos de Processo Psicanalítico (GSPP) e do Grupo de Boston para Estudos Psicanalíticos, Inc. (BGPS). Atuou nos conselhos editoriais do *International Journal of Psychoanalysis,* do *Journal of the American Psychoanalytic Association,* do *Psychoanalytic Inquiry* e atualmente atua como representante da América do Norte no Conselho de Administração da IPA. É editor de *Adult Analysis and Childhood Sexual Abuse* (Analytic Press, 1990), coeditor de *The Psychology of the Nuclear Threat* (Analytic Press, 1986) e do *Growth and Turbulence in the Container/Contained* (Routledge, 2012), e é autor de inúmeros artigos, capítulos de livros e comentários sobre diversos temas relacionados ao processo e técnica psicanalíticos, intersubjetividade, estudos psicanalíticos comparativos, tratamento de transtornos primitivos de personalidade e das consequências de trauma precoce e abuso sexual na infância.

Marion M. Oliner é analista didata da Sociedade Freudiana de Nova York, com consultório particular em Nova York. É membro da IPA, da Associação Nacional de Psicologia para a Psicanálise, do Centro Metropolitano de Saúde Mental e da Faculdade do Instituto Metropolitano de Formação em Psicoterapia Psicanalítica. Desenvolveu um curso sobre "Dilemas Éticos na Prática Psicanalítica" que foi adotado por vários institutos e tem dado seminários sobre uma vasta gama de assuntos. Publica artigos, em geral sobre trauma, realidade externa e seu lugar na teoria psicanalítica e na psicanálise francesa. Muitas das suas contribuições também foram traduzidas para o alemão. Escreveu *Cultivating Freud's Garden in France* (Aronson, 1988) e *Psychic Reality in Context: Perspectives on Psychoanalysis, Personal History and Trauma* (Karnac, 2012).

16   EDITORES E COLABORADORES

Gail S. Reed pratica psicanálise e psicoterapia psicanalítica em inglês e francês em Nova York. É analista didata, supervisora e integra o corpo docente do Instituto da Sociedade Freudiana de Nova Iorque, do Instituto Psicanalítico Berkshire e NPAP, e é Membro Honorário do Instituto e da Sociedade Psicanalítica de Nova Iorque. É autora de dois livros – *Transference Neurosis and Psychoanalytic Experience: Perspectives on Contemporary Clinical Practice* (Yale University Press, 1994) e *Clinical Understanding* (Jason Aronson, 1996). Seus inúmeros artigos incluem *"On the Value of Explicit Reconstruction"*, *The Psychoanalytic Quarterly*, 62(1993):52-73, *"Spatial Metaphors of the Mind"*, *The Psychoanalytic Quarterly*, 72(2003):97-129, e *"'In the Same Way a Poem Contains the Alphabet': The Significance of Translation in William I. Grossman's Freud"*, *Journal of the American Psychoanalytic Association*, 57(2009):37-60. É presidente e membro fundador do Grupo para o Estudo do Processo Psicanalítico, Editora-Associada para Livros Estrangeiros e faz parte do Conselho Editorial da Revista da Associação Psicanalítica Americana e do Conselho Editorial da *Psychoanalytic Quarterly* e da *Psychoanalytic Inquiry*. Em 1985, foi agraciada com o prêmio *JAPA Recent Graduate Prize* por seu *"Rules of Clinical Understanding in Classical Psychoanalysis and in Self Psychology: A Comparison"*, *Journal of the American Psychoanalytic Association*, 35(1987):421-446.

Dominique Scarfone é professor titular do Departamento de Psicologia da *Université de Montréal*, onde leciona teoria psicanalítica, dá supervisão clínica e conduz pesquisa conceitual com seus alunos de doutorado. É psicanalista e trabalha em consultório particular, é supervisor e membro do Instituto e da Sociedade Psicanalítica de Montreal, das seções de língua francesa do Instituto e da Sociedade Canadense de Psicanálise. É editor associado do *International Journal of Psychoanalysis* e membro do conselho editorial do *Canadian Journal of Psychoanalysis*, bem como do conselho internacional da *Revue Française de Psychanalyse*. Publicou quatro livros : Jean Laplanche (PUF, 1997), *Oublier Freud? Mémoire pour la psychanalyse* (Boréal, 1999), *Les Pulsions* (PUF, "Que sais-je?", 2004), e *Quartiers aux rues sans nom* (Éditions de l'Olivier, Collection Penser/Rêver, 2012). Também é autor de vários capítulos de livros e artigos em revistas internacionais. É convidado regularmente para dar seminários e conferências no Canadá, Estados Unidos, França, Itália e América Latina.

PARTE I

ASPECTOS CLÍNICOS E TEÓRICOS DA REPRESENTAÇÃO:

uma introdução

1. Introdução: de um universo de presenças a um universo de ausências

Gail S. Reed, Howard B. Levine & Dominique Scarfone

Nas últimas décadas, o campo analítico ampliou-se significantemente em seu escopo. Um crescente número de analistas considera, agora, que a tarefa terapêutica requer que paciente e analista trabalhem juntos para fortalecer, ou criar, a estrutura psíquica anteriormente frágil, inexistente ou funcionalmente inoperante. Esse ponto de vista, que pode se aplicar a todos os pacientes, mas que é especialmente relevante para o tratamento de pacientes e de estados mentais não neuróticos, cria um contraste com a suposição mais tradicional de que a tarefa terapêutica envolveria a descoberta da dimensão inconsciente de uma formação de compromisso patológica que aprisiona um ego potencialmente saudável.

O contraste ao qual queremos chamar a atenção é aquele que existe grosseiramente entre as formulações sobre estrutura e

22 INTRODUÇÃO

funcionamento psíquicos que eram consideradas como tendo sido suficientemente bem explicadas pelas hipóteses da teoria topográfica de Freud e aquelas que não eram.[1] As primeiras são modeladas a partir da neurose e da interpretação dos sonhos, onde os conflitos entre desejos relativamente bem definidos (saturados) e psiquicamente representados são entendidos como operando sob a égide do princípio do prazer-desprazer. As últimas envolvem um nível diferente de funcionamento e registro psíquico, que está mais associado a trauma psíquico pré-verbal e/ou intenso, bem como a estados mentais primitivos. Operam "além do princípio do prazer". De forma complementar, a teorização psicanalítica começou a mudar de uma concepção exclusiva ou predominantemente de um universo de presenças, esquecido, oculto ou disfarçado, mas disponível para ser descoberto, para um universo negativo de vazios, onde a criação da estrutura faltante, muitas vezes referida por "representação" pela designação metapsicológica freudiana, torna-se necessariamente parte da cura (por exemplo, Bion, 1970; Botella & Botella, 2005; Green, 1993, 1997; Roussillon, 1999; Winnicott, 1971c).

A representação, independentemente de como seja conceituada psicanaliticamente, é o ápice de um processo através do qual impulso e conteúdo, e em circunstâncias favoráveis, versões disfarçadas daquela parte do conteúdo que está inconsciente, devem estar todos ligados. É um termo com raízes históricas na metapsicologia de Freud, e seu uso psicanalítico remete a essa tradição e domínio teóricos. Não deve ser confundido com a forma como este termo ou termos similares são usados em outras disciplinas – por exemplo, no desenvolvimento infantil ou nas neurociências –, tampouco as referências à sua ausência devem ser mal interpretadas e necessariamente implicar a total inexistência de algum tipo de registro ou inscrição no "ser" – isto é, na psique ou no soma – do indivíduo.

Portanto, como será descrito adiante e analisado nas contribuições de nossos autores, o termo "representação" tem um significado psicanalíticoeumconjuntodeconotaçõesespecíficasquesãometapsicológica e clinicamente relevantes. Mas, quais termos serão usados para indicar a sua fragilidade ou ausência, ou para nos referirmos aos registros ou inscrições que ainda não alcançaram um nível de organização que os qualificaria como "representações" no sentido freudiano do termo? A própria existência ou não de tais registros ou inscrições é uma questão controversa na teoria psicanalítica. O que está em jogo é saber se uma determinada teoria postula ou não que existem registros ou inscrições que sejam "pré-psíquicos", ou de uma ordem mais arcaica ou "inferior" de organização do que as representações de Freud.

Em sua primeira topografia, por exemplo, Freud (1915c, 1915e) colocou as pulsões fora da psique, referindo-se a elas como um "conceito limite" (1915c, pp. 121-122) que existia na fronteira entre psique e soma. Desta forma, a formulação freudiana implicava que algum tipo de trabalho de transformação teria que ser feito para que os desejos que elas incorporavam aparecessem na mente, consciente ou inconscientemente, como desejos articulados. Bion (1962a, 1970), de modo similar, referiu-se aos elementos beta como protopsíquicos, porque percebeu que eles não eram adequados para serem utilizados para pensar, nem era possível pensar a respeito deles. Como a pulsão na primeira teoria de Freud, os elementos beta fazem uma demanda implícita ("turbulência") sobre a psique por trabalho (função-alfa). Eles poderiam tanto ser evacuados (identificação projetiva) como transformados em elementos alfa, ponto em que se tornam verdadeiras entidades psíquicas (ou seja, os blocos de construção do pensamento).

Green (1975, 2005a), seguindo a descrição de Winnicott (1971b) de descatexia, levantou a hipótese de interrupções na continuidade do sentido e significado ("um rasgo no tecido da psique") que surgia de falhas nas relações de objeto que levavam a falhas na capacidade de representar. Em contraste, Klein sugeriu que o conhecimento da existência do objeto era um componente inato da pulsão e que a fantasia inconsciente (ou seja, alguma forma de representação psíquica) era uma parte inerente da psique.

Nos artigos que se seguem, todos os nossos autores se alinham, nessa questão, de uma forma ou de outra, à tradição de Freud, Bion e Green, mais do que Klein; e entendem que os problemas estruturais subjacentes sejam a representação, sua fraqueza ou ausência, bem como os processos de transformação considerados necessários para corrigir essa fragilidade ou ausência. Queremos também alertar nossos leitores sobre a potencial confusão que pode surgir devido ao uso dos termos "presença" e "ausência". Na tentativa de usarmos a teoria, a presença "suficientemente boa" do objeto externo é o alicerce sobre o qual a capacidade de representação será construída. Uma vez que essa capacidade exista, o bebê será capaz de representar o objeto em sua ausência externa e, portanto, ter uma presença interna (representação do objeto) que irá permitir tolerar e vivenciar a ausência externa. Esse é o mundo do neurótico, no qual a ausência do objeto externo pode ser tolerada, porque uma representação suficientemente robusta desse objeto está simbolizada e existe internamente.

Quando o objeto externo revela-se excessivamente traumático ou se ausenta demasiadamente, então a capacidade de representar esse objeto internamente será prejudicada, perdida regressivamente ou não conseguirá se desenvolver. Esse é o mundo do não neurótico, em que a ausência ou fragilidade do objeto interno torna intolerável a ausência do objeto externo. A expressão sintomática desta última condição e sua abordagem analítica ocupa boa parte do material clínico apresentado nos capítulos que se seguem.

Independentemente de como seja formulado, o negativo do processo de representação certamente deve incluir uma falha na ligação da pulsão com o conteúdo inconsciente e com os disfarces de tal conteúdo inconsciente e, portanto, com buracos na estrutura psíquica, e com questionamentos sobre como podemos melhor tratar pacientes tão comprometidos. Seguindo Bion (1970) e Green (1998), pode-se escolher relacionar ambos tanto à organização dos fenômenos que podem preceder à obtenção de representação, quanto ao domínio – da psique ou do soma – que se pode supor que eles tenham habitado anteriormente a essa obtenção como mente primordial. Através desse termo, referimo-nos ao nível de organização e à inscrição de estados ou fenômenos que "ainda não são" ou são "proto"psíquicos, isto é, à experiência primitiva que pode fornecer a "matéria prima" capaz de, em circunstâncias ideais, ser transformada em "apenas psíquica".[2] Embora nossos colaboradores de modo algum se atenham a essas convenções terminológicas, estas podem ser distinções úteis para serem mantidas em mente por nossos leitores ao estudar os capítulos que seguem.[3]

Outra consideração que pode ser útil para leitores de língua inglesa refere-se às expressões originais de Freud *Vorstellung* e *Darstellung*,[4] em seus significados e combinações específicas. De certa forma, ambas podem significar "apresentação", que é como Strachey as traduziu, às vezes de forma que pode parecer confusa. Mas, enquanto *Darstellung* se refere a algo que está presente lá, diante de nós, *Vorstellung* se refere a algo de fato presente, mas neste caso, na mente. Portanto, *Vorstellung* pode ser geralmente traduzido por "representação", uma vez que a presença de algo na mente, de acordo com Freud, resulta necessariamente do fato de este algo ter sido uma vez percebido no mundo exterior (portanto, ele está "*re-apresentado*" ou apresentado novamente à mente). O que complica ainda mais as coisas são as expressões freudianas *Sach-Vorstellung* e *Wort-Vorstellung*, que Strachey traduziu como

26 INTRODUÇÃO

apresentação de coisa e *apresentação de palavra*, respectivamente. Isso pode, a princípio, parecer uma escolha questionável pelo tradutor, pois vimos que *Vorstellung* poderia ser geralmente considerada como uma *representação*, ao passo que a verdadeira "presença" é uma presença "ali diante de nós", sendo melhor traduzida por *Darstellung*.

No entanto, acreditamos que há uma boa razão pela qual Strachey tenha escolhido "apresentação" em vez de representação. Lembremos que *Vorstellung* é o que está presente na mente. Para psicólogos da consciência não psicanalíticos, isso significaria automaticamente que está "representado". Mas isso não pode ser assim considerado a partir do momento em que nossa concepção da mente inclui uma porção inconsciente. O inconsciente, de fato, é o lugar onde os conteúdos estão presentes como *coisas* (daí: *apresentações de coisas*) – até que sejam processados de forma que permita que eles se tornem parte da região pré-consciente-consciente e, assim, sejam *representados* (ou se tornem *representações*). Para que esta transformação ocorra, conteúdos inconscientes (*apresentações de coisas*) devem estar ligados a *apresentações de palavras*, como sustentado por Freud (1915e).

Mas por que então, podemos nos perguntar, falarmos de *apresentações* de palavras e não *representações* de palavra, uma vez que estas são conscientes? Em nosso entendimento, isso é porque, no processo descrito, as palavras fazem seu papel inicialmente não através de seu valor semântico, mas antes de tudo por serem *experiências perceptivas (auditivas) que têm um acesso direto à consciência*.[5] As palavras, portanto, primeiro devem ser *apresentadas* ao aparelho sensorial; assim, nessa função, elas próprias são verdadeiras *apresentações*. Uma vez que a sua apresentação seja alcançada, o conjunto de apresentações de coisas com apresentações de palavras possibilita que conteúdos inconscientes se tornem conscientes, isto é, – torna-se possível o processo de representar conscientemente – de gerar representações. (Ver também o Capítulo 4.)

Para complicar ainda mais, César e Sara Botella (Capítulo 5), dois dos principais colaboradores nesse tema para a literatura, optaram por traduzir *Darstellung* pela palavra *"figurabilité"* ["figurabilidade"], enquanto Laurence Kahn (Capítulo 6), outro grande colaborador, optou pela palavra "apresentação".[6]

Em parte, o que temos de enfrentar é o fato de que, como um campo, ainda não chegamos a um acordo sobre a definição dos termos, especialmente os termos em língua inglesa a serem usados para dar conta dessas diferentes situações. Nosso anseio é de que este livro ajude a chamar atenção para essa omissão e contribuir para a sua resolução. Embora os argumentos para cada uma das potenciais escolhas terminológicas sejam complexos, acreditamos que entendê-los será interessante e útil para os leitores descobrirem significados sutis, ainda que importantes, que esses conceitos englobam e que estão por trás da escolha de termos. Para aqueles que perseveram, o resultado será uma melhor compreensão das implicações teóricas e clínicas dessa linha de pensamento. Isso ajudará os leitores a terem em mente essas distinções ao ler os capítulos que seguem, à medida que eles abordam os problemas de representação, apresentação, figuração, figurabilidade e, talvez mais importante de tudo, o trabalho intersubjetivo e intrapsíquico que deve ocorrer ao se transformar o inconsciente primordial, desestruturado, num inconsciente mais robustamente representado e reprimido que é mais passível de uma intervenção analítica da forma mais habitual.

A ideia de uma função faltante de representação, ou, mais nitidamente, a falta de capacidade para representar objetos internos e *selves* como nós aqui propomos o conceito, aparece na descrição de

Winnicott (1971c, ver também Green, 1997) de descatexia, em que uma mãe "suficientemente boa" é transformada, por uma ausência excessivamente longa, na *mãe morta* de Green (Green, 1983b). Essa é uma ideia complexa na qual a psique é vista como potencialmente descontínua e suscetível a fraturas e, em última instância, a espaços vazios, onde em algum momento as representações podem ter estado ou estariam, se estivéssemos habitando um universo de presenças. Além disso, a descontinuidade assim produzida contamina a confiança técnica do analista na associação livre. Sem representações, não estão disponíveis, como indicadores de significado disfarçado, tanto a simbolização como o deslocamento, em seus sentidos habituais, marcados pela presença de cadeias de significados associativamente ligados e cadeias contínuas de significantes.

Freud tinha uma boa razão para não se aventurar tão longe de sua descoberta do inconsciente reprimido e organizado (ou seja, dinâmico) e seu universo circundante de presenças. Ele se manteve absorvido por suas ramificações clínicas e teóricas e pouco explorou possibilidades mais incipientes. Ainda assim, ao reconhecer a necessidade de fazer mudanças teóricas em seus conceitos sobre as pulsões e a estrutura mental, a partir das evidências de seu trabalho clínico, reconfigurou a sua teoria da mente, dividindo o sistema *Ics.* em id e ego inconsciente (Freud, 1923b). Ao fazê-lo, deixou em aberto a possibilidade de que, nos níveis mais profundos do id, os impulsos poderiam ser concebidos como uma força quase desprovida de organização, especificidade ou conteúdo; e que o ego inconsciente, que, segundo sua hipótese, estava em contato mais direto com o id, seria aquela parte da psique que era potencialmente capaz de fornecer estrutura e conteúdo representacional para os impulsos que seriam, de outra maneira, incipientes e inefáveis. Ou seja, ele abriu o caminho para uma visão da psique como contendo áreas que podemos, agora, chamar de não ainda representadas, não representadas ou pouco representadas.

Freud talvez não estivesse ciente de todas as consequências da mudança em sua teoria, porém, outros analistas que o seguiram, notadamente André Green, reconheceram que a teoria não mais considerava que a representação existisse em combinação com a pulsão, conforme era na teoria topográfica.

Essa mudança foi fundamental (Green, 2005a, pp. 101-102). As pulsões eram agora concebidas como estando dentro do aparelho psíquico, ao passo que na teoria topográfica somente os representantes conscientes, pré-conscientes e inconscientes das pulsões eram intrapsíquicos. Assim, o aspecto mais importante da psique não eram mais conteúdos e significado que diferiam em sua proximidade à consciência. "O objetivo mais primitivo da psique [se tornou] a satisfação instintual envolvida no ato (interno ou externo) e a descarga energética" (Green, 2005a, p. 101). Mais importante ainda do que a ascensão do ato foi a ideia da descarga de atos primitivos dentro do corpo para o prazer *ou* dor. A formulação de Freud da compulsão à repetição (1914g, 1920g) "virou o sistema freudiano completamente de cabeça para baixo" (Green, 2005a, p. 101).

À medida que o impulso veio para definir o id, o conceito do inconsciente foi profundamente alterado: as representações da teoria topográfica, dos sistemas Cs., Pcs., e Ics., foram reduzidas a qualidades (Green, 2005a, p. 102). Freud havia reconhecido que o significado poderia, ou não, ser anexado ao impulso.

Os psicanalistas têm tido dificuldade em aceitar essas consequências mais radicais da mudança na teoria de Freud. Temos a tendência a falar do inconsciente como um conceito, que combina energia e conteúdo – "o desejo inconsciente" –, que restaura um universo de presenças (onde a ausência sempre pode ser constituída), sem nos darmos conta de que a ação, o conteúdo e seu disfarce podem ser separáveis, ou estar em questão, e que os pacientes podem

30 INTRODUÇÃO

não ter a capacidade de representar conteúdo ligado às pulsões. No que diz respeito à atribuição de anseios ou desejos inconscientes a alguns pacientes, "é legítima a indagação quanto a essa categoria estar realmente presente, na medida em que suas formas brutas e pouco matizadas, expressões de demandas instintivas imperiosas, lançam uma dúvida sobre a relevância dessa qualificação" (Green, 2005a, p. 102). Enquanto a teoria de Freud implica que a advertência de Green é relevante para todos os pacientes – mesmo os neuróticos que melhor funcionam, entre nós, têm um id cujos recessos mais profundos irão incluir o insaturado e o amorfo –, em termos pragmáticos, a ausência da capacidade de representar pode não ser um problema com pacientes neuróticos, mas com os pacientes não neuróticos provavelmente será.[7]

Após a morte de Freud, houve um momento em que os analistas confrontaram conjuntamente os problemas da falta de capacidade para representar e a necessidade de criar estrutura em seus pacientes: o Congresso da Associação Psicanalítica Internacional, realizado em Londres em 1975. Naquele momento, em resposta ao tema do Congresso, "Mudanças na Prática e Experiência Analítica", André Green, um dos dois principais apresentadores, defendeu uma mudança significativa, à qual Anna Freud, a debatedora, se opôs.[8] No processo, os pontos de vista divergentes sobre presença e ausência se tornaram explícitos.[9]

Green alertou para o aumento na quantidade de pacientes que os psicanalistas não poderiam ajudar se limitassem o tratamento a uma teoria baseada no conceito das neuroses. Apontou também para o correspondente mal-estar dos analistas em sua tentativa de ajudar, através de instrumentos conceituais inadequados, a crescente maré de pacientes não neuróticos. Embora Green estivesse descrevendo suas próprias ideias, tipicamente complexas, naquele momento ele também estava falando por aqueles que o haviam precedido, especialmente Wilfred Bion e D. W. Winnicott.

Green, com sua incrível capacidade de resumir os pontos em comum daqueles, incluindo ele próprio, que foram pioneiros no tratamento e teorização de pacientes mais perturbados e, também, de prever as tendências futuras da prática clínica, nomeou Ferenczi como precursor revolucionário dessa nova teoria clínica. Ele defendeu, ainda, a adoção de uma teoria baseada na ideia de um núcleo psicótico; insistiu na contratransferência como o principal canal para compreender o que o paciente vivencia, mas não consegue expressar; e organizou esses pacientes num *continuum*, partindo daqueles caracterizados por "regressão fusional" e "dependência do objeto" (Green, 1975, p. 6) até os "antianalisandos", descritos por McDougall (1972), cuja aparente supranormalidade coloca o analista em uma situação de "exclusão do objeto", repelindo os esforços do analista de pensar sobre ele ou catexizá-lo.

Se o antianalisando paralisa o pensamento do analista, os pacientes inclinados à regressão fusional requerem a capacidade do analista de pensar por eles. Segundo Green, a maioria dos analistas que escreve sobre este grupo concorda em relação a três fatos:

1. Existe nesses pacientes "uma confusão entre sujeito e objeto, com uma indefinição dos limites do self" (Green, 1975, p. 6);

2. "O modo particular de simbolização é derivado de uma organização dual de paciente e analista" (Green, 1975, p. 6);

3. "Está presente a necessidade de integração estrutural através do objeto" (Green, 1975, p, 6).

Assim, a demanda de Green era de que os analistas se tornassem disponíveis às necessidades fusionais de seus pacientes e usas-

32   INTRODUÇÃO

sem a contratransferência resultante disso para descobrir, em si mesmos, e articular para seus pacientes aquilo que esses pacientes não podiam expressar por si próprios.[10]

Green nomeou quatro mecanismos de defesa característicos de estados psicóticos[11] que, segundo acreditava, esses pacientes usariam para prevenir uma regressão fusional: exclusão somática, expulsão via ação, clivagem e descatexia. Os dois primeiros constituem um curto-circuito da psique. Citando os principais autores da psicossomática francesa, Marty, De M'Uzan, Fain e David, Green descreveu que a exclusão somática restringia o conflito à esfera do corpo, a ponto de às vezes colocar a vida do paciente em perigo. Ao contrário da conversão, a exclusão somática é completamente desprovida de simbolização. Expulsão através da ação, a segunda defesa nomeada por Green, é a sua contrapartida, com o objetivo de anular a experiência interior de uma realidade psíquica dolorosa. Compromete formas mais adaptativas de ação, tais como a comunicação com o analista ou a tentativa de alterar a realidade externa. Nessa manobra, o ego se protege da "desintegração em um confronto, na fantasia, que poderia destruir tanto o próprio ego como o objeto" (Green, 1975, p. 6).

Green adotou a versão de Melanie Klein de clivagem para sua terceira defesa, observando que "todas as outras defesas descritas por autores kleinianos... são secundárias a ela" (Green, 1975, p. 6). Os efeitos da clivagem, segundo ele,

> [...] variam desde uma proteção de uma zona secreta de não contato, onde o paciente está completamente sozinho (Balint, 1968; Fairbairn, 1940) e onde seu verda-

> *deiro self está protegido (Winnicott, 1960, 1963a), ou*
> *novamente, que esconde parte de sua bissexualidade*
> *(Winnicott, 1971b), até ataques aos vínculos em seus*
> *processos de pensamento (Bion, 1957, 1959, 1970; Donnet*
> *& Green, 1973) e à projeção da parte má do self e do*
> *objeto (M. Klein, 1946), com uma marcante negação da*
> *realidade (Green, 1975, pp. 6-7).*

Na presença dessa defesa, os analistas permanecem em contato com a realidade interna do paciente, mas ora se sentem isolados de uma parte significativa dela, ora sentem suas intervenções como estragadas e ineficazes, porque são percebidas como malignamente persecutórias.

A descatexia, a quarta defesa, está mais proximamente relacionada com a função de representação. Aqui, Green descreve uma tentativa de homeostase emocional que é atingida não através da memória prazerosa de satisfação do bebê se alimentando e se tornando saciado, mas através de uma retirada perigosa do investimento do objeto. Essa retirada resulta numa depressão "primária", não uma depressão secundária, conforme encontrada na melancolia ou na ansiedade depressiva, associada à reparação e culpa (Klein), mas uma depressão branca, em que o vazio é o ponto de partida: "uma descatexia radical por parte do paciente, que busca atingir um estado de vazio e aspira ao não ser e ao nada" (Green, 1975, p. 7).

O que Green descrevia está relacionado com a irreconciliável contradição inerente aos estados limítrofes, onde se opõem a presença intrusiva do objeto (mau) e sua ausência (idealizada, mas inatingível) igualmente intolerável (Green, 1975, p. 7). Se uma neurose gira ao redor daquilo que Green denomina o "problema do desejo", os pacientes *borderline* ficam presos entre a dupla ansiedade

34 INTRODUÇÃO

de separação e intrusão e, ao tentar recorrer a um estado de vazio para fugir dessa dupla ansiedade, não podem pensar (Bion, 1957; Green, 1975). A descatexia impede a formação do pensamento e leva ao que Marty nomeou como depressão essencial e Green denominou *psychose blanche* [psicose branca].

Green, em conjunto com Jean-Luc Donnet (Donnet & Green, 1973), havia descrito essa psicose branca, considerando-a como o núcleo psicótico fundamental. Caracteriza-se pelo "bloqueio dos processos de pensamento, inibições das funções de representação e 'bitriangulação', onde a diferença dos sexos que separa dois objetos disfarça a clivagem de um único objeto, seja ele bom ou mau" (Green, 1975, p. 7). Mais precisamente, Green (1975) descreve um padrão insatisfatório e defensivo das relações de objeto em que existe "o bom e o mau", coexistindo com o "nada (ou perda) e a presença dominante do outro. Por um lado, o bom é inacessível... Por outro, o mau é sempre intrusivo e nunca desaparece" (p. 7). Na medida em que os bons e maus objetos são apenas dois aspectos do mesmo objeto, "é impossível constituir ausência" (Green, 1975, p. 8). Esse é um aparente paradoxo: embora esses pacientes não tenham a capacidade de representar o objeto em sua ausência – e esta falta da capacidade de representação, frente à ausência do objeto, leva diretamente aos espaços vazios da depressão primária e é prejudicial para a capacidade de pensar – ao mesmo tempo, e sob outra perspectiva, o mau objeto exerce continuamente seus efeitos, até que, ou a menos que, a situação seja analisada e elaborada.

Green se dedicou exaustivamente a discutir o desafio clínico apresentado por esses pacientes, "que [também] não podem usar o *setting* como um meio ambiente facilitador", na verdade fazendo um "não uso do mesmo" (1975, p. 10), de modo que o analista se depara com a necessidade premente de compreender o significado do próprio *setting*. Discorreu, ainda, sobre a necessidade de o analista titular sua atividade e passividade, a fim de evitar agudas ansiedades de intrusão e de abandono no paciente, e sobre a necessidade de conceituar diferentemente aspectos da técnica analítica, tais como o papel do silêncio do analista, ou a incapacidade do paciente de associar livremente. "Não basta", insistiu Green, "estudar as relações de objeto. Temos que nos questionar a respeito do espaço em que estas relações se desenvolvem, seus limites e rupturas, bem como o desenvolvimento temporal em que elas evoluem, com suas continuidades e descontinuidades" (1975, p. 10).

No que pode ser crucial para a técnica analítica, Green também descreveu mais detalhadamente a necessidade de o analista usar sua contratransferência. Naqueles pacientes que não podem usar o *setting* e onde é "impossível constituir ausência", o analista sente uma pressão interna, como se a situação analítica estivesse sob ameaça. Ele é forçado a "entrar num mundo... que requer a sua imaginação" (1975, p. 10), e é então obrigado a transformar em palavras os estados internos nele evocados. Esse uso das capacidades psíquicas do analista, de representação e de expressão, essa "ligação do embrionário e sua contenção dentro de uma forma" (Green, 1975, p. 10), é o trabalho imaginativo e intuitivo exigido do analista em um universo desprovido de presenças, mas onde é impossível constituir ausências – isto é, o trabalho demandado ao analista ao tratar aqueles que são incapazes de representar o objeto na sua ausência. Uma vez que esse trabalho é intuitivo, mais do que empírico, pode-se dizer que questiona a exigência clássica de escutar derivativos e interpretar cuidadosamente as resistências. No entanto, sua justificativa em ser algo diferente da sugestão ou da análise selvagem – embora, obviamente, a última sempre seja perigosa – mantém um argumento teórico que sustenta a separação entre impulso e conteúdo representacional.

A percepção de Green em relação à necessidade de adotar essa nova fundamentação teórica e postura clínica, em repensar o tratamento de pacientes não neuróticos, chocou-se com a forte oposição de Anna Freud (1976). Ela comparou o "mal-estar" mencionado por Green nos seus contemporâneos com o entusiasmo da sua geração por novas descobertas e as realizações terapêuticas que se seguiram, que certamente foram substancialmente eficazes, contanto que fossem restritos àqueles pacientes e setores da mente em que a representação era robusta. "A terapia psicanalítica teve o seu apogeu, obviamente, enquanto sua aplicação era limitada estritamente aos transtornos mentais para os quais ela foi concebida" (A. Freud, 1976, p. 257). Sua declaração absolutista não reconhecia o questionamento vigente sobre os diagnósticos de muitos dos pacientes de Freud e os de outros analistas pioneiros (Brunswick, 1928; ver também M. Burlingham, 1989, pp. 168-175; Gardiner, 1971).

Infelizmente, na visão de Anna Freud, os psicanalistas não puderam resistir à tentação de levar o tratamento para além do sistema fechado das neuroses de transferência, para as condições nas quais faltava uma condição essencial para o tratamento psicanalítico: as perversões sexuais e adições, em que o objetivo do tratamento seria considerado pelo paciente não como uma liberação do desprazer, mas como uma privação de seu próprio prazer; nas delinquências, em que o analista se defronta com a ausência de uma aliança no tratamento; nos traços desadaptativos de caráter, em que o sofrimento que é considerado necessário para motivar o início do tratamento analítico está igualmente ausente; nos distúrbios psicossomáticos; ou na análise de crianças, em que só raramente se pode fazer uso da associação livre.

Anna Freud rejeitou o que denominou de "ambição terapêutica" de Green, reduzindo seu pensamento complexo a uma tentativa infrutífera de recapitular uma relação simbiótica com a mãe suficientemente boa na transferência. Ela insistiu que a psicanálise deveria permanecer no seu universo de presenças, "com objetivos modestos e intensificação de insight" (A. Freud, p. 260), ajustando o método aos pacientes aplicáveis, neuróticos.

Quase 40 anos depois, estamos questionando se a psicanálise deveria permanecer dentro do universo designado por Anna Freud e limitar-se às condições neuróticas para as quais a teoria topográfica era tão apropriada. Em nossa ambição terapêutica, ou mesmo em nossos esforços em direção à onipotência, chegamos longe demais? Ou aprendemos a ver e compreender coisas que não sabíamos como fazer antes? O que Green estava – e nós estamos – tentando descrever é uma teoria cujo ponto de partida é um pressuposto diferente daquele que sustenta o tratamento psicanalítico clássico das neuroses, pelo menos em grande parte da América do Norte, e que nos leva numa direção diferente, em termos de expectativas, postura de escuta e intervenção clínica.

Este livro procura explorar o desenvolvimento teórico e clínico dessas ideias originais concentrando-se na possibilidade de vazios, entendidos como relacionados a uma fragilidade ou falta de capacidade de representação. Iniciamos com as contribuições de Reed (Capítulo 2) e Levine (Capítulo 3), que explicam e ilustram algumas das implicações clínicas dos conceitos fundamentais dos teóricos da mente primordial, principalmente Green, Bion e Winnicott. Segue uma série de ensaios conceituais/teóricos sobre as vicissitudes da representação por Scarfone (Capítulo 4), César e Sara Botella (Capítulo 5), Kahn (Capítulo 6) e Oliner (Capítulo 7). Nossa sessão conclusiva enfatiza a clínica mais uma vez, em que Aisenstein (Capítulo 8), André (Capítulo 9), Cassorla (Capítulo 10) e Civitarese (Capítulo 11) descrevem encontros analíticos detalhados que enfatizam a natureza singular e específica do papel do analista e da sua participação intersubjetiva no processo tera-

38   INTRODUÇÃO

pêutico, e Anzieu-Premmereur (Capítulo 12) compartilha conosco seus pensamentos e descreve seu trabalho terapêutico com bebês e crianças pequenas e seus pais.

Notas

1. Qualificamos essa afirmação por "grosseiramente", porque percebemos que a teoria estrutural também explica certos fenômenos neuróticos, como culpa inconsciente, que a teoria topográfica não pôde explicar.

2. Devemos a Vermote (2011), as designações "ainda não psíquica" e "apenas psíquica".

3. Por exemplo, Levine (Capítulo 3) refere-se a esses fenômenos como "não representados", Scarfone (Capítulo 4), como "traços", e Oliner (Capítulo 7) como "camadas". Veja também Lecours & Bouchard, 1997.

4. NR: Segundo Hanns, *Vorstellung* é um vocábulo de difícil tradução. Confunde-se facilmente com os termos *darstellen, vertreten e repräsentieren*, também traduzidos por representar, porém com significados em alemão distintos de *vorstellen*. Em português, *Vosrtellung* tem sido traduzido como "representação", "ideia", "apresentação" e, ainda, ocasionalmente, por "imagem", "concepção". Já *darstellen* tem sido traduzido por "representar", "figurar", "apresentar" e "constituir", enquanto *Darstellbarkeit*, por "representabilidade" ou "figurabilidade" (Hanns, L. A. *Dicionário comentado do alemão de Freud*. Rio de Janeiro: Imago, 1996).

5. Essa "qualidade sonora" da palavra, em oposição à sua função semântica (o que a palavra significa), implica também a relação com um objeto, porque é uma memória (re-apresentação) de um som feito por um outro em algum momento.

6. Ver também o trabalho de Gibeault, "*Phantasy and Representation*" (em Birksted-Breen, Flandres e Gibeault, 2010, pp. 268-285), em outra tentativa de esclarecer os problemas inerentes à tradução e compreensão da teoria de Freud.

7. A analogia que poderíamos fazer aqui é com a física de Newton, que ao se comparar com a mecânica quântica, poderá ser reduzida a "imprecisa" ou "inexata", mas se mostrará suficientemente útil para muitas situações macromecânicas.

8. Leo Rangell, o outro apresentador, tinha objetivos mais conservadores do que Green. Ele sugeriu um novo foco sobre a falta de integridade no comportamento humano e, desse modo, uma exploração em profundidade das interações ego-superego (Rangell, 1975).

9. Embora ausente do debate que estamos prestes a retomar, seria plausível considerar, como o fez Green, que Melanie Klein e seus seguidores acabariam apoiando, ironicamente, a posição de Anna Freud. A teoria kleiniana, com sua ênfase nas relações de objeto inconscientes (organizadas) e sua suposição de que o conhecimento do objeto é uma parte inerente da pulsão, é mais decididamente uma teoria de presenças, na qual mesmo as configurações mais traumáticas ou arcaicas são responsáveis por fantasias profundamente inconscientes que são representadas por relações de objetos, ou de objetos parciais, e suas transações.

10. Mesmo que não tenha sido enfatizada na época, é impressionante a semelhança com a formulação da função-alfa e continente/contido de Bion (1962a, 1970), bem como com muitas outras formulações posteriores de funcionamento intersubjetivo coconstrutivo.

11. Nenhum deles foi discutido no livro de Anna Freud, *O Ego e os Mecanismos de Defesa*, de 1936, mas Green entendeu que essas defesas mais neuróticas também apareciam no tratamento de pacientes mais doentes.

2. Um espelho vazio: reflexões sobre a não representação*

Gail S. Reed

Introdução

Minha sobrinha, de cinco anos de idade, veio para o interior comigo um dia antes de seus pais, que não puderam vir por causa do trabalho. Ela havia decidido recentemente não se casar com seu pai quando crescesse e, em vez disso, casar-se com um menino de sua classe. Seu pai "seria muito velho" quando ela estivesse pronta para se casar, explicou. Há pouco tempo, ela havia feito o casamento de seu bichinho de pelúcia favorito, um macho, com uma fêmea de seu vasto zoológico. Ela trouxe esse animal favorito em nossa viagem. Antes de ir dormir, ela disse que a nova esposa desse animal não pôde vir porque estava "no trabalho".

---

* Primeira publicação no *The Psychoanalytic Quarterly,* Volume 78, Número 1: 1-26, 2009. Publicado sob a permissão de *The Psychoanalytic Quarterly.*

42 UM ESPELHO VAZIO: REFLEXÕES SOBRE A NÃO REPRESENTAÇÃO

No dia seguinte, minha sobrinha me disse que, enquanto estava no carro no dia anterior, ela tinha imaginado sua mãe sentada ao seu lado, rindo e brincando com ela. Então ela trouxe à tona o assunto do envelhecer e morrer e mencionou a minha própria mãe, que tinha falecido antes de ela nascer. Ela pensou por um momento e perguntou: "Quando ela morreu, você ficou muito, muito triste"? "Sim", eu respondi. Ela me perguntou: "Mesmo tendo ficado zangada com ela, por que ela tinha que ir trabalhar?".

Minha sobrinha parecia estar perguntando se o seu senso da presença de sua mãe poderia sobreviver, dentro dela mesma, em face da hostilidade que sentia em relação à mãe. Se isso fosse possível, ela seria não apenas capaz de imaginar sua mãe, na ausência dela, mas também de pensar nela e sentir sua falta. Sua capacidade de evocar a mãe como uma companheira de brincadeiras e como um potencial objeto de luto – de fato, fazendo-lhe perguntas – surgiu para dar testemunho da conquista fundamental do desenvolvimento à qual eu me refiro, aqui, como *representação de um objeto primário*. Desse modo, não estou me referindo a todos os pensamentos e imagens de objetos importantes, mas a uma representação que, finalmente, envolve a diferenciação e a capacidade de lamentar, e é parte de um processo de simbolização (Segal, 1957, 1978).

Embora eu tenha começado com uma ilustração cotidiana dessa conquista fundamental, o tema do meu estudo é menos familiar: a possibilidade de uma falha na representação de um objeto primário, um conceito forte e contrastante desenvolvido por André Green e outros pensadores franceses influenciados por ele (como por exemplo, Anzieu, 1986; Botella & Botella, 2005; Roussillon, 1999). Indago agora como podemos entender tal falha ao se apresentar no processo psicanalítico, e se a compreensão sobre esse pensamento teórico poderia nos ajudar a realizar nosso trabalho clínico. Ao considerar essas questões, não deverei me aventurar à análise comparativa das diferentes teorias. Meu objetivo é mais modesto: esclarecer como as ideias de Green poderiam se manifestar na situação clínica.

Referencial teórico

A falha na representação de um objeto primário não é algo que a maioria dos analistas considera diretamente. Certamente pensamos sobre temas que se encontram estreitamente relacionados – sob uma perspectiva da psicologia do ego, o processo de separação-individuação, por exemplo, ou o alcance de constância objetal, ou a existência de representações de *self* e objeto contraditórias ou instáveis. Sob uma perspectiva kleiniana, podemos considerar o alcance da posição depressiva e/ou a ameaça imposta a essa conquista por uma agressão mortífera que destrói todos os objetos internos.

Embora possa existir uma sobreposição considerável, cada uma dessas formulações tem sua própria e distinta rede de conceitos teóricos relacionados, diferente da rede em que a falha de representação está incorporada. Por exemplo, as alternativas a que acabo de me referir não são expressas em termos de algo faltante, de espaços vazios ou lacunas. Em vez disso, elas enfatizam ilhas de significado, mais do que os espaços entre elas (Green, 1998).

Minha atenção para os espaços vazios surgiu a partir do meu interesse pela obra de Green. Seu foco no negativo o levou a conceitualizar os vazios na representação simbólica existente em pacientes não neuróticos, mas potencialmente analisáveis, e a considerar essas lacunas como significativas (Green, 1983b, 1986, 1993, 1997, 1998, 2002; Reed & Baudry, 2005). Ao fazer isso, ele explorou uma rica veia na teorização psicanalítica francesa que, nas palavras de McDougall (1989), explora além da "restrição de Freud do campo psicanalítico ao sistema representacional [da psique] como ancorado através da linguagem" (p. 14).

A rede teórica de Green, no que se refere à representação e suas falhas, tem longo alcance. Ela inclui não só um embasamento muito consistente em Freud, mas também no trabalho de Winnicott (1951, 1971c) sobre o objeto transicional, o espaço transicional e o papel do objeto na manutenção e ampliação desse domínio. Aquele bichinho de pelúcia da minha sobrinha, que recentemente se casou, era originalmente o seu objeto transicional, e podemos traçar seu desenvolvimento diferenciador e expansivo daquela primeira possessão "não eu" para um espaço de ilusão que promove uma brincadeira representacional na ausência física do objeto.

Mas, como Green (1997) apontou, Winnicott estava ciente de algo mais: interrupções na presença materna podem levar a uma falha no desenvolvimento progressivo em direção à simbolização, na esfera transicional. Segundo Winnicott:

> *Se a mãe se afastar por um período de tempo além de certo limite mensurado em minutos, horas ou dias, então a lembrança, ou a representação interna, se esmaece. À medida que isso ocorre, os fenômenos transicionais se tornam gradativamente sem sentido e o bebê não pode experimentá-los. Podemos observar o objeto sendo descatexizado (Winnicott, 1971c, p. 15, citado por Green, 1997, p. 1074).*

Essa observação nos leva a formulações de Freud sobre a atividade da pulsão, na medida em que esta interage com o desenvolvimento da ideação (Green, 2004). A ênfase, contudo, está no papel do objeto como mediador do desenvolvimento de significado e, por conseguinte, também sobre a excessiva ausência do objeto como pressagiando a falha de significado.

Conforme indica a observação de Winnicott sobre descatexia, a construção gradativa de representações de si e do objeto requer uma relativa consistência do comportamento do objeto na satisfação das necessidades. Repetidos traços de memória do saciar a fome, por exemplo, combinam-se como traços de memória de tensão seguida de satisfação. Eles, então, associam-se com o objeto que está em sintonia e que satisfaz, bem como com as mudanças prazerosas no estado corporal e com os intercâmbios afetivos prazerosos. A conquista da representação do objeto, deste ponto de vista, sinaliza a união da pulsão com o significado.

Em situações de fracasso, a representação do objeto não se liga a memórias de satisfação prazerosa. Pelo contrário, o desvanecimento observado por Winnicott surge quando ocorre uma ruptura intoleravelmente longa na repetição da experiência gratificante, seja por inconsistência do objeto, por uma mudança prolongada no estado mental ou afetivo ou por uma ausência muito longa. Em tais circunstâncias, nem a associação ao objeto de satisfação, nem a memória da própria satisfação pode ser mantida. Esse esmaecimento da representação materna é diferente de conceituações sobre a sua destruição interna, apesar da importância da raiva e da vingança em muitos desses pacientes, uma vez que uma representação de objeto interno tem que existir antes de poder ser destruída.

Green, por sua vez, reformula a última teoria das pulsões de Freud em termos de uma oposição entre investimento da pulsão e retirada de investimento. Green propõe um conflito entre o poder criativo objetalizante, de investimento e ligação de Eros, que liga o bebê com a vida, com o prazer, com o mundo objetal, em suma, com o significado, por um lado; e uma pulsão de morte reinventada, por outro. Essa pulsão de morte, que se manifesta por uma função desobjetalizante, retira investimentos, dissolve conexões e desliga o significado da busca de satisfação. A representação de um objeto primário depende de a pulsão de vida poder vincular o seu oposto, para que o amor, em sua função objetalizante, prevaleça sobre a retirada de investimento.

Tanto a objetalização como a desobjetalização estão em jogo, para Green, cada vez que a tensão interna força o indivíduo a enfrentar a desagradável realidade externa de uma falta de satisfação. A defesa da desmentida (*Verleugnung*) é convocada para fazer com que a intragável realidade da tensão interna insatisfeita possa desaparecer. O resultado é um apagamento. Quando uma representação interna de um objeto primário está presente, esse vazio se torna um fundo para fantasiar: minha sobrinha é um exemplo disso, ao imaginar sua mãe brincando com ela na ausência dessa última.

Mas onde representações internas não estão suficientemente presentes, o apagamento é um vazio – o que Green denomina de *alucinação negativa*, o equivalente a uma perda de significado. Esse vazio não é uma defesa contra os derivativos sexuais e agressivos da pulsão, como os sentimentos conscientes de vazio geralmente são (S. Levy, 1984); os derivativos da pulsão, por definição, já unem significado e impulso. Em vez disso, "parece ser uma defesa radical e extrema" que apaga o que poderíamos chamar de movimentos criativos internos do inconsciente. Estes geralmente ocorrem por meio de mecanismos como deslocamento, substituição, repressão e reversão afetiva (Green, 1999c, p. 195).[1]

A rede de ideias de Green se estende a partir dessa formulação para antever defesas contra a falta de sentido da alucinação negativa. As defesas utilizadas, no entanto, não são aquelas tipicamente vistas na doença neurótica. Elas incluem erupções de impulsos desconectados da ideação e manifestados pela ação, retraimento depressivo, comportamento masoquista, adições e doenças somáticas. Os afetos também podem preencher o vazio (Green, 1977, 1999a, 1999b).

Green e Winnicott descrevem um paciente para o qual anseios frustrados substituem um objeto insatisfatório. A inabalável ligação mantida através da frustração perpétua funciona para repelir uma lacuna aterradora (Green, 1997; Winnicott, 1971c).

Green (1975) também descreve ansiedades contraditórias nesses pacientes: por um lado, eles ficam apavorados pelo abandono e, por isso, são emocionalmente vorazes e carentes; por outro lado, eles são aterrorizados pela intrusão e assim rejeitam e se retraem. Esses pacientes devem não apenas defender-se contra ambas as ansiedades simultaneamente, mas também devem conciliá-las, para cobrir os espaços vazios dentro de si. O objeto necessário, mas não representado – ao contrário da imagem de minha sobrinha de sua mãe, a quem ela imagina brincando com ela – pode ser transformado num perseguidor interno quase delirante, eternamente presente: um objeto ruim, que ataca constantemente, mas ainda assim grudado com persistência.[2] Cindido desse objeto está um objeto imaginado como perfeito, onisciente e onipotente. Esse objeto idealizado permanece sendo uma figura distante e inatingível, um juiz crítico e decepcionante. Ideias correspondentes da clivagem parcial do *self* frequentemente complementam essas figuras imaginadas.

Green fala da escolha da alucinação em vez da morte, referindo-se a esses padrões de defesa de relações de objeto, uma vez que o resultado de uma pura cultura de desobjetalização corresponde às crianças abandonadas pelos pais, de Spitz (1965), que sucumbem à morte por hospitalismo. No entanto, em relação aos pacientes potencialmente capazes de trabalho analítico, devemos imaginar algo não tão fácil de captar, um *continuum* em que forças de vida se ligam apenas de forma tênue às forças de retraimento. Em outras palavras, a capacidade de representar existe, mas de uma forma muito fraca e vulnerável.

48 UM ESPELHO VAZIO: REFLEXÕES SOBRE A NÃO REPRESENTAÇÃO

A rede de ideias associadas à representação e seu fracasso também inclui o trabalho de simbolização (Lacan, 1954; Segal, 1957, 1978), como já discuti; sobre ligar e pensar (Bion, 1962a); sobre associação livre e seus limites; e sobre a contratransferência como uma necessária fonte alternativa de dados sobre o inconsciente do paciente.[3]

Como repetidas experiências de satisfação pulsional levam ao estabelecimento de significado – isto é, à representação do objeto – os impulsos pulsionais estão vinculados pela representação daquela satisfação em palavras. Esse processo, que Green denomina de *transferência sobre a palavra*, permite que o mundo interno se torne um tecido intacto de deslocamentos. No caso de pacientes neuróticos, esse deslocamento para a linguagem é assumido pela nossa técnica e permite ao analista usar a associação livre do paciente para inferir conteúdo inconsciente reprimido.

O quadro clínico que percebemos muda, no entanto, se postularmos que o tecido dos deslocamentos verbais sofre uma ruptura devido a uma falha na representação do objeto. Vazios então podem aparecer – quebras na continuidade sinalizando algo que não pode ser expresso na linguagem e não pode, portanto, ser pensado. Em vez de transferência sobre as palavras, predomina o que Green denomina de *transferência sobre o objeto*. As palavras são tomadas pela necessidade de expressão da pulsão e se tornam sem sentido, peças desconectadas; o que é expresso é uma necessidade do objeto transferencial como objeto real, atitudes contraditórias, versões mutantes e cindidas de *self* e objeto, ações impulsivas sem sentido e sintomas psicossomáticos.

Esta expressão pressionada pode parecer o oposto do vazio, e o clínico pode não perceber que essa ação é uma tentativa de preenchê-lo, a menos que a associação livre esteja substancialmente impedida (Milrod, 2007) e surja um estado depressivo desvitalizado. Para enfatizar a minha compreensão das ramificações clínicas dessas ideias: dado o contexto apropriado, o sinal da falta de representações estáveis dos objetos primários é a descontinuidade.[4]

Uma vez que o analista não pode depender inteiramente da associação livre para levá-lo a inferências curativas em relação a fantasias inconscientes reprimidas, o paciente deve ser ajudado a se conectar com o analista de modo a ser capaz de se desviar, através do analista, para chegar à parte inconsciente, não verbalizada de si mesmo. Assim, o analista deve considerar cuidadosamente se suas reações emocionais, nas sessões, poderiam envolver comunicações do paciente sobre o seu estado interior não representado e, às vezes, quando o analista julgar que este é o caso, colocar esses estados em palavras para o paciente (Green, 1975).[5]

O analista deve tornar-se, para estes pacientes, não apenas o estímulo para impulsos agressivos e eróticos, mas também, ao estilo de Winnicott, o que Green (2000) chama de "outro similar": suficientemente próximo e em sintonia com o inconsciente que o paciente não pode articular, mas diferente o suficiente para ser capaz de pensar sobre e verbalizar. O analista na transferência, portanto, tem uma dupla função: utilizar o *setting* para promover uma transferência sobre a palavra e analisar a transferência tradicional, assim suscitada.

Gostaria de ilustrar a possibilidade de entender o material clínico como apresentando uma falha de representação; e como, para pensar a respeito de um paciente, pode ser útil reconhecer não só o fenômeno, mas também sua relação com a rede de ideias na qual eu tenho mostrado que ele está incorporado. Vou fazê-lo, tanto quanto possível, através das palavras de duas pacientes de análise, a Srta. F. e a Srta. N.

Primeiro caso clínico

Srta. F: histórico e trechos clínicos

A Srta. F, uma mulher de quarenta e poucos anos, encaixa-se de modo bastante obvio na descrição de Green do tipo de pessoa em que o conflito inicial, pré-verbal, leva a espaços vazios, em vez de levar à representação de objetos. Impulsiva, fazendo abuso de substâncias, paranoide, incapaz de trabalhar de forma consistente com imagens contraditórias, boas e más, de si mesma e dos objetos, mãe sentida como rejeitadora, tendo sido ela mesma rejeitada desde muito cedo por sua própria mãe e tendo um pai altamente intrusivo, ela estava, após dez anos em tratamento, sóbria, mais reflexiva, trabalhando de forma criativa e lutando em seu primeiro relacionamento sério. Embora ainda houvesse muito para ser feito, foi novamente uma surpresa quando, numa sessão de segunda-feira, repentinamente como que se abriu o chão que havíamos construído:

> *Estes últimos dias tem sido muito difíceis para mim. [sic]. Senti como se estivesse girando fora de controle, cada vez mais rápido, sem conseguir parar. Não importa o quanto tentasse, não conseguia aterrissar. Quando isso acontece, não tenho nada em que me agarrar. Nada. Nenhum modo de parar. Eu me sinto desesperada. Antes, eu costumava pensar 'a vida é assim' – isso é tudo que eu sempre senti: desesperada, fora de controle, nenhum modo de parar, nada em que me segurar. Agora, uma parte de mim sabe que isso vai passar. Acredito nisso, mas isso não muda o que estou sentindo. Se eu não soubesse isso, teria feito alguma coisa autodestrutiva. Eu queria. [descreve quais drogas ela pensou em*

usar]. Eu me convenci a sair dessa. Pensei, 'Eu só vou me sentir duas vezes pior'. Eu só fiquei me atacando durante todo o final de semana. Acima de tudo, eu me senti mal porque eu estava tendo todos aqueles sentimentos.

Apesar de seu senso mais contínuo de si mesma e de sua capacidade de falar consigo sobre seus impulsos de se machucar, além de não ceder a eles, o tumulto da Srta. F era tão contagioso e angustiante como inesperado em sua pungência. Algo estava errado naquele momento e eu me senti abalada.

Eu estava no meio do trabalho, quando saí para a academia. Senti necessidade de malhar, porque parar me fazia sentir que eu não estava fazendo o que deveria estar fazendo. Mas eu não conseguia tolerar o modo como estava me sentindo. Robert [seu companheiro] voltou, não lembro quando. Só me lembro de ir dormir na sexta à noite pensando: 'Isso não é o que eu quero'. Parte disso foi ele ter me dito que ia ver seus filhos no dia seguinte. 'Aí está outro dia que ele tem de folga e que eu não consigo ficar com ele. Eu só consigo ficar com ele na falta de opção.' Foi o efeito dominó, no auge da instabilidade que eu já estava sentindo. Eu já estava me sentindo mal em relação à coisa toda. Na sexta--feira você havia dito que eu estava perdendo respeito por mim mesma; isso me fez ter ainda menos respeito por mim mesma. Eu estava dizendo, 'Eu sou apenas uma grande merda'.

À medida que eu a escutava, sentia sua confusão, desespero e sentimento de inutilidade. Embora eu não tivesse usado um tom de crítica, nem dito o que ela me acusou de dizer, seu conhecido tom de ataque me fez *sentir* culpada, um sentimento aumentado pela minha angústia com a forma com que ela se aprisionava no circuito de sentir-se mal e atacar-se por causa de sentimentos ruins. Ela continuou com amargura:

> *Você poderia ter dito: 'Isso tudo é novo para você. Qualquer pessoa na sua situação estaria lutando', Em vez disso, você disse que eu estava tendo dificuldade em manter o meu respeito por mim mesma.*

Eu me recompus e pensei sobre a sessão da sexta-feira anterior. Eu tinha dito que ela tinha tanto medo de ser abandonada pelo seu companheiro que se tornava difícil, para ela, manter sua própria posição, quando eles tinham uma diferença de opinião, e que ela então ficava chateada consigo mesma por não se defender. Percebi agora que eu tinha falado isso perto do final da sessão, num momento em que ela estava, provavelmente, se sentindo vulnerável em relação à separação iminente pelo fim de semana. Então eu disse:

> *Será que a sua decepção comigo, por não estar no consultório durante o fim de semana, dá o tom ao modo como você está pensando a meu respeito e como você lembra aquilo que eu disse? Não só que você está com raiva de mim, mas que me fez seu algoz para me manter com você?*

A Srta. F explodiu de novo, mas desta vez com mais coerência e menos raiva:

> *Ele foi ver os filhos e não me convidou para ir junto. Foi aí que eu fiquei com tanto medo – não havia ninguém. Eu não tinha nada para me apegar. Eu não podia ficar parada. Não podia ficar em casa, não podia trabalhar. Liguei para todo mundo. Fiquei tão irritada! Na última vez, os filhos ficaram brincando com ele, e eu fiquei completamente sozinha. Minha raiva foi crescendo; eu estava com medo de que ele nunca mais voltasse. Fiquei esperando e esperando ele ligar, foi insuportável.*

A paciente havia vivenciado um duplo abandono, da analista e de seu companheiro, cada um de nós substituto de uma mãe que constantemente se esquecia de pegá-la depois da escola e que era sentida como favorecendo o irmão, apenas um ano mais novo. Essa lacuna na presença e no afeto vivenciados aumentou muito no fim de semana, sendo sinal disso a quebra de seu senso de diacronia, continuidade e segurança, comprometendo sua capacidade de pensar e levando a um desespero visceral.

Comentei que agora ela parecia sentir-se menos desesperada. "Sim", disse a Srta. F: "Já que você voltou." Entendi que ela queria dizer que eu tinha voltado nesse ponto na sessão.

Srta. F: discussão

A descontinuidade criada pelo encontro da Srta. F com o vazio dentro de si durante o fim de semana e na sessão da segunda-feira – ou seja, no espaço entre o estado mental de antes e o de depois – pode ser vista quando se está tentado a seguir na direção que

Green propõe, como o equivalente da representação materna faltante. O que eu denomino um *encontro com o vazio* é o que poderíamos pensar como uma regressão – embora, para Green, o vazio, quando ele está lá, está sempre lá, mesmo que oculto. Não quero sugerir que cada descontinuidade violenta, como essa, deva ser entendida como equivalente a uma falha da representação de um objeto primário; em vez disso, acredito que possa ser útil entender a reação da Srta. F dessa forma, considerando a ligação instável com o objeto enquanto contexto.

Sob esse ponto de vista, a Srta. F estava em um caminho difícil, em trânsito entre a experiência do vazio interno, que ela tinha preenchido com drogas e promiscuidade, e um estado estável, potencialmente mais reflexivo. O veículo para esse caminho era a análise. Era um veículo relativamente confiável em sua consistência e aceitação, contanto que não transcorresse tanto tempo entre as sessões, ou que não ocorressem muitos eventos capazes de ocasionar um colapso temporal, tornando sua necessidade grande demais para que ela pudesse tolerar o fato de eu não ser sua desejada mãe. No entanto, às vezes a Srta. F procurava um substituto, se eu não estava disponível, e quando o substituto designado também parecia tê-la deixado, ela se defendia contra a sua necessidade aguda insatisfeita transformando-me num perseguidor que a atormentava, mas que estava incessantemente presente em sua mente.

Essa sequência ilustra um importante aspecto técnico. Embora a ênfase de Green na representação do objeto primário não minimize os papéis da destrutividade e da raiva, também não os vê como o foco dinâmico primário. É o vazio que é preeminente. Assim, a minha intervenção não enfatizou a ira da Srta. F em relação a mim; em vez disso, interpretou sua paranoia como uma forma de afastar o sentimento de abandono. Essa compreensão, por sua vez, levou a Srta. F a reconhecer mais claramente a sua sensação de abandono, a reverter a descontinuidade subjetiva e restabelecer um sentido de continuidade subjetiva.

Essa reação me fez considerar que, embora tivéssemos trabalhado por anos a necessidade da Srta. F da minha presença e as reações adversas a separações, eu jamais pensara consistentemente sobre suas dificuldades em termos de uma falha na representação de um objeto primário na base de sua estrutura psíquica. Havíamos trabalhado produtivamente, do ponto de vista de sua agressão, com a negação narcísica da sua necessidade da minha presença; com seu medo de retaliação pelos desejos hostis que ela via como onipotentes; com sua hostilidade e raiva em relação a mim por não satisfazer suas necessidades, que existiam subjacentes à sua negação da necessidade de mim; com sua manobra defensiva de virar essas mesmas emoções contra si mesma, para me proteger; com a projeção de sua raiva sobre mim; e com as razões da sua necessidade de manter as duas versões de mim e dela mesma separadas.

Não quero dar a entender que nunca pensei sobre a dificuldade da Srta. F de se apegar a uma imagem benigna de mim sob a pressão de uma separação, ou que nunca interpretei algum aspecto desse problema, já que isso seria bastante impreciso. Mas eu não tinha considerado anteriormente todo o quadro nos termos em que estou descrevendo aqui.

Srta. F: material clínico adicional

À medida que nosso trabalho começou a se concentrar mais no problema da falta de representação e seus vazios, no consequente terror da Srta. F de abandono e em sua dificuldade de manter uma imagem positiva de mim em sua mente, ela foi capaz de refletir sobre a sua experiência interna e conectá-la com o seu comportamento e pensamento. Os trechos seguintes, em que ela reflete sobre sua capacidade de representar, são retirados principalmente de uma sessão dois meses depois. Ela havia terminado a sessão anterior com os seguintes comentários:

> *Outro dia eu estava pensando: 'Quem eu amo?' Você e Carrie [uma amiga]. Como me sinto em relação a você agora? Eu não estava sentindo nada. Eu estava pensando que você disse que você é o inimigo, mas às vezes eu sinto que você está lá. Com você, sei que você está lá para mim, uma boa pessoa. Com Robert, eu não sei.*

No dia seguinte, ela começa:

> *Toda essa minha relação com Robert parece tão de vida ou morte porque eu tenho tão pouca noção de mim, eu me abandono. Ninguém está lá por mim, e nem eu mesma. Eu viro uma criança medrosa que se sente tão sozinha no mundo. Eu perco a minha perspectiva sobre as coisas.*
>
> *Durante toda a minha infância eu procurava uma mãe. Ficava sempre pensando, 'Você é a minha mãe? Você é a minha mãe?' Eu te contei sobre uma estranha que me pegou numa tempestade... Eu até disse para ela que não lembrava onde eu morava. Eu estava pensando: 'Por que ela não pode ser minha mãe?'*
>
> *Quando você disse ontem que eu, às vezes, me esqueço de que sou uma mulher adulta e que me sinto, em vez disso, como uma menina sem mãe, pensei: 'Eu sou essa pessoa estragada com partes faltando'. Há vergonha*

nisso. Eu não consigo olhar o mundo de frente. Quando você sente essa rejeição de sua mãe, fica assim: 'Como você pode ser uma pessoa que vale a pena, se sua própria mãe a rejeita?' Me sinto envergonhada, parece que eu fiz algo errado. Desprezível, desprezível...

Em resposta ao meu assinalamento de que ela descrevera sua mãe em termos semelhantes, a Srta. F disse:

É difícil me separar dela. O jeito que eu tentei foi ser masculina e durona. Essa também não era eu. Não quero ser uma pessoa insensível, dura, e eu certamente não quero ser essa criança que se sente errada, que tropeça em seus próprios pés, olhando para o chão e sentindo vergonha...

Assim que pude, eu penteava meu próprio cabelo e tinha uma coleção de pedras, cantava no coro da igreja, tocava piano e andava a cavalo. Pensava que, se eu fosse boa em todas estas coisas, nem precisaria dela. Não precisaria dela. Eu não tinha escolha; de todo modo, ninguém estava lá por mim.

Estava tudo vazio. Comecei a procurar sentido em todas essas coisas. Tudo era sem sentido. Quando comecei a usar drogas, joguei tudo fora, porque eu estivera procurando uma resposta e ela não estava lá.

A Srta. F não está descarregando afetos nem reclamando de sua situação. Mais que isso, está se observando a partir do ponto de vista de um adulto, refletindo a esse respeito e tentando compreender sua experiência. Como ela aqui não abandona seu *self* adulto, não há vazio aparente. No contexto da descontinuidade do pensamento previamente observável, no entanto, suas palavras podem ser tomadas como uma descrição do que ela previamente podia apenas vivenciar. Essa ausência de sentido representa o fenômeno com o qual estamos lidando.

Segundo caso clínico

Srta. N: histórico e exemplos clínicos

De origens rurais no Norte bem distante, a Srta. N foi a única entre seus cinco irmãos a deixar o lugar onde havia nascido e embarcar numa carreira profissional. Ela descreve seu pai como dominador, duro e egocêntrico, e sua mãe como ansiosa e controladora. Procurou tratamento após a ruptura de um relacionamento.

Ao deitar-se no divã para a primeira sessão de análise, essa mulher equilibrada e atraente de 39 anos tornou-se, de repente, uma criança assustada, abandonada. Era como se eu tivesse saído da sala.

> *Parece que eu estou falando comigo mesma. Eu me sinto sozinha... Não quero ficar sozinha... Sinto como me sentia quando eu era uma garotinha. Isso tem algo a ver com minha mãe... Ela não ficava comigo, nem mesmo quando eu estava desesperada. Eu queria que ela ficasse comigo, mas ela só me deixava, de propósito. Eu chorava, me sentia angustiada ou desesperada, mas ela ia embora de todo jeito. Eu também sentia raiva. Ela ainda faz isso! Na minha casa eu sempre me senti mal, sempre triste. Eu estava sempre procurando alguém.*

Este sentimento triste lembrou a Srta. N de quando, aos 15 anos, ela havia ficado anoréxica: "Eu percebi que meus pais não estavam ao meu lado, que nunca estariam, que eu não tinha nenhuma conexão com ninguém".

O aqui e agora e o passado estavam, durante essa primeira semana de análise, complexamente condensados. "Se eu não posso te ver, eu acho que você não está me escutando", disse ela. Durante a sessão de sexta-feira, zangada com uma amiga, ela se interrompeu:

> Só agora me dei conta que, antes de parar de comer, eu me via como sendo horrível. Olhava no espelho e pensava: 'Ai, meu Deus, que horrível!'. Eu era gorda. Não queria ver aquilo.

A Srta. N estava reagindo ao aparente domínio da situação presente pela angústia do passado, e eu tentei sugerir que ela poderia estar com medo de descobrir o que estava dentro dela. Ela sentou-se abruptamente e anunciou que estava indo embora. Incentivei-a a tentar falar sobre os sentimentos que ela estava tendo, e ela gradualmente deitou-se e continuou:

> Eu não sei quais são meus sentimentos. Eu me assusto quando me vejo tão raivosa e deprimida. Ninguém pode gostar de mim quando eu pareço tão brava. Vejo certa imagem física.

Perguntei o que ela via quando se olhava no espelho. Houve uma pausa, e num tom mais relaxado, diferente do que precedera ou se seguira, ela disse: "Não está lá." Houve outra pausa. Somente então ela descreveu seu reflexo: "Eu vejo alguém que não é atraente, muito desincorporada, onde as coisas não estão em harmonia."

O uso misto da Srta. N dos tempos verbais enfatizava a sensação estranha presente na sala. Apesar de suas palavras serem ambíguas, parecia como se ela tivesse brevemente entrado num estado mental diferente, de modo que, quando ela pensava em olhar para si mesma, não podia inicialmente encontrar seu reflexo, mas via apenas o vazio.

Depois dessa primeira semana, o trabalho se desenvolveu mais tranquilamente. A Srta. N começou gradativamente a vivenciar a raiva de seu ex-companheiro. Ela também foi capaz, pouco a pouco, de discernir aspectos do passado em muitas de suas atitudes e reações atuais, particularmente sua raiva para com ambos seus pais e suas expectativas desapontadas em relação a eles. Emergiram desejos onipotentes destrutivos em relação à mãe, assim como o medo de retaliação. Diminuíram seus ataques a si mesma, relacionados à raiva em relação aos pais e a colegas, bem como diminuiu sua depressão.

No segundo ano, a Srta. N começou, ocasionalmente, a ter reações agudas aos fins de semana, mas resistia às minhas tentativas de vinculá-las à minha indisponibilidade. Em vez disso, ela se perguntava se teria tido fortes sentimentos positivos em relação a outros *alguma vez*. Talvez ela não se adequasse para análise. Na maior parte do tempo, observou, ela não conseguia associar livremente; na verdade, sua tendência era relatar eventos externos. Ainda, ela reconheceu que chegava para a sessão de segunda-feira relatando um fim de semana de solidão, desespero, insônia e vários sintomas físicos sem nenhum conteúdo simbólico discernível. Nessas ocasiões, ela dava vazão a uma intensa frustração por sua incapacidade de fazer algo para mudar sua vida imediatamente, diante de sua decepção com o egoísmo da família e dos amigos, e pela raiva em relação à sua sorte.

Sentia-me impotente e, às vezes, atacada por esse rompante, embora reconhecesse a importância, para a Srta. N, que eu não saísse da sala enquanto isso estivesse ocorrendo. Tive que lutar, muitas vezes sem sucesso, para não oferecer sugestões "úteis".

No terceiro ano, uma prolongada crise familiar perturbou-a profundamente. No processo de explorar suas reações, ela ficou surpresa ao reconhecer que o pensamento de sua mãe sempre havia sido paranoide, e que sua mãe havia tentado impedi-la de ter amigos; durante a adolescência da Srta. N, sua mãe havia tentado mantê-la em casa quase o tempo todo. Além disso, sua mãe insistira, desde a infância da Srta. N, que sua avó paterna (que morava com eles) era má. A Srta. N não viu motivos para essa acusação e se deu conta que sua mãe a tinha privado de muito conforto e amor disponíveis. Aos prantos por essa oportunidade perdida de sentir esse amor, ela disse, referindo-se à mãe, que "seu pensamento poderia enlouquecer alguém". Ela teve que renunciar à evidência e acreditar na versão da mãe sobre os fatos, mesmo quando ela sabia estar certa.

A Srta. N também reconheceu que sua mãe só tinha olhos para seu irmão mais velho e deve ter considerado a Srta. N, a filha mais nova, como uma intrusa indesejada. Sua mãe nunca a protegera da agressão de seu irmão, e ela percebeu que havia vivido com absoluto terror dele. Mesmo agora, a milhares de quilômetros de distância, "ele não me deixa falar. Ele faz parte de toda a minha angústia. Eu termino projetos, mas o terror ligado a ele surge novamente no momento em que tenho outro projeto. Todos os dias ele costumava gritar que queria que eu morresse".

Seu irmão, segundo a Srta. N dava-se conta agora, também contribuiu para a sua intensa angústia de separação na infância. Para ela, a atividade e barulho de seus colegas de jardim de infância estavam ligados com seu medo da violência do irmão.

> *Eu nunca me dei conta o quanto eu ficava fisicamente amedrontada o tempo todo. Aquele medo que eu tenho de que algo horrível vai acontecer – é o medo que eu tenho de ser atacada e morta. A agressão sempre me faz lembrar o meu irmão. Era como ser como ele.*

As sessões começaram, gradativamente, a se assemelhar cada vez mais às sessões de segunda-feira. A dor emocional da Srta. N tornou-se física e parecia ser insuportável. Seus sintomas físicos e a insônia aumentaram. A análise era demais para ela, e ela não conseguia aguentar. Ela sentia que iria enlouquecer.

Nenhuma das minhas interpretações parecia ajudar – nem aquelas sobre a raiva da Srta. N em relação a vários membros de sua família e o medo de retaliação; sobre sua raiva em relação a mim por deixá-la nos fins de semana; sobre seu medo que eu me exasperasse com ela e fosse embora; sobre sua decepção e raiva para comigo por expô-la a essas descobertas dolorosas de ser indesejada, nem sobre a sua raiva em relação a mim por não corrigir os seus pais ou não compensá-la de alguma forma por sua privação no passado.

A Srta. N estava pensando em encerrar o tratamento. Nas sessões, quando não estava verbalizando seu desconforto, ela ficava em silêncio. Numa sessão de sexta-feira, ela estava tão frustrada, tão chateada e com tanta dor que, depois de considerar muito cuidadosamente, liguei para ela, mais tarde, para ver como ela estava.

Na sessão seguinte, ela contrastou a minha ligação com o abandono por sua mãe, e relutantemente reconheceu que estava preocupada que eu não quisesse vê-la mais. Eu lhe disse que ela estava confundindo suas experiências com a mãe com o que ela poderia esperar de mim.

Muito ocasionalmente, agora, a Srta. N falava sobre seu trabalho. Quando ela o fazia, eu ficava surpresa ao descobrir que sua vida profissional estava melhorando significativamente. Finalmente me dei conta de que este período difícil na análise seguira um trabalho analítico bem-sucedido.

Quando a Srta. N mencionou que ela se sentia capaz apenas de fazer o trabalho que ela detestava, quando o que ela gostaria era se divertir, apontei que algo nela estava impedindo-a de se divertir. Ela ficou aliviada com a minha compreensão e interessada nessa resposta. Seu interesse permitiu-me embarcar, ao longo de muitas sessões, na seguinte linha interpretativa: ela parecia acreditar que não tinha permissão para se separar de sua família, e temia o abandono caso se tornasse independente deles. Como resultado, no momento em que se sentiu livre no pensamento e bem-sucedida em sua vida, uma parte dela se virou contra e tentou destruir a si mesma. Parte dela estava fazendo a si mesma o que ela acreditava que seus pais fariam com ela, e ela estava mantendo sua família consigo, tornando-se eles próprios e ferindo a si mesma.

Interromper a análise era uma forma de se machucar, e o desejo da Srta. N de fazê-lo era uma reação ao seu medo do que aconteceria a ela à medida que sua vida começasse a melhorar. Ela também estava tentando insistentemente me convencer de quão prejudicial a análise era para ela. Era como se ela estivesse me mostrando que estava sofrendo e não melhorava por não acreditar que merecia ser mais livre, e sentia que iria destruir sua família por negligência, caso ela se tornasse independente deles, viva e feliz.[6]

A Srta. N ficou pensando sobre o que a fazia deter-se e, então, começou a discutir ardentemente seus dolorosos conflitos a respeito de separar-se de sua família. Nesse contexto, ela voltou ao tema da sua anorexia pela primeira vez desde a primeira semana de análise:

> *Eu não posso ficar com raiva de meu pai... Se você não deixá-lo ter o controle, ele te destrói. É exatamente o que ele fez quando eu pesava 40 quilos. Eu não conseguia me sentar. E ele disse à minha mãe: 'Se ela quer morrer, deixe-a morrer'. Ele não perguntou se eu estava com problemas, ainda que estivesse desaparecendo diante de seus olhos.*

Logo depois que eu iniciei essa linha de interpretação, mas bem antes do trecho que acabei de citar, a Srta. N começou a notar uma mudança em si mesma. Ela conseguia novamente sentir-se interagindo com outros a partir da complexidade de diferentes pontos de vista. Ela conseguia distinguir o passado do presente, em suas reações. As sessões tornaram-se significativas novamente.

Numa sessão cerca de dois meses depois, a Srta. N falou sobre seus sentimentos em relação à sua mãe em termos semelhantes aos comentários da Srta. F sobre sua mãe:

> *Eu pensei: 'Eu nunca tive uma mãe.' Essa sensação era tão forte – 'Eu nunca tive uma mãe'. Era muito triste. Ao mesmo tempo, eu também fico com raiva. É como se eu pudesse tocar isso... Decididamente algo acontece todos*

os domingos... Algo vem à tona. Como isso é difícil – como é difícil. Mesmo quando você pensa que sabe que não pode esperar nada de sua mãe, você ainda espera algo. Ainda não acabou.

No dia seguinte, a Srta. N voltou-se para a transferência: "Ontem quando estava andando na rua, pensei: 'Estou muito feliz que eu estou aqui [na análise]. Esta é provavelmente a melhor coisa que eu fiz para mim mesma na minha vida'".

Ela também retornou à segunda imagem de si mesma no espelho, a que se seguiu à reflexão faltante. "Ninguém vai falar comigo. Eles vão ficar indignados." Nós já tínhamos ligado essa autoimagem com sua raiva e desejos de vingança em relação a sua mãe. Agora, a Srta. N também ligava o elemento de indignação à sua mãe, que havia perdido os dentes superiores com quarenta anos de idade: "eu estava com medo de me tornar como ela". Ela associou, também, ao seu infindável terror de dentista e à sua impotência diante das extrações forçadas que sofrera quando era criança, por maus cuidados odontológicos e pela indiferença dos pais.

A Srta. N continua: "Eu odiava a maneira da minha mãe se sentir: 'não dá para fazer nada em relação a isso – as coisas são assim.' Não, as coisas *não* são assim". Pode-se dizer que, na luta imaginada por Green entre a vida (aqui de forma desafiadora) e a morte (na forma de um desejo masoquista de desaparecer da face da terra), a vida estava vencendo.

Srta. N: discussão

Minhas intervenções centrais com a Srta. N abordaram uma reação terapêutica negativa que era clinicamente observável. Embora os termos que usei deixassem espaço para uma possível interpretação envolvendo culpa inconsciente (e, portanto, para interpretações num nível de conflito edípico, em algum momento posterior), minhas intervenções foram dirigidas a um nível anterior de desenvolvimento no qual a capacidade de formar representações de objeto seria, ou não conseguiria ser, consolidada. Abordei esse nível pré-edípico, pois o material clínico disponível levou-me nessa direção. Minhas intervenções foram direcionadas para o estabelecimento da identidade da Srta. N, já que ela se sentia indesejada; à destrutividade, que ela acreditava ser inerente a tornar-se bem-sucedida e diferenciar-se de seus pais; ao seu medo de abandono retaliatório; e a sua tendência a tornar-se, na ação, o seu pai indiferente e crítico, a sua mãe controladora e seu irmão violento, de modo a punir a si mesma e manter sua família consigo. Ou seja, abordei questões narcísicas e pré-edípicas envolvendo separação, identidade, destrutividade e medo de abandono.

Uma vez que muitas das questões clínicas nesse caso – especialmente os conflitos óbvios em torno da agressão – são abordadas em teorias tão díspares como as de Kernberg, Klein e da Psicologia do Ego, poderia ser legitimamente indagado por que eu incluí este material como uma ilustração do conceito de não representação de Green. A meu ver, as ideias de Green criam um quadro que muda o valor dos elementos habituais em outros esquemas teóricos mais familiares, de modo que consideramos o funcionamento de cada elemento como parte de um todo novo e maior.

Por exemplo, Green não minimiza a agressão. Ao contrário, esta é muito presente tanto em seu pensamento teórico como em sua compreensão clínica. Mas Green entende a mudança da teoria topográfica para a estrutural, por Freud, de forma diferente de como esse desenvolvimento é visto, digamos, na psicologia do ego norte-americana. Ele identifica a grande mudança como a divisão do sistema Ics em impulsos puros, no id, e conteúdo inconsciente no ego inconsciente. Parte desse conteúdo inconsciente é, de fato, transferido sobre a linguagem, mas também há outro conteúdo inconsciente que não é (Green, 2000, 2002; Levine, 2009b). Green entende essa mudança como a que melhor nos permite entender e tratar os pacientes não neuróticos.

Assim, a questão central, para Green, em relação à agressão, é se a agressão está ligada a um objeto representado, isto é, se um determinado paciente está ou não lutando com a agressão sob a forma de um derivativo da pulsão. Se ideação e impulso se uniram através da mediação de um objeto, esse objeto foi representado e faz parte do mundo interior, vital do paciente. Se, pelo contrário, um paciente está lutando com uma explosão de impulsos inconscientes não ainda transferidos sobre a linguagem e, portanto, não unidos com a ideação, estamos diante da incapacidade de representar, de vazios internos, de desvitalização, de paralisia e até mesmo de fragmentação.

A qualidade impulsiva da necessidade da Srta. N de "fazer alguma coisa", suas tentativas de se defender contra ataques agressivos através de seu corpo, sua paralisia e incapacidade de encontrar palavras para entender e elaborar seu estado torturado, a debilidade ou amortecimento de sua experiência de si mesma e do mundo durante o período da análise que descrevi – tudo pode ser dito para apontar para um estado de inundação de afeto e "transferência sobre o objeto" ocasionada pelo vazio revelado por suas reações, tanto diante do intervalo de fim de semana, nas sessões de análise diária, quanto ao comportamento concomitante e demasiado familiar de sua família durante sua crise. Minhas interpretações colocam em palavras o apego desesperado da paciente aos objetos ruins, que era uma defesa contra a consciência desse vazio; enquanto o ato da tradução me separou, momentaneamente, desses objetos, oferecendo uma alternativa para o vazio.

Resumo e conclusões

O vazio, quando existe, existe concretamente, em sua descontinuidade e radicalidade defensiva, como uma alucinação negativa: "a não percepção de um objeto ou fenômeno psíquico que é perceptível" (Green, 2002, p. 289, tradução minha). É possível (embora não necessário) entender o espelho vazio no qual a Srta. N perdia seu reflexo, durante a primeira semana de análise, como uma "representação da ausência de representação" (Green, 1999c, p. 196; 2002, p. 289) – o tipo de vazio que Green descreve como uma identificação inconsciente com a mãe "morta" (Green, 1983b). Essa identificação inconsciente não é, entretanto, transferida sobre a linguagem, mas existe no ego inconsciente, não representada.

Enfatizo a radicalidade e concretude desse conceito porque esse material – sendo inconsciente, não transferido sobre a linguagem e não representado – não compartilha a textura em camadas das típicas formações de compromisso neuróticas. Em vez disso, assume a forma de uma ruptura. O não aparecimento momentâneo de reflexão por parte do paciente poderia ser entendido como tal ruptura.

O reflexo distorcido e desincorporado da Srta. N que seguiu este não aparecimento, e o equivalente da Srta. F – "Eu sou essa pessoa danificada com partes faltando... sem valor, sem valor", eram imagens de si mesmas condensadas com imagens de mães desvalorizadas experimentadas por ambas, Srta. F e Srta. N, como insuficientemente disponíveis – se não, às vezes, como ativamente hostis. Essas imagens desvalorizadas foram vistas a partir da perspectiva de pais idealizados, onipotentes, julgadores, cuja crítica também era compartilhada pelos sujeitos. Essas autoimagens são *fantasias altamente condensadas*, mas elas também são versões do que Green chama de um *remendo cobrindo o vazio,* onde [o *self*] está agarrado e submetido ao objeto mau, cindido de outro que se torna perfeito, distante, onipotente, crítico – e decepcionante. Isto é, várias camadas de sentidos existem nestes pacientes, mas frequentemente como defesas primitivas ocultando o vazio.

Significativamente, ambas as pacientes repudiaram essas imagens desvalorizadas de si num momento em que elas se sentiram suficientemente ancoradas numa transferência positiva com uma analista que as ouvia e tolerava sua raiva. Assim, elas puderam reconhecer e refletir sobre (em vez de reagir a) sua privação e puderam abraçar as suas identidades de mulheres adultas.

Em seu artigo seminal sobre o uso errôneo da interpretação da inveja do pênis em dois pacientes cujos conflitos envolviam sensitividade narcísica, agressão e difusão de identidade, Grossman e Stewart (1976) nos alertaram para não perdermos de vista as "emoções e experiências que estão por trás" (p. 199) de qualquer expressão estereotipada de conflitos pela aplicação demasiado mecânica dos conceitos que eles denominam de *metáforas de desenvolvimento*. Parece útil repetir sua advertência geral quanto a aplicar mecanicamente uma metáfora do desenvolvimento. Como a falha na representação pode se tornar tal metáfora, é importante notar que nem todo paciente que reclama de uma mãe desatenta, não suportiva, ou de ser maltratado, ou de sentir-se vazio, está lidando com uma falha. O contexto onde isso se dá é crucial, e esse contexto deve incluir o estado mental do paciente no momento em que ele encontra algo que nós podemos ficar tentados a identificar como a experiência de um vazio. Embora, ao refletirem, os pacientes podem reexperimentar e falar de desejos de cuidado e amor que não estavam presentes em sua infância, e podem descrever como a ausência lhes causou raiva, vazio e dor, ao refletirem, eles não estão "vazios". Eles estão vazios quando não conseguem refletir, não conseguem colocar em palavras uma experiência interna incipiente.

O vazio apontado por Green é identificável não como um sentimento subjetivo que ocorre durante a reflexão, mas como várias formas de descontinuidade irrefletidas, mas vivenciadas – elementos formais indicativos de resolução de conflitos que não ligaram a tensão induzida pelo impulso exigindo satisfação com a memória de satisfação, isto é, com significado. Estes podem incluir ações divorciadas de significado, de modo que é impossível refletir sobre elas, a ausência da capacidade para pensar ou o abandono de si mesmo como um adulto (como ocorre em certas regressões).

Finalmente, existe algum benefício clínico em pensar sobre os vazios deixados por uma falha na capacidade de representação de objeto, em oposição a prestar atenção ao que *está* lá – ou seja, a mais modos familiares de pensar? Acredito que sim. Há valor na tentativa de compreender não somente uma nova ideia de forma isolada, mas uma ideia nova como parte de uma rede teórica complexa, que equivale a outra linguagem psicanalítica. Essas redes ligam conceitos que, de outra forma, poderiam não estar unidos, e, assim, muitas vezes enriquecer o nosso pensamento.

Além disso, o fato de Green ter incluído o negativo como um elemento dos dados clínicos, adiciona um nível de complexidade ao campo psicanalítico. Por exemplo, seu conceito chamou minha atenção para a experiência afetiva do analista da descontinuidade no paciente e na sessão. A conscientização dessa experiência pode nos alertar – se permitirmos que os espaços vazios reverberem dentro de nós, não estando muito ocupados tentando encaixar as peças – para um profundo problema central que o paciente está evitando, e para a forma específica como ele está fazendo isso.

Se estivermos alertados dessa forma, nossa atenção será atraída para a capacidade de pensar, refletir e transferir do paciente. Uma vez que, na minha compreensão do pensamento de Green, esses vazios são os remanescentes de prévias soluções de conflito – e, portanto, o equilíbrio daquilo que eles são uma parte está sujeito à perturbação – há uma chance de que o prazer e a satisfação derivados de aspectos da configuração analítica, a escuta, a atenção, a presença e a verbalização do analista, possam vir a alterar o equilíbrio de forças no paciente em direção a um investimento num objeto transferencial novo e potencialmente menos decepcionante (Loewald, 1960).

Para promover este processo, devemos monitorar nossa técnica. Não estou sugerindo qualquer divergência substancial em relação ao enquadre analítico habitual – longe disso. O mínimo é sempre preferível, mas devemos atender cuidadosamente à possível necessidade do paciente de contato durante separações, titular o grau de frustração dentro das sessões, ajudar a verbalizar as experiências que os pacientes possam nos comunicar apenas de forma não verbal, e estabelecer uma colaboração em torno do entendimento. Para efetuar a transferência essencial sobre as palavras, o analista deve tornar-se um novo objeto para o paciente, e dessa forma substituir o vazio com esperança.

Essa tarefa, como os analistas sem dúvida anteciparão, é a mais difícil de todas. Envolve o paciente abrir mão de um objeto mau, bem como abrir mão da autoacusação que acompanha as falhas daquele objeto. Tal objeto funciona para repelir a experiência do vazio, e, embora a experiência de um objeto mau seja dolorosa e desestabilizadora, a ilusão de onipotência implícita na autoacusação continua a ser uma isca poderosa.

Agradecimentos

A autora agradece aos Drs. Graciela Abelin-Sas, Francis Baudry, Howard Levine, Lewis Kirshner e Dominique Scarfone pelos comentários úteis durante a elaboração deste artigo.

Notas

1. "Do ponto de vista do ego inconsciente, a alucinação negativa é, de fato, a representação da ausência de representação" (Green, 1999c, p. 196).

2. Refiro-me a essas representações defensivas como quase delirantes, para distingui-las das representações internas que podem ser pranteadas.

3. Para uma explicação sobre a diferença entre o conceito de falta, de Lacan, e o negativo patológico, de Green, veja Reed, 2006. Para um relato de semelhanças e diferenças entre o pensamento de Bion e Green, veja Green, 1998.

4. Num importante trabalho sobre a não representação, Botella e Botella (2005) usam o termo descontinuidade para se referirem à consciência da diferença, por exemplo, entre o eu e o outro, masculino e feminino etc., no desenvolvimento normal. Em contraste, eu o uso para designar várias interrupções irregulares de falta de sentido no processo esperado de pensar e sentir, como a alternância entre autorrepresentações contraditórias, mudanças bruscas de estados mentais, ou regressões súbitas frequentemente ligadas ao trauma, todas indicativas de uma ausência de continuidade interior.

5. Aqui Green se aproxima do conceito de Klein de identificação projetiva. Decididamente ele difere dela, entretanto, nos temas de técnica – ao oferecer possibilidades para pacientes não neuróticos, em vez de "aprisioná-los" em interpretações profundas pronunciadas com certeza.

6. Aqui eu interpretei *na transferência*, em vez de interpretar a transferência mais plenamente, porque sua realidade psíquica no momento estava totalmente envolvida com sua família.

3. A tela incolor: representação, ação terapêutica e a criação da mente*

Howard B. Levine

I

Desde os seus primórdios, a psicanálise tem se confrontado com um dilema que é ao mesmo tempo epistemológico e metodológico. Bion (2005) resumiu sucintamente o problema ao escrever: "O nosso problema... é, como haveremos de ver, observar... essas coisas que não são visíveis?" Quando Freud (1900a, 1901b) demonstrou que os pensamentos e sentimentos inconscientes poderiam ser tanto legíveis como compreensíveis, sua descoberta foi tão poderosa que pode ter obscurecido o fato de ele ter afirmado que

---

*Uma versão anterior deste capítulo foi publicada no *International Journal of Psychoanalysis*, 93: 606-629 (2012), e é reproduzida com a gentil permissão de John Wiley & Sons Ltd.

74   A TELA INCOLOR

somente *alguma parte* do inconsciente pode ser conhecida pelos traços simbólicos que deixa em nossas vidas conscientes, de vigília. Freud (1915e) delineou essa porção ao notar que alguns impulsos instintivos inconscientes são "altamente organizados, livres de autocontradição" (p. 190), relativamente indistinguíveis em estrutura daqueles que são conscientes ou pré-conscientes e, contudo, "eles são inconscientes e incapazes de tornarem-se conscientes" (pp. 190-191). Ele continuou: "*qualitativamente* eles pertencem ao sistema Pcs, mas *factualmente* ao Ics." (p. 191, itálico original).[1]

A distinção que Freud estava fazendo era entre o subconjunto organizado e articulável do inconsciente que chamamos de inconsciente reprimido ou dinâmico, e o subconjunto de elementos "pré" ou "protopsíquicos", muito maior, talvez infinito, amorfo, ainda não organizado ou articulável, que poderíamos chamar de inconsciente não estruturado ou não formulado.[2]

Desconsidera-se, frequentemente, quão pequena é a parte do inconsciente reprimido, considerando-se tudo o que é inconsciente e a totalidade do que pode vir a ser conhecido sobre a psique ou sobre a Experiência[3] inconsciente existencial bruta de uma pessoa. Isso ocorre apesar do trabalho de autores, como Bion (1970), que lembrou-nos que, ao tentarmos entrar em contato e discernir o que é inconsciente no Outro ou em nós mesmos, estamos em busca de algo que não está disponível aos nossos sentidos, jamais poderá ser completamente contido dentro da psique e, portanto, nunca pode ser totalmente conhecido; e como Green (2005a, 2005b), que descreveu a significação, a perda de sentido, bem como a possibilidade de conhecer e experimentar o *self* que decorre da descatexia, da forclusão, da desobjetalização e da correspondente falha ou fragilidade na formação e na articulação das representações.

Para recolocar a questão em termos clínicos, enquanto a psicanálise clássica nos ensinou a confiar na observação e na inferência enquanto procuramos ou aguardamos a emergência de algo organizado, mas *oculto* nas mentes de nossos pacientes, as formulações contemporâneas nos lembram que, estando a própria capacidade de pensar em questão, o que estamos procurando pode ainda não ter alcançado um nível de especificidade e organização de modo a ser perceptível e oculto; pode ainda não estar incorporado em uma rede de significados associados; pode ainda não ter alcançado uma forma específica, e por isso pode "existir" apenas como um espectro de possibilidades que ainda têm que vir à existência. E, se esses elementos que ainda não emergiram vierem a alcançar alguma forma (tornarem-se saturados e associativamente ligados a outros elementos psíquicos: memórias, pensamentos, sentimentos, desejos), essa forma apenas será moldada como resultado de nossos esforços analíticos. A dificuldade imediata que se apresenta é que, quando essa forma é criada – ou cocriada –, em vez de ter sido descoberta, e tais significados são estabelecidos, como poderemos distinguir o "gesto espontâneo" – que marca a criação, aceitação, ou o aparecimento do verdadeiro *self* do paciente (Winnicott) – da imposição de um *self* estranho, falso (analítico) sobre o Outro?[4]

No início de sua carreira, Freud (1905a) pensou que uma solução poderia ser encontrada na analogia da psicanálise com a escultura e sua comparação com a pintura:

> [...] *como a escultura, a psicanálise [per via di levare] retira... tudo que esconde a superfície da estátua nela contida, ao passo que a sugestão hipnótica, como a pintura [per via di porre] aplica uma substância... onde nada havia antes, na tela incolor (Freud, 1905a, p. 260).*

76   A TELA INCOLOR

No entanto, como a experiência clínica subsequente nos ensinou:

> *[P]ara muitos pacientes que consultam hoje, os traços de memória inconsciente não deixaram uma marca significativa, resultando a "tela incolor", o que altera a natureza do funcionamento e das intervenções do analista (Sparer, 2010, p. 1180).*

Neste capítulo, procuro examinar mais de perto a estrutura teórica da "tela incolor" e descrever algumas das implicações e desafios clínicos – as "alterações na natureza do funcionamento e das intervenções do analista" – que resultam do seu reconhecimento. Estruturo o meu argumento em termos do que, no discurso psicanalítico norte-americano da contemporaneidade, tornou-se um aspecto relativamente negligenciado dos escritos de Freud: sua metapsicologia e teoria da representação psíquica. Com base no trabalho de outros, especialmente de Bion (1962a, 1970), Green (2005a, 2005b) e Botella e Botella (2005), examino o conceito de representação e a sua ausência – isto é, estados mentais representados, fragilmente representados e não representados; os processos intrapsíquicos e intersubjetivos através dos quais as representações são formadas,[5] fortalecidas, ligadas em fragmentos narrativos e cadeias associativas, vinculadas a afetos estáveis e conectadas entre si nos pares 'símbolo e simbolizado', 'significante e significado'; e o papel estruturante da linguagem no processo de pensamento efetivo, emocionalmente investido e na criação da mente.

Em relação a este último aspecto, gostaria de destacar que a atividade psíquica é governada por uma inerente pressão a formar representações e ligá-las em narrativas significativas, coerentes e carregadas de afeto. Essa pressão, que eu denomino *imperati-*

vo representacional,[6] origina-se em fontes internas (por exemplo, pulsões) ou externas (por exemplo, percepções), e exerce uma "demanda sobre a mente" por trabalho psíquico, oscilando de catalítica a traumática. Se mantida dentro de limites ideais, possui potencial para ativar as capacidades de representação, que possuem um papel fundamental de proteção, à medida que criam, estruturam e organizam a mente. É a criação e a ligação de representações que vão, em parte, determinar se uma determinada pressão pode ou não ser contida dentro dos limites do que é "ótimo" ou se excederá tais limites, tornando-se "traumática".

II

Gostaria de iniciar esclarecendo o que quero dizer com o termo *"representação"* [*Vorstellung*]. Em linguagem coloquial, "representação" tem dois conjuntos de conotações. O primeiro é significar, substituir ou falar por, como no sentido de um parlamentar "representando" o povo de sua zona eleitoral, ou a palavra "árvore" representando e indicando o objeto frondoso do lado de fora da minha janela. O segundo é o de apresentar de novo: "re(a)presentar". Freud, em sua genialidade, compreendeu que, para criar um mundo interno, uma realidade psíquica que aponta, reflete e substitui a realidade concreta interna (somática) e externa (perceptiva), a mente usa "manifestações" e significantes, os quais estão ligados a experiências passadas e as refletem, especialmente às relações objetais, investidas de qualidade e significado emocional.

Se tiver um bom funcionamento, a mente "apresenta novamente" – no sentido de "exibir", "fazer com que aconteça", como em *"apresentando* uma peça teatral" – uma memória, uma imagem ou uma cena, ligando-a em importância emocional e significação a apresentações (imagens) de outros "acontecimentos" passados ou atuais. Ao fazê-lo, "posições são tomadas" (Green, 2010) a respeito

78 A TELA INCOLOR

do significado e da importância desses acontecimentos, o passado e o presente interagem, influenciando-se mutuamente, um contexto e um conjunto de conotações são gerados, uma perspectiva é criada e um sentido específico é dado à experiência sentida – e agora tornada pensável.[7]

O que torna esse processo tão fundamental para a teoria e tratamento psicanalíticos é que,

> *Na teoria freudiana, a capacidade de representar o(s) objeto(s) ausente(s) é essencial para o desenvolvimento da capacidade de pensar (Freud, 1900a). Uma ausência que pode ser representada é uma situação intermediária entre presença e perda. Representação refere-se à capacidade psíquica de manter presente, na mente, o que não está no campo perceptivo (Sparer, 2010, p. 1182).*

O significado dessa capacidade foi enfatizado por Bion (1965), que escreveu exaustivamente sobre as dificuldades resultantes da incapacidade de manter, na mente, uma imagem consciente ou inconsciente, emocionalmente investida, funcional, de um objeto, quando esse objeto está ausente. Sem "um sistema de notação e registro, que poderia também ser usado para manipulação na ausência do objeto" (Bion, 1965, p. 40), um paciente somente pode "pensar" quando o objeto está presente na realidade externa. Na ausência do objeto, tais pacientes permanecem direcionados à ação, em vez de serem capazes de ter um pensamento emocionalmente investido. Os pacientes que não podem efetivamente pensar ou imaginar, não têm outro recurso senão a atuação ou a descarga somática.

É importante notar que Bion não está falando de um "pensar" que é separado do afeto. Nem está dizendo que o pensamento ou a imaginação *nunca* ocorrem nas mentes desses pacientes. Em vez disso, ele está descrevendo uma atividade psíquica competente, investida emocionalmente[8] e sua redução ou ausência. Esta última – concebida como momentos ou áreas de falha no funcionamento psíquico "suficientemente bom", maduro e eficaz – reflete e se associa a uma relativa ausência, insuficiência ou ineficácia funcional de representações afetivamente investidas e de suas ligações com outras representações.[9] São esses elementos mentais afetivamente investidos e "funcionalmente eficazes para fins do pensar verdadeiro" que marcam a "capacidade de notação" fundamental a que Bion se refere e que, seguindo Freud, denominamos de "representações".

Green aprofunda essa elaboração:

> *Representar é "tornar presente" na ausência do que é perceptível, e que, portanto, tem que ser formado pela psique novamente.... [A]lgo é evocado, que foi, mas já não está presente, mas que eu torno presente mais uma vez de forma diferente, representando-o.... Representar também é... associar. Associar é estabelecer certo número de relações entre representações, portanto envolve vinculações. A dimensão completa do passado se junta com a dimensão do presente, uma vez que essas associações também concernem a representações pré-existentes. Isso significa que há uma ligação entre o que foi tornado presente e o que a psique já havia conservado e, talvez, ligado (no inconsciente) de uma forma ou de outra. Isso nos traz de volta às relações entre representação, memória, imaginação, associações etc. (Green, 2010, pp. 30-31).*

80 A TELA INCOLOR

Para se ter um pensamento verdadeiro e significativo, para pensar de modo eficaz, ter uma psique funcionando de forma adaptativa, não se deve apenas registrar eventos, mas conservá--los, ligá-los – e, enfatizaria, investi-los com sentimento: emoção, afeto – de modo a lhes dar sentido, e um contexto psíquico e importância expandidos. Inicialmente, alguma percepção ou registro (inscrição) de eventos internos ou externos deve ocorrer na psique, mas isso por si só não cria "representações".[10] Deve ser efetuado um trabalho psíquico sobre essas inscrições, a fim de que elas sejam integradas, se tornem significativas e, portanto, se qualifiquem como "representações". Isso requer um objeto e uma história de satisfação. (Freud assim sugeriu ao falar sobre a primeira alimentação bem-sucedida do bebê como geradora da capacidade de formar uma imagem alucinatória de satisfação, frente ao momento seguinte de fome.) O que está implícito no termo "representação" é a combinação de dar uma forma ao sentimento e ligar esse construto aos sistemas de percepção, de memória, de fantasia, a outras representações, a cadeias de associações e palavras, através das quais o significado daquele complexo pode ser simbolizado e significado.

Mas e a fraqueza ou ausência de representação? Como podemos conceituar e falar sobre "inscrições" e "registros" que ainda não tenham sido transformados de modo a alcançar o estado de representações? De acordo com essa teoria, a Experiência é inefável. Embora possa estar registrada ou inscrita de *alguma* forma, esse registro será incapaz de ser notado e pensado reflexivamente, ou usado para pensar, a menos que e até que ele sofra uma transformação para outra forma ou estado. Tais transformações são sempre apenas parciais, como Bion (1970) indicou em suas discussões de O e K. O desafio que isso nos apresenta diz respeito a encontrar uma língua na qual falar sobre "a mente em uma forma desconhecida [e incognoscível]... para imaginar um domínio prévio ao psíquico (Green, 2010, p. 10)".

III

Uma importante implicação clínica dessa linha de raciocínio é que devemos esperar que, além de ajudar os pacientes a descobrir e explorar sua dinâmica inconsciente – isto é, ajudá-los a buscar algo que está escondido, mas discernível pelos efeitos que tem sobre o que está disponível para a consciência –, também podemos nos confrontar com o desafio de ajudar os pacientes a *criar* esse inconsciente dinâmico, no sentido de iniciar ou catalisar processos que fortaleçam e/ou integrem sua capacidade de pensar, fortalecendo e integrando elementos psíquicos fracamente inscritos ou dando forma a algo que estava anteriormente não representado. Assim, os analistas devem esperar encontrarem-se, inconscientemente, participando de processos dialógicos e interativos, que têm o efeito de oferecer aos pacientes – ou ajudá-los a criar, ou se aproximar de – algo que pode ainda não ter atingido suficiente "presença" numa forma figurada. É somente depois de a figuração ter ocorrido que pode haver algo, que poderá então ser reprimido e subsequentemente "descoberto" ou "decodificado".

Esse "algo", antes de ser fortalecido ou criado, pode tornar sua presença conhecida através de estados vagos ou eruptivos de turbulência emocional ou dificuldades no pensamento e em processos psíquicos regulatórios, mas pode ser "invisível" ou apenas fracamente discernível *como conteúdo*, a menos ou até que seu traço seja fortalecido ou transformado tomando forma (alcançando representação) por um processo intersubjetivo de construção ou coconstrução. A potencial plasticidade das formas que esse algo pode assumir, uma vez que seja transformado, indica que a sua eventual figuração pode ser altamente influenciada pelas subjetividades sin-

82   A TELA INCOLOR

gulares de cada membro da díade e pelas condições únicas, a cada momento, de seu relacionamento.

Os "dialetos" possíveis de expressão para qualquer conjunto de "turbulências" pré ou protopsíquicas podem ser numerosos. No entanto, teoricamente, eles podem não ser infinitos, pois provavelmente estão relacionados aos limites de nossa Experiência, da qual eles decorrem.[11] Embora isso possa tranquilizar-nos no abstrato, na prática pode ser muito mais difícil responder à pergunta: "De quem é esse construto?".

Este é um processo que começa com a absorção, pelo analista, de uma projeção não metabolizada da "vaga turbulência sensorial" do paciente, de modo que o estímulo inicial, o desafio que ativa a capacidade de representação do analista, pertence claramente ao paciente. No entanto, a forma (conteúdo) que o ato de figurabilidade do analista pode assumir é inconscientemente "escolhida" pelo analista. Essa "escolha" refletirá considerações centradas tanto no analista como no paciente. Assim, as questões sobre a quem "pertence" o conteúdo final da representação, ou como distinguir um ato verdadeiramente intersubjetivo de figurabilidade da imposição de uma necessidade contratransferencial do analista ou da expressão de complacência transferencial do paciente, permanecem sendo complexas e enigmáticas e, talvez, nunca possam ser resolvidas. Além disso, no caso de pacientes gravemente traumatizados e/ou naqueles com transtornos primitivos de personalidade, o melhor resultado possível pode ser a imposição não intencional de um "falso *self* analítico" que, no entanto, oferece estrutura e facilita a capacidade do paciente de pensar, adiar a ação e regular afetos (Donnet, comunicação pessoal, 2010).

Quando confrontados com estados mentais não representados ou fragilmente representados, o processo analítico pode exigir a transformação conjunta ou *ação* individual, que surge inconsciente e espontaneamente no analista, e cria ou reforça a presença de representações fracas ou potenciais, tornando-as mais "legíveis". Por "ação", refiro-me não apenas aos atos físicos, mas também – e mais frequentemente – atos e/ou expressão de ressonância emocional interna espontânea, intuitiva (sentir ou imaginar o que o paciente ainda não pode sentir claramente ou ainda não sabe) que efetuam e refletem figurabilidade psíquica (ao formar uma imagem que estruture ou transmita algo implícito ou iminente, mas ainda não representado na psique do paciente ou do analista). Enquanto esses "atos internos" podem ser preferíveis aos atos motores, por vezes, os últimos são inevitáveis e necessários para atualizar e chamar a atenção para algum aspecto de uma Experiência ainda apenas emergente.[12] Frequentemente, essas "ações" são os indicadores externos de um ato de figurabilidade através do qual a "tela incolor" adquire uma forma específica.

Este endosso da ação poderia parecer contrário às nossas habituais injunções técnicas, segundo as quais o analista se mantém abstinente e neutro; bem como à visão de que a limitação do analista serve como uma pré-condição necessária para transformar impulso e desejo em uma fonte de dados que pode derivar de tudo o que é despertado no analista pela situação analítica (Ferro, 2002a; Heimann, 1950; Levine, 1997; Ogden, 1994a; Racker, 1957). Embora eu não esteja questionando essas assertivas consagradas pelo tempo, estou sugerindo que injunções absolutas contra ação são mais adequadas para o trabalho com pacientes "classicamente analisáveis" (neuróticos), cujas mentes são mais ou menos coerentes, organizadas e estruturadas pela linguagem; cujas palavras são, em sua maior parte, simbolicamente carregadas, fixadas em significado e usadas predominantemente para a comunicação verbal, em vez de inconscientemente *agir* sobre o ouvinte; que conseguiram relativa constância e diferenciação de *self* e objeto e em quem traços de memória de objetos e de satisfação estão ligados com representações de impulsos, dando origem a um sentido de coerência e significado. Nesses pacientes, a teoria e a técnica clínica da análise clássica se aplicam mais fortemente, na medida em que os sonhos, os sintomas, os traços estáveis de caráter e as parapraxias refletem desejos, medos, eventos, significados e fantasias ocultas, disfarçadas, esquecidas e simbolizadas. Cadeias associativas se estendem da superfície à profundidade e o material consciente está ligado ao material inconsciente, o qual foi estruturado pela linguagem e, em seguida, reprimido ou de outra forma, disfarçado e protegido.

Por outro lado, pacientes não neuróticos (Green, 1975) – ou setores não neuróticos da mente (Bion, 1957), ou mesmo pacientes neuróticos[13] – podem exigir do analista, além da receptividade, uma forma de *ação analítica* que pode parecer, para um observador externo, como intuitiva ao invés de dedutiva, antecipatória em vez de reativa e inspirada em vez de baseada em dados. Retrospectivamente, essa ação pode, frequentemente, ser vista como um reflexo e uma resposta à comunicação inconsciente: ser intersubjetiva, transformativa e contribuir como catalisadora, coconstrutora ou desempenhando uma função de alter ego para o fortalecimento e formação em curso, no paciente, das representações e da estrutura psíquica.

Para pacientes nos quais – ou setores da mente em que – essa ação analítica é demandada, os conteúdos mentais não são, ou são apenas fracamente organizados, fixados em significado, estruturados pela linguagem, ou ligados firmemente a outras representações e cadeias associativas. *Self* e objeto podem ser sentidos como fragmentados, inconstantes e pouco diferenciados. Os estados emocionais podem ser esmagadores e peremptórios ou vagos, amorfos e mal definidos. A fala pode refletir as pressões que surgem de sentimentos incipientes, que ainda não estão organizados, vinculados, ou especificados pela conexão com as palavras. Consequentemente, a fala, em vez de refletir o uso de palavras como símbolos e significantes com os quais se comunica significado, pode tender, mais ainda do que é normalmente o caso, para a ação, evacuação e descarga, ou pode, paradoxalmente, ser destituída de afeto e significado.

Em momentos de crise emocional, o discurso desses pacientes pode demonstrar uma falha de sentido num nível fundamental (Green, 2005a, 2005b). É por esta razão que pode ser insuficiente, para a tarefa analítica, seguir cuidadosamente as associações desses pacientes e, em seguida, interpretar fantasias ou defesas. Em vez disso, ou, além disso, o analista pode ter que agir de forma a ajudar o paciente a criar palavras para formar associações, imbuir essas palavras com significado simbólico consistente e ligar essas associações a outros fragmentos narrativos. O processo que estou tentando descrever, que deve ser reconhecível por analistas praticantes, é análogo ao de tecer um remendo para reparar a unidade de um tecido rasgado.

IV

As manifestações clínicas da falha ou enfraquecimento da representação incluem a gama bastante familiar de sentimentos e ações impulsivas, eruptivas, destrutivas e autodestrutivas com que nós, e nossos pacientes, somos muitas vezes confrontados. Essa é a origem das tempestades afetivas, das ações impulsivas, fenômenos de descarga cegos e peremptórios, estados extremos de desvitalização psíquica e estase, colapsos somáticos, organizações patológicas rígidas, reações terapêuticas negativas graves, perversões, adições, culpa inconsciente destrutiva e assim por diante. Embora essa não seja a única formulação para as origens desses fenômenos, a linguagem e a teoria das representações ajudam a chamar a atenção para o potencial valor clínico que pode advir de se conceituar os estados psíquicos e as questões subjacentes como ainda não articuláveis ou apenas pouco articulados, não "saturados" com significado (Bion, 1962a, 1970; Ferro, 2002a) e, portanto, ainda não interpretáveis e nem adequados ou disponíveis, em seu estado atual, para formar pensamentos, para refletir sobre, pensar com ou sobre eles.[14]

Na medida em que o processo analítico é bem-sucedido em fortalecer e criar representações, sensações corporais vagas e incipientes, agitações, sensações indescritíveis e pressões para agir tornam-se ligadas a palavras e saturadas com coerência, importância e significado, no contexto de uma relação de objeto significativa. Podem variar as formas específicas definitivas ou os significados que estas irão assumir ou adquirir, sendo altamente dependentes do contexto e da relação em que elas aparecem. No entanto, uma vez fixadas, por estarem saturadas com significado e ligadas a outras memórias, percepções e sequências narrativas, para formar cadeias associativas simbolicamente significativas, essas formas e significados adquirem competência e consistência de valor comunicativo.[15]

Teorizações sobre o trabalho transformativo que estou descrevendo podem vir de diferentes escolas e grupos do universo psicanalítico. Por exemplo, Killingmo (2006) argumentou que os estados mentais não representados ou fracamente representados levam a uma capacidade deficiente para mentalizar afeto, ser agente ou ter uma experiência segura de si mesmo. Tais pacientes podem, então, precisar inconscientemente convocar seus analistas para interações que irão esclarecer a qualidade e reificar o fato de sua existência.

> *Essa necessidade constitui o centro emocional da [sua] relação com o analista... Em vez de revelar sentido, a estratégia do analista deve ser a de ajudar o ego a experimentar significado em si mesmo (Killingmo, 2006, p. 15).*

Aisenstein (1993, 2006), trabalhando dentro das concepções e pressupostos da Escola Psicossomática de Paris, sugere que os sintomas somáticos, secundários ao trauma precoce que enfraqueceu os processos de vinculação da psique, são inicialmente opacos, desprovidos de simbolismo e de sentido psicológico. No entanto, esses sintomas contêm um apelo inconsciente, embora mudo, para receber significado e uma organização psicológica através do trabalho de um outro, e têm o potencial para se tornarem psicologicamente significativos no contexto de uma relação analiticamente significativa e geradora de significado.[16]

Em termos da teoria que estou tentando descrever, diríamos que esses sintomas somáticos derivados de trauma foram "inscritos" ou "registrados", mas ainda não teriam atingido o estado de representações. Quando confrontado com esse tipo de "materiais áridos", que pouco evocam em termos de resposta imaginativa ou associativa, o analista deve encontrar uma maneira de começar "a associar pelas duas pessoas, a elaborar a partir dos sinais de ansiedade despertados no analista e a construir teorias e contar histórias" (Aisenstein, 1993, p. 372), de modo que significado e simbolismo possam ser criados "por procuração", intersubjetivamente, *après coup*.[17] Nesse processo, é necessário pensar com e sobre o paciente, e este deve ser ajudado "a descobrir e compartilhar o prazer de construir a experiência emocional no discurso" (Aisenstein, 2006, p. 670) e "reconhecer que ninguém tem 'nada a dizer', que nenhuma vida existe sem a sua história, e que nenhuma história existe sem suas palavras, sua riqueza e seus sofrimentos" (Aisenstein, 2006, p. 670).

Na medida em que a ação requerida do analista inclui realmente a descarga motora, ela pode ser vista como parte de um *enactment*. De fato, alguns *enactments* e atos intersubjetivos de figurabilidade podem ser processos idênticos vistos de perspectivas diferentes. Ou seja, se a ação inconsciente e espontânea do analista é vista por si só, pode ser vista como um *enactment*; se ela é vista como uma instância intermediária numa sequência mais longa, que em retrospecto permite que o paciente alcance a formação ou o fortalecimento de uma representação psíquica, então esse ato pode ser visto simultaneamente como parte de um processo representacional. Será somente em retrospecto (*après coup*), depois de virmos, acima de tudo, o que – se algo – determinado par analítico é capaz de fazer de uma determinada sequência ou momento de *enactment*, que poderemos determinar se, ou em que medida, tal *enactment* pode qualificar-se como interferência contratransferencial ou como um movimento intersubjetivo inconsciente em direção à figurabilidade. Essa visão é consistente com a observação de Green (2005a) de que algumas vezes é melhor que o analista expresse a contratransferência em ação do que inibi-la em favor de um discurso artificial ou sem vida.

V

Um exemplo extremo do tipo de ação analítica que pode ser necessária para ajudar a catalisar um ato de figurabilidade é oferecido pela descrição de Botella e Botella (2005) da análise de Thomas, uma criança de quatro anos de idade muito perturbada, severamente traumatizada. Inicialmente, na análise, o comportamento de Thomas se constituía de ações desconexas, em vez de brincadeiras ou palavras organizadas. Por exemplo, ele cheirava um pote de cola muito intensamente, jogava brinquedos contra a parede, ou vocalizava repetidamente ruídos de rosnados. No final de suas sessões, ele não conseguia sair do consultório, parecia maciçamente ansioso e despersonalizado, e não encontrava qualquer alívio em nada que seu analista era capaz de dizer ou fazer.

> *[Thomas] estava distante de toda e qualquer comunicação habitual... Confrontado com essa criança pálida, imóvel, de aparência abatida, a própria imagem do terror, o próprio analista tinha a impressão de estar tendo um pesadelo. Então, ele disse a Thomas: "Grrrr... grrrr! Você tem medo do lobo?" E, sem pensar, ele imitou espontaneamente o animal desagradável que morde e mostra as garras. Aterrorizado, Thomas sinalizou para ele parar, mas sua confusão desapareceu, e ele foi capaz de sair... [Na próxima sessão], chegado o momento de se separar, o analista [intencionalmente] repetiu o episódio do lobo. Thomas não estava mais despersonalizado, correu para o corredor e, querendo assustar todo mundo, gritou: grrr... grrr... o lobo! (Botella & Botella, 2005, pp. 32-33, grifo adicionado).*

Embora possamos entender essa sequência de várias maneiras e sob muitas perspectivas diferentes – como, por exemplo, distúrbio neurológico, manifestação psicótica, regressão defensiva, contratransferência, *enactment*, e assim por diante, proponho que a consideremos como uma ilustração plausível do movimento desde estados mentais não representados para os representados. O fato de Thomas não ter encontrado alívio nas intervenções mais habituais do analista, nas interpretações da angústia de separação ou da raiva por ter que interromper a sessão, e assim por diante, levanta a possibilidade de que o que Thomas enfrentava, no final de suas sessões, não resultasse de um conjunto específico organizado de fantasias, medos ou desejos internos e inconscientes, subjacentes. Em vez disso, um processo mais arcaico e amplamente pernicioso de perturbação regulatória maciça pode ter estado envolvido, o que exigia e convocava o analista a realizar o trabalho de figurabilidade psíquica para a sua resolução.

> *O poder traumatizante da separação [ou seja, do analista no final da sessão] e as possibilidades limitadas de Thomas para [representação psíquica e] elaboração, acarretavam que, uma vez que o seu escudo protetor [isto é, a sua ligação concreta, real, adesiva com seu analista] fosse quebrado, todo o seu sistema de representação, já precário, era completamente eliminado. Ao nomear e imitar o lobo, o analista não estava evocando o significado de uma fantasia em face de uma perda, mas estava solicitando um trabalho psíquico, na criança, comparável ao seu próprio, o duplo, por assim dizer, da força evocativa do seu próprio trabalho de figurabilidade. Thomas [então] usou o lobo como uma verdadeira arma de representação contra a angústia da não representação (Botella e Botella, 2005, p. 34; itálico no original).*

Do ponto de vista do analista como "duplo" intersubjetivo, a intervenção iniciou-se com a *experiência* do analista descrita como um "pesadelo" acordado. Seria, talvez, mais correto chamar essa experiência de terror noturno ou estado agudo de desequilíbrio e descarga psicoeconômica, uma vez que inicialmente não reflete um estado representado (imagem pictográfica, carregada simbolicamente). Pelo contrário, foi um lampejo de emoção bruta, um desafio potencialmente traumático para a psique do analista, que ativou um movimento de representação, dentro do analista, acompanhado por um fenômeno espontâneo quase em transe, de ação/descarga, ["grrr... grrr"]. Esse movimento e essa expressão indicam a formação inicial de uma representação, que embasou uma fantasia ou pensamento sobre o qual, por sua vez, o analista refletiu, levando a uma formulação e a uma interpretação. A representação emergente foi, em parte, uma resposta à angústia extrema de Thomas e em parte, uma identificação com o seu colapso regressivo. Este último presumivelmente expôs o analista à ameaça, ao terror, às pressões 'desdiferenciadoras' de suas *próprias* áreas não representadas, ao que ele respondeu com um ato pessoal de figurabilidade. Assim, o "grrr, grrr" foi, em parte, uma descarga e, em parte, a consequência de um ato emergente de figurabilidade que serviu às necessidades psíquicas do analista e do paciente e que finalmente levou Botella à formulação e interpretação: "Você tem medo do lobo?".

Embora a ação inicialmente tenha aterrorizado Thomas, ela também catalisou algo dentro dele que o acalmou o suficiente para permitir que ele fosse embora da sessão. A hipótese dos Botella é que houve a formação de uma representação onde nenhuma estava presente, antes. Quando chegou a hora de Thomas ir embora da sessão seguinte, ele parecia ter dentro de si um novo recurso, *a sua própria representação organizada em torno da experiência, e o traço de memória do analista fingindo ser o lobo*, que ele podia invocar ao criar o "jogo", via imitação, para assustar os outros (uma identificação com o agressor) e que ele usou para ajudá-lo a se separar. Uma vez que esse desenvolvimento interno foi estabelecido, tornou-se possível avançar com interpretações mais habituais:

> *Quando você tem que me deixar, você fica com tanta raiva que gostaria de me arranhar, me comer como um lobo... (Botella & Botella, 2005, p. 33).*

A formulação dos Botella é consistente com a descrição de Bion (1970, 1992) da função-alfa no processo de continente/contido. O que eles agregam à formulação de Bion é a hipótese de que, na mobilização de sua própria função-alfa, o analista está realizando um ato de regulação psíquica para si mesmo, bem como para o seu paciente.

> *[A intervenção d]o lobo, não era uma história em imagens ou um enactment psicodramático, mas um flash do analista, um ato de figurabilidade dando um sentido à confusão de Thomas e aliviando o analista da sensação de tormento e desapontamento resultante do insucesso de seus métodos analíticos usuais (Botella & Botella, 2005, p. 32, grifo adicionado).*[18]

Esta formulação difere da descrição de Ogden (1994b) da "ação interpretativa" de várias maneiras. Ele descreve o objetivo de uma ação interpretativa como "deliberado" (p. 229), ao invés de espontâneo e impensado; e enfatiza a tentativa do analista de usar "outra atividade que não seja a simbolização verbal" (p. 220) para transmitir ao paciente "aspectos específicos da *compreensão* [do analista] do *significado* inconsciente da transferência-contratransferência" (p. 221, grifo adicionado). "Compreensão" e "significado", ambos implicam e exigem saturação, estabilidade de denotação e ligação com as palavras. Revelam um processo no qual as representações já foram formadas e ligadas a cadeias de sentido. Aquilo que é "entendido" ou "tem sentido" é potencialmente verbalizável e implica ou exige conteúdos mentais articulados ou potencialmente articuláveis.[19]

Em contraste, o ato de Botella foi espontâneo e eruptivo e ocorreu *antes da criação, formulação ou consolidação (reforço) da compreensão ou do significado*. Como tal, foi um passo preliminar num processo intersubjetivo transformacional, que finalmente levou à formação de compreensão e significado. Tendo formulado silenciosamente seu significado e a hipótese de seu valor potencial, Botella pôde, então, deliberadamente escolher rosnar para Thomas numa tentativa consciente de introduzir uma ação interpretativa.[20]

A exigência feita sobre a mente do analista por um trabalho representacional, o *"imperativo representacional"*, reflete uma tendência universal de buscar alívio da sobrecarga sensorial através da representação e da atividade psíquica. No caso de Thomas, foi ativada pela absorção e identificação do analista com o "caos" ou "vazio" não representado de seu paciente.[21] Isso presumivelmente produziu uma exposição regressiva transitória às partes não representadas do *próprio* analista. O "flash" que os Botella descrevem é o produto final e a combinação de um processo de representação com a ação associada àquele processo que aliviou o analista de uma ameaça de desdiferenciação. Este processo representacional foi *interno* no analista. Ao mesmo tempo, na medida em que levou a uma interação específica com Thomas, foi *interpessoal*. E foi *intersubjetiva*, já que o analista estava usando suas capacidades para absorver, através da identificação, transformar e reapresentar a Thomas uma versão agora representada do que havia sido para Thomas e, em menor escala, para o analista, um terror incipiente, desorganizador e não representado. Assim, ainda que possamos "emprestar nossa função-alfa" a pacientes, tais como Thomas, por motivos terapêuticos ou altruístas, poderemos também encontrar a nossa função-alfa convocada urgentemente por uma necessidade pessoal, homeostática, que é autoprotetora e autorregulatória.[22]

VI

A idade e patologia de Thomas nos permite visualizar as consequências da representação frágil e ausente e o posterior trabalho de figurabilidade conforme este se desenvolve sobre o pano de fundo de uma tela psíquica fragmentada "incolor". Isto contrasta com outros pacientes, nos quais a necessidade por uma ação figurativa intersubjetiva ocorre dentro de uma psique que talvez *pareça*, às vezes ou sob certas condições, estruturada e organizada de uma forma neurótica normal. Nesses pacientes, seções da superfície da tela parecem estar pintadas, mas a integridade estrutural de distintas áreas da tela – talvez num nível micro – está em desordem. Deixe-me ilustrar descrevendo o tratamento de Erin,[23] a qual, apesar de ganhos significativos na capacidade de representação, continuou a apresentar problemas presumíveis de representação enfraquecida ou ausente (descatexia, autofragmentação, perda de continuidade de seu senso de *self* e de objeto) e requeria, do analista, uma atividade de reforço da figurabilidade frente a reações de separação potencialmente desorganizadoras.

Comecei a trabalhar com Erin quando ela estava deprimida, irritada, sem esperança e perigosamente suicida. O primeiro período de tratamento, frente a frente, 3 a 4 vezes por semana, durou 12 anos e ajudou-a a enfrentar inúmeras hospitalizações e crises suicidas, terminar a faculdade e começar a estabilizar sua vida.

A mãe de Erin tinha um severo alcoolismo: era deprimida, não confiável e física e emocionalmente indisponível. Durante os anos de latência de Erin, a mãe foi hospitalizada várias vezes, ficando sem contato telefônico por longos períodos de tempo. Quando a mãe estava em casa, Erin vivia à beira do pânico contínuo, esvaziando as garrafas de uísque escondidas, escondendo as chaves do carro para evitar que a mãe dirigisse embriagada e tentando entrar no quarto onde a mãe estava desmaiada, para ver se ela ainda estava respirando e viva.

O pai de Erin era um homem terrivelmente raivoso, a quem Erin via como déspota e invasivo. Seu humor mudava inadvertidamente, e ele explodia em perigosos acessos de raiva. Seus irmãos eram descritos como invejosos e cruéis.

Nos primeiros anos de tratamento, Erin acalmava-se mantendo e contando com um estoque oculto de pílulas para dormir, lembrando-se de que elas eram sua fuga de uma realidade intoleravelmente dolorosa e incompreensível. Nas sessões, seu pensamento se tornava bloqueado ou desorganizado, sua mente ficava em branco e seu discurso era muitas vezes vazio e chato. Eu mal compreendia o que ela estava dizendo ou o que estava acontecendo entre nós. Como Botella com Thomas, é provável que o meu estado fosse tanto uma resposta ao seu discurso fraturado, como uma identificação com seu *self* desorganizado.

Eu tentava esclarecer e explorar o que Erin estava sentindo ou pensando, ou descrever o que estava acontecendo entre nós. Embora essa atividade reflita uma técnica padrão, ao ajudá-la a nomear seus sentimentos e dar um sentido plausível ao que parecia estar acontecendo dentro de sua mente e entre nós, eu também estava trabalhando como um alter ego ou "duplo", apoiando a sua – ou emprestando-lhe a minha – capacidade de criar, ligar e fortalecer representações, assim reforçando sua capacidade de pensar.

Aos poucos, desenvolvemos uma imagem de sua mente que nomeava e descrevia seu terror de abandono, sua raiva homicida e suicida, e a desesperada necessidade de ajuda e conforto. Alguns elementos dessas reações estavam, presumivelmente, baseados em representações de objetos, fantasias e relações precoces. Por exemplo, poderia se supor que seus medos de proximidade eram determinados, em parte, pela necessidade de se defender contra a raiva e fome orais, ou para evitar a repetição traumática de memórias internalizadas de abandono pela mãe. Poderia se postular uma identificação defensiva, agressiva com o pai furioso, paranoico, ou visualizar suas preocupações suicidas como uma vingança assassina contra os pais e irmãos sádicos e abandonantes. Ao mesmo tempo, no entanto, além dessas manifestações, que se supõe sejam de estados mentais mais organizados, representados, havia o seu discurso vago e incompreensível, a paralisia de seu pensamento, a intensidade e a qualidade eruptiva de seus afetos e a ação confusa e impulsiva que permeava sua vida, que aludiam a uma possível fraqueza ou falha de representação.

Durante a maior parte de nossos primeiros anos juntos, não fazia sentido para ela, nem levava a um processo mais comum de elaboração, a abordagem desses fenômenos como possíveis defesas do ego (por exemplo, "talvez a sua mente pare de funcionar para que você não tenha que sentir ou saber da raiva que você está sentindo, ou o quanto você sente precisar que eu esteja aqui"); ou como marcadores emergentes de fantasias inconscientes (por exemplo, "você parece estar com medo de que suas necessidades e sua raiva possam me destruir"); ou como memórias (por exemplo, "quando eu vou embora você se sente abandonada por mim como você se sentia quando sua mãe ia para o hospital, sem qualquer explicação ou possibilidade de acesso"). Esses fenômenos, que eram associados a estados intensos de confusão e desorganização de sua capacidade para pensar, que tornavam Erin incapaz de dar um sentido coerente à sua vida emocional, estavam ligados a uma descontinuidade desorganizada e desorganizadora da experiência e a uma perda de sentido e significado que, acredito, refletiam uma falha ou fragilidade de representação. Nesse contexto, gostaria de enfatizar *o papel das minhas clarificações como construções forma-doras de coerência, as quais* forneceram e sustentaram os tijolos de pensamento dentro de uma relação significativa de objeto, em vez de revelar ou decodificar interpretações de defesas ou de conteú-dos organizados, ainda que ocultos.

Nossas separações – por férias e ausências, ou entre as sessões etc. – assumiram uma importância cada vez maior à medida que eu tentava clarificar e ajudar Erin a entender suas tempestades afe-tivas, seus sentimentos de abandono, seus súbitos retraimentos emocionais e crises suicidas, e interpretativamente colocava as inte-rações do aqui-e-agora de nosso relacionamento em alguma sequência narrativa plausível, com causa e efeito e explicações compreensíveis. Em vez de ficar contando e mexendo em seus comprimidos, quando estava angustiada, Erin passou a ligar para a minha secretária eletrô-nica para ouvir a minha voz, ou dirigia até o meu consultório para visualizar e ficar perto de meus arredores.

Quando ela se tornou capaz de falar sobre essas experiências, ela só conseguia repetir que estava tentando se agarrar à sensação de que eu era "real". As tentativas de explorar e ajudar a especifi-car o que "ser real" significava, ou como isso funcionava para ela emocionalmente, tinham pouco sucesso. Nós nunca encontramos uma fantasia inconsciente ou um significado defensivo específico pré-existente relacionado a essas ações. Como o bebê de Winni-cott (1971b, p. 115) lutando contra o impacto desorganizador da descatexia, Erin parecia estar no domínio do concreto em vez do simbólico: eu estava lá ou não estava lá; ela era capaz de pensar e ficava organizada na e pela minha presença, ou ficava desorganiza-da e incapaz de pensar quando abandonada e só.

A mudança na ligação de Erin, dos pensamentos de suicídio para pensamentos a meu respeito, parecia marcar o início de seu

98 A TELA INCOLOR

alcance de uma representação de mim que assumiu um papel estabilizador de importância crescente dentro de sua economia psíquica. Ela parecia estar intuitivamente tentando agir contra as consequências desestabilizadoras da descatexia através de atitudes que reforçavam seu senso de minha presença. "Lembretes" concretos de minha existência ou o contato com as coisas que reforçavam seu senso do meu "ser real" pareciam modular seus afetos, "reabastecer" sua capacidade de pensar e ajudar a manter a coesão e coerência de seu *self*.

Finalmente, o "poder de permanência" de seu senso de meu "ser real" adquiriu maior estabilidade, e, exceto sob uma pressão excessiva, ela conseguia passar por separações cada vez mais longas sem se tornar suicida ou mostrar sinais de desorganização ou perda de vitalidade, estabilidade e coerência. Posteriormente, a necessidade concreta de ligar para ouvir a minha voz durante as separações foi substituída por ela preventivamente perguntar onde eu estaria indo. Quando entendi o papel estabilizador que essa informação poderia desempenhar, eu voluntariamente a compartilhava com ela. Ela a usava para me localizar no tempo e no espaço e reafirmar a minha existência, imaginando onde eu estaria, o que haveria ao meu redor, e assim por diante. Erin parecia estar desenvolvendo um meio representacional de manter-se a partir de um sentido da minha presença em minha ausência física. Isso a ajudou a estabilizar a minha imagem e presença dentro de sua mente. Mantendo-me, assim, com ela, evitava uma fragmentação desorganizada, e tornava-se possível que ela "pensasse" sobre mim e mantivesse uma autocoesão e estabilidade psíquica em minha ausência.

Anos mais tarde, quando os frutos desse trabalho haviam amadurecido, ela anunciou que naquele momento entendia que havia *duas* pessoas na sala. Embora seja possível que esta comunicação marcasse ou estivesse associada com a *descoberta* de uma fantasia organizada, mas profundamente escondida, acredito que refletia o alcance de sua capacidade de se agarrar a um senso de minha continuidade como um objeto de sustentação, apesar de minha ausência, e de observar, pensar e colocar em palavras um aspecto de sua Experiência que era previamente inominável.

Durante os quinze ou mais anos que se seguiram ao fim de nosso primeiro período de tratamento, Erin manteve contato intermitente por correio ou eventualmente pelo telefone. Preservar uma representação da minha existência dentro de sua mente seria uma dosagem inconsciente da sua necessidade de manter uma relação concreta de "reabastecimento", necessária para sustentar seu funcionamento psíquico? Embora nunca tenhamos respondido a essa pergunta de forma decisiva, esse parecia ser seu jeito de se agarrar à "realidade" da minha existência.

Erin retornou ao tratamento, frente a frente, três vezes por semana, após o falecimento de seu pai. Apesar de haver se tornado uma mulher madura, com filhos adultos e um casamento e carreira de sucesso, sua sensibilidade à separação e possível perda ainda era aguda e beirava o catastrófico. Uma razão importante para seu retorno parecia ser uma vaga insinuação de que a pequena herança que recebera após a morte de seu pai tornaria possível tentar abordar o fato de que seu bem-estar e sensação de funcionar adequadamente permaneciam atados ao seu senso de minha existência física e conexão comigo.

Durante essa segunda fase, as capacidades fortalecidas de Erin para auto-observação e tolerância a afetos permitiu-lhe observar e discutir sua experiência de nossas separações com uma nova competência. No devido tempo, ela relatou que o elemento tão desestabilizador na minha ausência não era apenas as fantasias, medos, ou desejos de que eu iria morrer ou não desejaria retornar – estes eram associados a transferências primitivas construídas sobre representações de seu pai violento ou da mãe que a abandonava –, *mas seu terror de que o eu que retornaria não fosse o mesmo eu que havia partido.* Embora esse terror possa basear-se numa fantasia relacionada a medos inconscientes da infância relacionados às hospitalizações da mãe, *à perda de continuidade no seu senso do objeto*, à fragmentação do *self* e à dependência de Erin da minha presença, a fim de efetivamente pensar e abordar esses problemas, oferecem uma presumível evidência de descatexia e fragilidade das representações.

Nos anos seguintes, apesar da evidência de ter preenchido e fortalecido muitas áreas anteriormente incolores e fragmentadas de sua "tela psíquica", Erin ainda mostrava uma tendência – apesar de poder se recuperar mais rapidamente – a reverter para estados desorganizados, confusos, de entorpecimento da mente e silêncio congelado, a perder a sua capacidade de regular seus sentimentos, de observar a si mesma ou de associar significativamente frente a separações iminentes ou reais, ou à perda da minha sintonia emocional. Meu papel, no que agora se tornara o trabalho de *sua* crescente capacidade de gerir seus próprios atos de figurabilidade, tornou-se muito menos evidente, mas, no entanto, era perceptível.

Por exemplo, no meio de uma discussão sobre reações intensas a uma recente ruptura na continuidade de nossas sessões, Erin impulsivamente perguntou se meus olhos eram azuis. Minha resposta espontânea, intuitiva, não foi pergunta nem interpretação, mas uma declaração de "fato", na forma de uma história pessoal. Respondi que eu entendia que meus olhos eram castanhos, mas que, quando eu era menino, minha mãe me dizia que eles eram cor de avelã. Eu não sabia por que eu escolhera responder dessa maneira, ou por que adicionara esse detalhe pessoal naquele momento, mas estava ciente de que ele refletia uma memória terna e amorosa profundamente significativa. Não costumo falar de minha história pessoal com os pacientes, e o detalhe emergiu espontaneamente, sem que eu pensasse sobre isso.

Embora essa intervenção possa ser vista sob muitas perspectivas diferentes, como, por exemplo, contratransferência, *enactment*, autorrevelação etc., eu gostaria de enfatizar o seu papel em um processo transformativo progressivo: ela introduziu, no campo, a "mãe" como um "holograma afetivo" (Ferro, 2002a). Ao fazê-lo, eu não estava apenas "dizendo" alguma coisa, consolando-me (que a minha mãe de fato me amou, mesmo se Erin não o fez), ou me "autorrevelando" para Erin. Acredito que eu estava agindo de um modo análogo ao de Botella rosnando para Thomas. Ao introduzir "o personagem da mãe", eu estava descarregando uma tensão – talvez buscando consolo e conforto em uma introjeção materna amorosa, diante de um relacionamento hostil ou estéril –, mas também estava fazendo algo semelhante à "adição de uma escora (verbal)" para o "cenário da peça" com que um analista infantil envolve uma criança: uma mãe icônica, que podia olhar para seu filho amorosamente e imaginar algo maravilhoso e singular nele ("olhos cor de avelã"); uma mãe que era mais parecida com o analista-mãe em uma transferência positiva: facilitador, consistente, afetivo e comprometido.

Em resposta ao meu comentário, Erin se acalmou e percebeu que *no olho de sua mente*, ela estava se transportando para o meu rosto – ou seja, ela imaginava ver – *os olhos azuis de sua mãe*, aquela figura de abandono por excelência. Sua "alucinação" de um analista de olhos azuis foi um "ato falho visual" refletindo a presença e a utilização de uma representação internalizada e atualizando uma reação transferencial. Ao mesmo tempo, a minha introdução de uma mãe que vê e idealiza seu filho desafiava a sua "distorção transferencial" e silenciosamente lembrou-a de quão vitalmente diferente nossa relação era, comparada àquela de sua infância com seus pais. Esta última ajudou a corrigir um "micro rasgo" em sua psique, restaurando seu equilíbrio e permitindo-lhe diferenciar entre a mudança da separação e a catástrofe da ausência, perda e aniquilação psíquica.

Depois, no tratamento, diante de vários cancelamentos em decorrência de seu trabalho, Erin novamente trazia o quanto ela ficava em pânico e desorganizada quando vivia uma ameaça de não ter contato comigo. Ela continuou com descrições de caos (no trabalho) e sua necessidade de ser hipervigilante e ter controle total, por enfrentar sentimentos intrusivos de pânico. Comentei que parecia haver dois pânicos puxando-a em direções opostas: um que ela sentia ao estar fora de contato comigo. Isso às vezes danificava a sua noção de eu ser amável e real e, em seguida, desorganizava seu sentido de si mesma. Isso a levava a buscar desesperadamente contato comigo e tentar reagendar todos os compromissos que talvez pudéssemos perder. O segundo pânico relacionava-se com a ideia de ela saber, ou de eu perceber, quão carente e dependente de mim ela se sentia. Isso a fazia sentir-se vulnerável e a levava a querer parecer indiferente aos cancelamentos. Como resultado disso, ela estava sendo puxada em direções opostas. "Seja bem-vindo ao meu mundo", foi sua resposta, enquanto sorria (de alívio?) e exalava profundamente.

Uma frase que ela usou ao descrever o conflito de trabalho que exigia suas faltas às sessões desencadeou lembranças, em mim, de um objeto de amor perdido do passado, e enquanto continuava a ouvi-la, comecei a cair num estado de espírito dolorosamente triste e profundo, marcado por desesperança, desespero e devaneios de suicídio. Ao dividir a minha atenção entre mim e Erin, fiz uma reflexão a esse respeito e silenciosamente articulei algo sobre meu próprio estado de espírito. Reconheci que eu estava retrabalhando uma memória pessoal dolorosa de perda irrevogável, e com esse pensamento como objeto de reflexão, e com a questão de saber se isso poderia de alguma forma estar ligado a Erin e à sessão, voltei minha atenção mais plenamente ao seu discurso.

Suas associações a haviam conduzido à sua própria infância, dolorosamente traumática:

> *É um milagre que eu tenha me interessado em aprender, porque ninguém jamais leu para mim quando eu era criança. Lembro-me que uma babá certa vez me contou uma história sobre Peter Pan, usando os desenhos de um livro. Minha mãe chegou em casa e ficou muito irritada. Eu pensei que nós estávamos fazendo algo errado.*

Ela falou mais, então, sobre seu pânico por nossas separações, sua terrível dependência e necessidade, mas de repente interrompeu-se, irritada, e disse: "Não olhe assim para mim." Assustado, perguntei-lhe sobre o meu olhar, e o que ela estava pensando e sentindo antes de tê-lo notado. Por um momento, isso foi "útil". Ela rapidamente deixou de lado sua reação, anunciando que tinha estado "projetando" (suas palavras) e pareceu recuperar um sentido positivo, útil, da minha presença. No entanto, senti que ela tinha usado a minha intervenção mais como uma "checagem de realidade" do que como uma oportunidade para aprofundar a reflexão e exploração. Portanto, decidi usar a minha *rêverie* como base para uma intervenção e disse:

> *Quando você comentou o olhar no meu rosto, eu estava pensando sobre algo em reação ao que você havia me dito. Não tenho certeza se vai ser do seu interesse ou de*

utilidade para você, mas pensei em mencionar, pois pode se mostrar útil. Meu pensamento era sobre quão dolorosas e irrevogáveis podem ser, às vezes, as perdas da vida.

Sua resposta foi que, quando criança, ela nunca havia perdido alguém "irrevogavelmente". Respondi que eu não estava pensando sobre uma pessoa, mas sobre sua própria infância, sobre a oportunidade de ter sido criada e vivido numa família segura e solidária. Ela se entristeceu e concordou. Ao fazê-lo, uma imagem de sua infância estéril surgiu em minha mente, contra o pano de fundo de seus atuais ataques de pânico incipientes e suas tentativas de estabilizar-se por conta própria, para que ela pudesse mantê-los escondidos de mim e evitar o pânico de que eu visse como ela se sentia carente. Fiz um comentário sobre isso, e ela respondeu que havia um terceiro pânico: de que ela iria me desgastar ou me destruir devido à sua carência.

Naquele momento, meu pensamento mudou para o gibi *Li'l Abner*,[24] uma história em quadrinhos da minha infância, em que os personagens viviam numa grande pobreza, mas eram alimentados por um conjunto mítico de animais amistosos chamados "*schmoos*", que voluntariamente se transformavam em presuntos e amorosamente se permitiam ser consumidos por seres humanos famintos. Subjacente a essa lembrança, estava uma série de imagens semiformadas de amamentação, ser amamentado, e o calor do meu primeiro analista e sua extraordinária capacidade de ajudar seus pacientes a reconhecer, tolerar e colocar em perspectiva as desilusões e desgostos de sua vida.

Perguntei a Erin se ela já tinha lido *Li'l Abner*, e se ela conhecia os *schmoos*. Ela tinha lido, mas não se lembrava deles. Então contei a ela sobre o papel deles como fonte amorosa de alimento e sugeri que, tendo crescido em sua família, ela sentia que ninguém era amoroso ou generoso daquele modo, e como suas necessidades podiam parecer tão vorazes e grandes, ela realmente não conseguia acreditar que eu pudesse *querer* ajudá-la e não ser consumido ou destruído no processo. Ela tristemente concordou e acrescentou: "É por isso que as pessoas têm filhos, para poderem encontrar e dar o amor que nunca conseguiram ter."

Isso provocou em mim a imagem de um bom amigo lendo um gibi para o meu filho de 4 anos de idade. Com base nessa memória instantânea e ciente de que a sessão estava em seu final, eu disse:

> *Sabe o que eu acho que aconteceu? Você tinha dito que ninguém jamais leu para você quando você era criança, e quando estava contando sobre o Li'l Abner, acho que eu também estava lendo os quadrinhos de domingo para você!*

Ao sair do consultório ela sorriu e eu calidamente imaginei-a pensando "os analistas dizem cada coisa!".

O que desejo chamar atenção nessa última sequência é o modo como uma área de fragilidade ou ausência representacional – a "presença" da ausência traumática da mãe era assinalada em mim por uma fantasia do seu oposto, de uma presença maternal amorosa, vigilante, sua presença lendo gibis – pode aparecer embutida em um conflito mais comumente representado (o pânico, a vergonha e o desejo de esconder a sua fome ou a extensão de sua dependência). Sugiro que, juntamente com sua negação defensiva (Freud, 1925h), que ela "nunca" havia vivenciado uma perda irrevogável, havia indícios de que estávamos nos aproximando de

106   A TELA INCOLOR

uma área de ausência ou fragilidade representacional (o fato de que inesperadamente *fiquei* imbuído de sentimentos pesarosos e pensamentos suicidas, seguido de sua súbita resposta paranoide ao meu "olhar"). Ao lado de sua negação defensiva "neurótica", houve uma desmentida ou uma "ejeção da psique" (McDougall, 1978) de uma dor insuportável, que eu inconscientemente absorvi, repercuti e com a qual me identifiquei temporariamente, voltei-me a uma representação para nós dois, por meio de um ato inconsciente de "figurabilidade", e reapresentei a ela sob a forma das palavras "perda irrevogável" e pela lembrança de Li'l Abner e os *schmoos*. Essa última condensava uma série de memórias (minhas) cálidas de amor e de perda – incluindo minha mãe lendo para mim, meu amigo lendo para o meu filho, eu lendo para o meu filho, momentos cálidos e afetuosos de minha própria análise, eu analisando essa paciente, e assim por diante. E, como a minha introdução da mãe que enxerga uma cor avelã, especial, nos olhos corriqueiramente marrons de seu filho, o analista que vê a possibilidade de que essa adolescente suicida pudesse crescer e ser uma mãe e uma profissional bem-sucedidas, a história Li'l Abner representou e reapresentou um importante suporte estrutural para a psique danificada de Erin.

Sem dúvida, processos de comunicação inconsciente estavam ocorrendo entre nós. O foco da questão é a extensão em que esses processos envolviam a comunicação de fantasias e memórias inconscientes mais ou menos formadas e organizadas; ou comunicavam algo mais rudimentar e muito menos saturado que estava sendo projetado, enraizando-se e sendo transformado pela mente do analista, para que pudesse, então, ser reapresentado a Erin de uma forma mais estruturada, sendo, em seguida, internalizado por ela para ajudar a solidificar e formar a base representacional de seu próprio funcionamento psíquico.

VII

Na presença do inconsciente *representado*, do conteúdo latente, o processo analítico se move através da associação livre e da interpretação desde a superfície consciente e pré-consciente para a profundidade inconsciente. Na análise dos estados mentais não representados e fragilmente representados, *os elementos da mente – conscientes, pré-conscientes e inconscientes – devem primeiro ser criados por um trabalho que começa na psique do analista, sendo então oferecidos e inscritos na psique do paciente como parte de um relacionamento e de um processo intersubjetivo e interativo.* Em outras palavras, o analista pode ser solicitado a prover alguma ação catalisadora significativa, a fim de ajudar a precipitar ou fortalecer as capacidades de representação do paciente. Quando isso ocorre, podemos perguntar a quem a representação pertence. Ao analista? Ao paciente? Uma combinação dos dois? "A ambos" e "a qualquer um" simultaneamente, dependendo da perspectiva a partir da qual observamos o processo, é a resposta que eu gostaria de propor. E, evocando Winnicott (1971b), eu também acrescentaria "a nenhum", uma vez que há uma perspectiva que permite dizer que não pertence a qualquer dos dois participantes a elaboração conjunta, intersubjetiva, de um continente de elementos protopsíquicos não representados a caminho da representação, sendo mais bem caracterizada como uma propriedade do campo analítico (Baranger, Baranger e Mom, 1983) ou do terceiro analítico (Ogden, 1994a).

Seja qual for a sua forma final de representação, ou a quem ou a que são atribuídos, os protossentimentos e protopensamentos previamente inarticuláveis muitas vezes exigem o "empréstimo", a criação ou a construção conjunta de uma forma de linguagem ou dialeto viável (Ferro, 2002a), de forma a atingirem uma representação psíquica. A representação produzida é sempre, até certo ponto, parcial e aproximada, jamais sendo uma representação to-

108 A TELA INCOLOR

talmente completa da coisa em si (Bion, 1970). Isso pode ser um conceito difícil de entender, e se torna ainda mais difícil devido à costumeira suposição de que a realidade externa existe e pode ser conhecida de uma maneira objetiva e direta. Conforme Bion (1970) afirmou:

> *[Realidade Última,] O não cai no domínio do conhecimento ou da aprendizagem, exceto por acaso; ele pode "tornar-se", mas não pode ser "conhecido". É a escuridão e a ausência de forma, mas ele entra no domínio de K [isto é, no domínio daquilo que pode ser conhecido] quando tiver evoluído para um ponto em que pode ser conhecido, através do conhecimento adquirido pela experiência, e formulado em termos derivados da experiência sensorial; sua existência é conjeturada fenomenologicamente (Bion, 1970, p. 26; grifo adicionado).*

Neste capítulo, tentei articular o processo que está subjacente e a plausibilidade de um sistema de conjetura teórico como este. Se tiver obtido êxito, terei evocado algo reconhecível para os outros, e, ao fazê-lo, terei também ilustrado algo sobre a inefabilidade dos dados psíquicos e o valor clínico da teoria freudiana sobre a representação e seu lugar em nossa compreensão da ação terapêutica e da criação da mente.

Notas

1. Ele manteve esta distinção quando introduziu a teoria estrutural (Freud, 1923b, p. 24).

2. O quadro teórico que estou usando não deve ser confundido com o de Stern (1997), que escreve sobre "experiência não formulada". Em contraste a Freud, Stern não acredita que o inconsciente possa conter elementos e/ou estados

mentais organizados, articuláveis (isto é, "representados" no sentido em que uso o termo aqui), mas reprimidos. Portanto, ele constrói sua teoria somente em termos de dissociação e não de repressão.

3. Uso o termo Experiência, com E maiúsculo, para a Experiência crua, existencial, em contraste com a "experiência" mais comum, com "e" minúsculo, que se refere ao que é potencialmente cognoscível e passível de autopercepção e autorreflexão. Embora os aspectos da "experiência com e minúsculo" sejam às vezes inconscientes, eles são elementos psíquicos organizados que são potencialmente cognoscíveis, articuláveis e contidos dentro da psique. Em contraste, Experiência com E maiúsculo, como o O de Bion (1970), nunca pode, em sua forma não modificada, ser conhecida ou contida dentro da mente como pensamento ou percepção, sendo mais útil pensá-la como pré-psíquica ou protopsíquica. Ainda assumirei, seguindo Bion (1970), que a "Experiência" é inerentemente traumática, a menos que e até que possa ser transformada em algo que possa ser contido dentro da mente, ou seja, em "experiência". Assim, por exemplo, a capacidade de usar o que coloquialmente seria chamado de "um evento traumático" e transformá-lo em uma obra de arte seria, de acordo com essa formulação, um exemplo de Experiência (= o evento bruto, não modulado) sendo transformada em experiência (= a versão percebida e articulável daquela Experiência) e, em seguida, a última sendo posteriormente transformada em obra de arte.

4. Ver Ahumada (1994) e Levine (1999) para discussões contemporâneas desses problemas.

5. Embora haja controvérsias em relação a como melhor nomear esse processo de transformação e movimento desde estados mentais não representados a representados, seguirei o uso preferido por Botella e Botella (2005) e me referirei a ele como um ato de "figurabilidade psíquica".

6. Jean- Claude Rolland (1998) fala de uma "compulsão a representar" [*compulsion de représentation*].

7. Note-se que enquanto a palavra "imagem" é usada, as apresentações podem ocorrer em qualquer modalidade sensória, indo além de apresentações pictóricas visuais.

8. Tenho chamado isso de "verdadeiro pensamento" (Levine, 2011a).

9. O fato de que a presença dessas áreas falhas de representação poderia ser marcada pelo aparecimento de organizações patológicas rígidas, que estão

110 A TELA INCOLOR

associadas com fantasias e objetos excessivamente rígidos, destrutivos e imbuídos de agressão – isto é, "representações" de outro tipo – adiciona uma complexidade à teoria que requer mais explicação. Basta dizer, por ora, que Green (2005a, 2005b) discutiu as formas pelas quais a descatexia e a forclusão produzem descontinuidades e ausência (alucinações negativas, vazios psíquicos) no mundo interno de uma pessoa – isto é, falhas na representação que são frequentemente marcadas e defendidas por relações de objeto e organizações patológicas.

10. Ver, por exemplo, Lecours & Bouchard, 1997, em uma tentativa de distinguir diferentes níveis de "inscrição" mental.

11. Esta é uma conjectura subjacente à extensão, por Ferro (2002a), da teoria do campo analítico dos Baranger (Baranger & Baranger, 2009): na medida em que um dialeto narrativo deve estar referido e refletir os elementos alfa e beta dos quais é derivado, qualquer conjunto de dialetos narrativos deve ser numeroso, mas não infinito.

12. Cassorla (2012) descreveu como o desenrolar de um impasse temporário pode começar com, e até mesmo exigir, um *enactment* inconsciente, criado em conjunto, o qual não apenas dá forma a algo incipiente, ainda não representado ou apenas fragilmente representado, mas também chama a atenção para a sua existência emergente.

13. Na medida em que cada um de nós, mesmo o mais saudável neurótico, tem uma porção da mente não representada e não estruturada (isto é, a maioria do Id), então cada um de nós terá necessidade e capacidade para uma atividade transformativa do tipo que estou descrevendo. No tratamento de pacientes neuróticos, porém, este trabalho pode passar menos percebido por depender mais das capacidades figurativas internalizadas do paciente, e assim ser menos dependente da atividade coconstrutiva do analista.

14. Ver também Mitrani (1995), que se refere a esses fenômenos como "não mentalizados".

15. É também por essa razão que autores recentes (como por exemplo, Green, 2005a, 2005b; Hoffman, 1994; Levine, 2011b; Levine & Friedman, 2000; Natterson & Friedman, 1995; Ogden, 1994a; Stern, 1997; Stolorow, Atwood, e Brandchaft, 1994; Widlöcher, 2004; entre muitos outros) descreveram alguns significados que emergem na análise como sendo "coconstruídos" ou intersubjetivamente derivados.

16. "Resultados somáticos são... tentativas – presumivelmente tentativas derradeiras de mobilizar um objetivo reparatório em "outro" (ou seja, no analista), cujo valor enquanto objeto, no momento relevante, é imperceptível e incerto" (Aisenstein, 1993, p. 371).

17. Ver também Bion (1962a, 1970, 1992), em "trabalho-de-sonho-alfa" e mitos (Bion, 1963), e Ogden (2004) em "sonhando os sonhos não sonhados do paciente".

18. Ferro (2002a) descreve como esses flashes podem aparecer como pictogramas visuais, que, segundo ele, podem refletir elementos alfa recém-criados. Ver também Rocha Barros (2000).

19. Enquanto o terceiro exemplo clínico de Ogden se move na direção que estou tentando descrever – "Havia uma qualidade espontânea/não planejada na intervenção/pergunta, cujos significados o analista apenas começou a reconhecer e verbalizar silenciosamente" (Ogden, 1994b, p. 221) após a ação ter ocorrido – a sua ênfase parece estar no uso da ação do analista para expressar e transmitir significados para o paciente que o analista já havia pensado e articulado para si próprio (por exemplo, p. 229, Exemplo # 1).

20. A natureza inconsciente, não intencional, espontânea, da ação inicial de Botella também a distingue de outras concepções de ações terapêuticas não interpretativas, como a experiência emocional corretiva de Alexander (Alexander & French, 1946) e a manipulação de Bibring (1954), que são vistas como conscientes, pensadas e intencionais.

21. Para uma elaboração do conceito de vazio, ver Lutenberg, 2007a.

22. Isso tem implicações para nosso entendimento da contratransferência. Se o ato de figurabilidade do analista não funciona tanto para o paciente como para o analista, então, independentemente de quão bem-sucedido seja para a economia psíquica do analista, do ponto de vista terapêutico pode ser equivalente a um retraimento defensivo em relação ao paciente.

23. Esse caso foi descrito em outro lugar (Levine, 2009a).

24. NT: *Li'l Abner* no original. O personagem Li'l Abner ficou conhecido no Brasil como Ferdinando, membro incrivelmente ingênuo da Família Buscapé.

PARTE II

PRESENÇA E AUSÊNCIA:

estudos teóricos

4. De traços a signos: apresentação e representação

Dominique Scarfone

Apesar das aparências em contrário, a psicanálise tem se preocupado, desde sua criação, tanto com os aspectos representacionais como com os não representacionais da mente humana. Por "representacional" referimo-nos ao que Freud chama de "*Vorstellungen*" e que, como mostraremos mais adiante neste capítulo, pode ser incluído nos três tipos de signos de Peirce que podem ser ativamente usados pela mente – ícones, índices e símbolos. Os símbolos (especialmente verbais) sendo a forma mais pura de representação. Os aspectos não representacionais apontam para o que não pode ser tratado como signo de qualquer espécie.

Já no "Projeto" (Freud, 1950a [1887-1902]), o modelo de aparelho mental que Freud tentou expor baseava-se em dois elementos fundamentais: "neurônios" e "quantidade". Naquele modelo inicial, uma "quantidade" excita os neurônios, cuja ação principal é passá-la para os seus vizinhos, com o resultado final de permitir uma descarga ou uma transformação em redes complexas de "facilitações neuronais". Os neurônios dessa rede de facilitações pertencem à categoria que Freud denominou de neurônios ψ, cuja principal característica é terem capacidade de memória, justamente por meio de sua interligação durável (isto é a "facilitação").[1] Os outros tipos de "neurônios" foram designados como ϕ: esses são neurônios que, no modelo de Freud, não retêm nada e não sofrem facilitação. Eles simplesmente descarregam a sua "quantidade", seja para outros neurônios ϕ – e, após, para o aparelho muscular (através de neurônios motores) ou para o sistema glandular (por meio de neurônios "secretores" ou neurônios "chave") – ou para neurônios ψ (p. 320). Em relação aos neurônios ψ, em vez de simplesmente descarregar a sua carga, eles criam redes estáveis que continuam crescendo à medida que a excitação se acumula. O sistema ψ é capaz de retardar a descarga também pelo fato de que a "quantidade" com a qual ele lida é pequena e, por conseguinte, a pressão em direção à ação é menor. O circuito criado por facilitação engaja a excitação em um trânsito maior do que o arco reflexo, de que os neurônios ϕ são evocativos. Escreve Freud: "Assim, a quantidade em ϕ é expressa por *complicação* em ψ. Por esse meio, a Q [quantidade] é retida de ψ, pelo menos dentro de certos limites... [e] ψ é catexizado a partir de ϕ em Qs [quantidades] que normalmente são pequenas" (Freud, 1915, p. 315). Em resumo, a quantidade de excitação do aparelho neuronal pode levar a uma liberação em uma ação externa ou em um evento somático interno, ou pode ter a liberação "retida" através de ramificações complexas dentro do sistema. Posteriormente Freud explicou que, à medida que elas se tornam "bem facilitadas", essas ramificações neuronais geram redes estáveis que irão adiar a liberação motora de forma muito mais eficaz, favorecendo, em vez disso, deliberação e julgamento.

À medida que Freud progressivamente abandona a linguagem neurológica, passando para uma linguagem metapsicológica, "neurônios" será substituído por "representações" ou "ideias". Quanto à "quantidade", adquire vários nomes: "libido", quando se trata do investimento sexual de uma ideia, dentro do ponto de vista "econômico" (ou quantitativo) da metapsicologia (Freud, 1915); "quota de afeto", quando descreve a intensidade que pode ser ligada a uma representação ou deslocada de uma representação para outra. Tudo isso foi elaborado nos sucessivos modelos teóricos freudianos da mente. Mas vamos encontrá-los implicitamente em ação em pelo menos um grande texto técnico, "Recordar, Repetir e Elaborar" (Freud, 1914g). Ali, a dimensão clínica prevalece, mas é, no entanto, firmemente enraizada na metapsicologia. O ato de representar é agora chamado de "recordação" e apresentado como o principal objetivo do trabalho psicanalítico, mas tem-se a noção clara de que essa lembrança não é a mera recordação ou evocação. Uma leitura atenta do texto – tendo em mente a teoria da memória de Freud (Freud, 1896a, 1899a) e sua ressonância com os modelos da neurociência moderna (Edelman, 1989) –, indica que a memória não é um espaço de armazenamento estático onde "arquivos" podem ser recuperados. É realmente um processo vivo, que se reconfigura perpetuamente à medida que novos elementos se acumulam, de modo que "lembrar", nesse contexto, é realmente a recomposição de todo o campo psíquico (Scarfone, 2011).

Freud efetivamente dá uma definição operacional do recordar: é uma "reprodução no campo psíquico". Isso é algo para se ter em mente ao prosseguirmos em nossa exploração. A palavra "reprodução" nos oferece a concepção de uma mente ativa que transcreve repetidamente ou traduz seus engramas (Freud, 1896a). Ao mesmo tempo, como Loewald (1973b) assinalou, a "reprodução" é, por si só, uma forma elaborada de repetição e, portanto, podemos acrescentar, mais uma forma de ação. Assim, a ação está em todos os lugares, embora sua forma possa variar: é muscular, na ação externa; neuroendócrina, no evento somático; virtual e "experimental" no pensamento e no discurso. As duas primeiras formas são aquelas que precisam ser "reproduzidas no campo psíquico" por meio de uma transformação mais radical do que a que é necessária quando pensamentos bem formados tenham escapado momentaneamente da consciência, de modo que sua "reprodução" é um mero deslocamento do feixe de consciência sobre eles.

A ação repetitiva simples é o estrato básico do processo mental, tendo suas raízes na antiga função neuronal de liberação ou descarga. Como indicado no título, o escrito freudiano de 1914 descreve, de fato, um tipo de paciente que "não lembra nada do que ele esqueceu e reprimiu, mas atua isso" (1914g, p. 150). Essa característica contrastante do funcionamento mental não só introduz outro canal não representacional de expressão, mas também contribui para nossa compreensão do que se entende por recordar. Graças ao nosso conhecimento retrospectivo do que Freud já havia concebido em seu "Projeto" (1950a [1887-1902]), podemos ver o quanto tudo isso é congruente: em análise, algo *tanto* pode ser recordado – ou seja, inserido em uma complexa rede de representações – e assim, não apenas evocado como uma memória, mas também expresso em palavras e submetido a uma rica variedade de transcrições, transposições, substituições, deliberações, julgamentos... que constituem o campo psíquico; *como* pode ser repetido em ações concretas. Uma vez que, para que seja possível recordar, uma reprodução no campo psíquico é necessária, isso sugere implicitamente que há algo fora do campo psíquico em pauta. Vamos nos referir a esse "fora" como a *mente primordial*. Agora possuímos um primeiro modelo, rudimentar, que ilustramos na Figura 4.1.

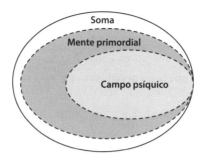

Figura 4.1

Nesse diagrama, situamos a mente primordial como a área maior, ligada ao substrato somático (soma). O campo psíquico é uma área resultante de uma diferenciação ocorrida na mente primordial. Ambas as áreas da mente permanecem ligadas ao soma, tal como sugere o ponto tangencial à direita no diagrama, mas o campo psíquico difere da mente primordial na medida em que é formado como um análogo ao corpo libidinal, com as suas zonas erógenas altamente catexizadas e a imagem do corpo inteiro (narcisismo). Aqui, em contraste com a mente primordial, a fantasia está trabalhando como uma representação do desejo e suas vicissitudes. As representações são, portanto, estruturalmente necessárias para o funcionamento do aparelho psíquico. Temos todas as razões para sustentar que a diferenciação ocorre dentro da mente primordial como um processo contínuo, embora uma série de eventos fundantes provavelmente o tenham instalado em algum momento. Muitas teorias podem ser invocadas aqui, algumas das quais mencionaremos mais tarde. A metáfora de um organismo vivo é pertinente, pois sabemos que, embora o organismo tenha nascido um dia, ele só pode manter-se vivo graças a processos permanentemente ativos, não distintos daqueles que primeiramente o constituíram. As mesmas leis de equilíbrio dinâmico certamente se aplicam à vida da mente, não só como atesta a teoria, mas também – e mais importante – como o faz a nossa experiência clínica. Ao caracterizar as duas áreas, vamos,

120 DE TRAÇOS A SIGNOS: APRESENTAÇÃO E REPRESENTAÇÃO

portanto, referir não a características estáticas, mas ao seu modo de expressão. E já que estamos dissecando essas áreas, devemos, para fins de clareza, descrevê-las em sua "forma pura", que obviamente não é a forma que as coisas acontecem na vida real.

Para a mente primordial, é principalmente uma questão de ação externa ou descarga interior (somática). Em ambos os casos, não há qualquer representação mental do que está acontecendo, apenas uma *apresentação*. Os eventos de ação ou somáticos estão apenas "presentes" –, ou, como prefiro colocar, eles são "reais". Isso envolve a importância de outras características: em primeiro lugar, podemos supor que, por si sós, os eventos que ocorrem na mente primordial não deixam, no lado psíquico, nenhuma memória utilizável, uma vez que a maior parte da sua "quantidade" é consumida na descarga, portanto, não produzindo a "complicação em ψ" pela qual Freud descreveu, no "Projeto", o advento do psíquico (ver anteriormente). Em segundo lugar, segue-se que o tempo não está envolvido no processo. A única dimensão temporal de tais eventos é o "agora", sem passado nem futuro. Talvez, a partir disto, possamos entender melhor o que Freud queria dizer quando descreveu o inconsciente como atemporal [*zeitlos*]. Mas também podemos reconhecer os aspectos clínicos das atuações, dos *enactments* e das manifestações somáticas, que deixam o paciente e o analista literalmente "sem palavras", até que eles se tornem capazes de reapresentar e, assim, representá-los – isto é, reproduzir o que tinha acontecido no lado psíquico da mente.

Em relação ao campo psíquico, inicialmente haveria a tentação de nos referirmos às suas representações centrais como a contrapartida exata, simétrica de apresentações na mente primordial. Mas, como veremos, as coisas não são tão simples. A mente, enquanto organismo vivo, não pode simplesmente produzir, como se por magia, outra categoria de conteúdo. Assim como o campo psíquico é uma parte diferenciada da mente primordial, também o advento de representações – que são claramente a mais elevada forma de atividade mental e algo que a psicanálise trabalha para obter – deve, por si só, estar enraizado nas formas primordiais, que são a ação e os eventos somáticos, pois, caso contrário, terminaríamos tendo um conceito metafísico do aparelho psíquico preenchido com entidades "eternas". O risco seria, então, perder de vista, tanto a experiência clínica, como fundamentos suficientemente plausíveis para a nossa teoria. Uma proteção bem-estabelecida contra a inflação teórica é o que é comumente conhecido como a Navalha de Occam – ou seja, o princípio da parcimônia conceitual, que exige que não multipliquemos entidades além do que é necessário. No modelo que estamos construindo, devemos, portanto, tentar verificar agora o que distingue uma área da mente da outra, e ficarmos o mais próximo possível de uma concepção unitária da mente como um todo.

Para esse fim, acredito ser útil fazermos uma excursão para além da própria psicanálise e examinarmos a contribuição de Charles Sanders Peirce.

Uma breve excursão aos signos peirceanos

Aproximadamente na mesma época em que Freud estava descrevendo as leis do funcionamento inconsciente, outra mente criativa, desta vez nos Estados Unidos, estava estudando os *signos*. Charles S. Peirce criou brilhantemente a disciplina da semiótica. Ao considerar um signo, em geral, como algo que representa outra coisa (por isso, um signo é, genericamente falando, uma *representação* ou um *símbolo*), ele ensinou aos seus leitores sobre a utilidade de distinguir três tipos de signos: um ícone (um signo baseado na semelhança), um índice (um signo baseado na conexão física ou causal) e um símbolo (um signo mais geral, com base em convenção ou de uso comum). Ícones e índices estão mais próximos entre si e têm alguma ligação formal ou material com as coisas que denotam, ao passo que o símbolo é um signo abstrato e convencional, sendo a palavra seu melhor exemplo. A linguagem é, portanto, simbólica em sua forma mais essencial, embora um escritor ou orador, em seu uso real, possa recorrer a tropos (figuras de linguagem) que imitam ícones e índices (metáfora e metonímia, respectivamente). Essa utilização é importante porque vemos que, no âmbito das representações mentais, há uma interação entre o tipo de signo mais abstrato (símbolo) e o mais sensorial (ícone e índice).

Embora os três signos peirceanos "representem" uma ideia e, nessa função, como já mencionado, sejam todos, por assim dizer, "símbolos", seus meios de representação não operam no mesmo nível. Se, por exemplo, desejo representar uma nuvem em uma colagem, usarei uma pequena quantidade de algodão branco macio (um signo icônico na trilogia de Peirce). Para isso vou recorrer a um meio que é dotado de qualidades sensoriais relevantes. Essas qualidades (brancura, maciez, suavidade etc.) devem ser *apresentadas* aos sentidos, a fim de cumprir o seu papel de evocar uma nuvem. Portanto, a semelhança icônica carrega um resíduo relativamente forte da dimensão *apresentacional* (vs. representacional). Da mesma forma, se já começou a chover, posso virar a cabeça para cima para olhar as nuvens. Posso fazê-lo porque, na minha mente, os pingos de chuva (signos indiciais), de certa forma, "representam" a nuvem. No entanto, eles fazem isso realizando uma *apresentação* para os sentidos (sua umidade). Apenas o símbolo linguístico – a palavra "nuvem" – está próxima o suficiente de uma *representação* pura. Pode-se argumentar que a palavra também é *apresentada* aos meus ouvidos através de ondas sonoras, mas estas não têm ligação física ou vínculo de causalidade, nem qualquer semelhança possível com a coisa representada – a própria nuvem. Como a palavra é um signo puramente convencional, sua expressão material (ondas sonoras) pode ser "nuvem", "*nuvola*", "*nuage*", "cirrus", "nimbus", "cumulus", ou qualquer outra palavra: ela ainda assim representa a ideia de "nuvem", sem apresentar qualquer coisa que pertença à própria nuvem.

De volta ao nosso campo

O que mais deveria impressionar o leitor psicanaliticamente informado, neste momento, é que os ícones e os índices de Peirce se prestam ao transporte para o domínio psicanalítico, pois podem ser arrolados nos processos primários freudianos de condensação (associação por semelhança) e deslocamento (associação por contiguidade – ou seja, a conexão física ou causal). Quanto ao terceiro signo, o *símbolo*, este é algo bastante diferente dos "símbolos" a que Freud se refere nos sonhos ou em sintomas neuróticos. Os símbolos do estudo freudiano dos sonhos, por exemplo, são na verdade ícones ou índices nas categorias peirceanas – isto é, eles têm alguma semelhança ou relação com o que é simbolizado, mas não são "puramente convencionais" como os símbolos de Peirce. Estes últimos (isto é, as palavras), não apenas significam outra coisa (que é o papel de um símbolo no sentido trivial); as palavras o fazem sem qualquer semelhança ou qualquer ligação física ou causal com o que elas significam. Um símbolo é, portanto, o tipo mais puro de signo peirceano e, como vimos, o mais próximo da pura representação. Assim, enquanto os dois primeiros tipos de signos de Peirce se encaixam perfeitamente no "processo primário de pensamento", a terceira categoria, símbolos, pertence ao processo secundário e ao pensamento abstrato.

Agora estamos de posse dos elementos necessários para descrever o que se passa no campo psíquico. Isso nos ajudará a prosseguir distinguindo-o da mente primordial.

124 DE TRAÇOS A SIGNOS: APRESENTAÇÃO E REPRESENTAÇÃO

Na concepção de Peirce, um signo é um instrumento através do qual a mente é informada ou se informa. Segundo Peirce, "Nós pensamos apenas por signos", "esses signos mentais são de natureza mista, suas partes simbólicas são os conceitos" (Peirce, 1894, p. 10). Curiosamente, num manuscrito que Freud escreveu diretamente em inglês (Freud, 1912g), ao falar de representações [*Vorstellungen*] ele usou o termo "concepções". Isso, a nosso ver, indica como, em seu sentido mais estrito, há uma coincidência entre os símbolos de Peirce e as representações de Freud. Por ora, vamos reter que o pensamento, em qualquer nível, requer o uso de signos, e os pensamentos mais abstratos se valem de símbolos (no sentido de Peirce) ou representações (em termos de Freud). Se os processos primários e secundários descrevem o que está acontecendo na parte inconsciente e consciente do aparelho psíquico, respectivamente, então podemos simplesmente concluir que o campo psíquico é povoado pelos signos de Peirce.

O aparelho psíquico lida com ícones, índices e símbolos linguísticos para alcançar a sua função de pensar – representar, "recordar" – o que a outra parte da mente só pode expressar através da ação. Podemos, assim, equiparar o aparelho psíquico, povoado com os signos de Peirce, com a *mente pensante*. Numa perspectiva inversa, a mente não psíquica (primordial) também pode ser considerada como *mente não pensante*. Como vimos, essa região da mente está envolvida com descarga, com a ação, e não com a "complicação" psíquica que denominamos pensar.

A questão agora é determinar o que povoa a parte primordial da mente, propensa à ação. O que poderia haver na mente primordial que desencadeia o seu funcionamento, ainda que na direção da descarga? Ao responder a esta pergunta, vamos nos ater ao princípio da parcimônia conceitual e considerar que a parte não pensante, não psíquica da mente, ainda permanece sendo uma mente humana. Como tal, não poderia deixar de ser também afetada, de alguma forma, por signos que emanam de outras mentes humanas. Assim, não nos arriscamos muito ao supor que a própria mente primordial é solicitada e povoada pelos signos de Peirce. A diferença, em relação ao aparelho psíquico propriamente dito, seria que a mente primordial *não responde no mesmo nível ou nos mesmos termos,* por razões que a exploração clínica pode eventualmente estabelecer. Considerando-se a propensão da mente primordial para a descarga através de ação repetitiva, concreta, é legítimo supor que ela *lida com signos como se eles próprios fossem não signos, mas ações concretas.* A diferença é, portanto, no uso e não na essência.

Por uma questão de clareza, no entanto, mesmo imaginando que não há qualquer diferença na "essência" do que povoa as duas regiões da mente, quando se trata da mente primordial não falaremos de signos, uma vez que não são utilizados como tal e servem principalmente como gatilhos para a descarga de tensão (quantidade).[2] No entanto, com base em nossa experiência clínica, nós psicanalistas, trabalhamos com a crença implícita de que aquilo que se repete e se descarrega em ação, pode eventualmente ser "reproduzido no campo psíquico". No que diz respeito à sua possível transcrição em signos verdadeiramente psíquicos, e permanecendo tão próximos quanto possível de um vocabulário freudiano, sugiro chamarmos os elementos na mente primordial de *traços.* Este nome genérico os diferencia claramente de signos, que pertencem ao campo psíquico, ao mesmo tempo em que insinua sua relação implícita com algum tipo de memória.

Com base no que precede, agora podemos modificar o nosso diagrama para introduzir elementos mais característicos, conforme mostra a Figura 4.2.

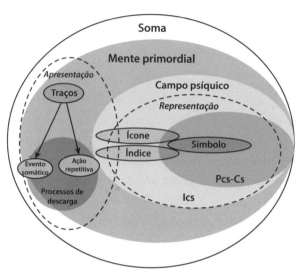

Figura 4.2

Nesse diagrama mais elaborado, vemos traços inseridos no domínio da apresentação e expressos em ações repetitivas ou eventos somáticos, ambos sendo processos de descarga da "quantidade" que excitou a mente primordial. No campo psíquico propriamente dito, temos os três tipos de signos de Peirce. Uma observação importante cabe aqui: enquanto o símbolo de Peirce está claramente localizado na área da representação, ícone e índice pertencem tanto à representação como à apresentação. Assim, por razões já mencionadas, não há simetria entre a mente primordial e o campo psíquico em termos de apresentação versus representação. A apresentação, que é central para a mente primordial por meio dos traços, também opera no campo psíquico, como pudemos ver anteriormente, por meio do aspecto "apresentacional" dos índices e ícones – daí a intersecção entre os círculos pontilhados delimitando as áreas de apresentação e representação no diagrama.

Isso pode ajudar a lançar alguma luz sobre o aparente dilema terminológico que resulta da tradução das obras de Freud conduzida por Strachey, onde ele usa *apresentação* de coisa e apresentação de palavra para os termos *Sach-Vorstellung* e *Wort-Vorstellung* de Freud. À primeira vista isso pode parecer um contrassenso, já que, de acordo com a qualidade mais abstrata da palavra, seria esperado que Strachey traduzisse *Wort-Vorstellung* como "*representação* de coisa". Mas, em minha opinião, Strachey é de fato bastante rigoroso em sua terminologia. Realmente, *apresentação* de palavra considera o fato no qual Freud insistiu em *O Ego e o Id* – de que, para o material inconsciente se tornar consciente, ele deve estar ligado a apresentações de palavra (Freud, 1923b, p. 20). Essas, de fato, agregam as *qualidades* necessárias ao "material que permanece desconhecido" para que este se torne consciente. Caso alguém pergunte como as apresentações de palavra colaboram para a adição de uma qualidade, Freud menciona que apresentações de palavras são resíduos mnêmicos de percepções passadas. Claramente, a *qualidade sensorial* das palavras anteriormente percebidas desempenha um papel central no processo de tornar-se consciente. Esta qualidade sensorial traz o que é necessário a uma apresentação de coisa (por si só incapaz de tornar-se consciente) para ela, eventualmente, ser re--apresentada (apresentada novamente) na mente, graças a uma *apresentação* de palavra que o sujeito pode usar à vontade. A adição de uma apresentação de palavra é o que, em última instância, cria uma *representação* – isto é, o tipo mais abstrato de signo. Em resumo: a apresentação sensorial de palavras ligada aos traços apresentacionais ativos dentro da mente primordial irá produzir, eventualmente, representações abstratas no campo psíquico.

Em nosso modelo, então, os *traços* têm potencial para se tornarem signos psíquicos, peirceanos. Isso pode acontecer se, por meio do trabalho analítico, seu modo de ação puder ser transferido de uma ação muscular ou neurossecretora bruta para o "lembrar" ou o "pensar simbólico". Tal transferência é possível uma vez que as representações, em si, não são totalmente desligadas de suas raízes apresentacionais, como os índices e ícones de Peirce mostram claramente ser o caso (ver anteriormente). Além disso, temos mencionado como até mesmo o sistema mais abstrato de signos, a língua falada ou escrita, pode fazer uso de tropos (figuras de linguagem), que imitam a forma apresentacional de expressão dos ícones e índices (metáfora e metonímia). Os poetas são, como se sabe, capazes de usar a língua de modo a "dar corpo" às suas expressões, e sabemos que, em todas as instâncias do discurso comum, pode-se distinguir entre a *lógica* ou o *léxico* de uma frase (o seu conteúdo ideacional) e o *phonè* ou aspecto sensorial, como, por exemplo, o tom e o grão da voz (ver Scarfone, 2006). Os materiais fornecidos por apresentações e representações, respectivamente, têm suficientes elementos comuns para tornar concebível a transformação de um no outro. Essa propriedade fornece apenas as condições formais para a sua transformação, no entanto, ela não explica *por que* a própria transformação ocorre ou não na vida real.

A centralidade da transferência

Para vislumbrar os motivos e o mecanismo de tal transformação, devemos voltar para a obra de 1914, de Freud, "Recordar, repetir e elaborar". Quando ele descreve como uma ação repetitiva pode eventualmente se transformar em recordação – isto é, ser reproduzida no campo psíquico –, a transferência entra em cena:

> *Se a ligação através da transferência se transformou em algo de alguma forma utilizável, o tratamento é capaz de impedir o paciente de executar algumas das ações repetitivas mais importantes e utilizar sua intenção de assim proceder, in statu nascendi, como material para o trabalho terapêutico (Freud, 1914g, p. 153).*

O papel da transferência é, portanto, crucial para permitir a reprodução psíquica do que, de outra forma, seria repetido em ação.

Então, novamente, não vamos invocar a transferência como um *deus ex machina*. Se a transferência funciona na análise, ela deve se basear num modelo mais geral de funcionamento – um que estivesse funcionando no momento da diferenciação entre a mente primordial e o campo psíquico. O que, então, é capaz de transformar os *traços* em *signos*? E como explicá-lo de uma maneira parcimoniosa – ou seja, através de um mecanismo que seja comum à situação analítica e, *mutatis mutandis*, à mente em geral? Qual mecanismo encontrado nessas instâncias poderá estabelecer e ativamente manter uma diferenciação entre o campo psíquico e a mente primordial?

Por um lado, vimos que, sob diferentes aspectos, a ação é generalizada na mente. Além disso, sabemos que a própria transferência é uma forma de repetição, portanto um exemplo de ação. A transferência, no entanto, não é estritamente um processo interno: ao contrário, ilumina o significado do outro ser humano, algo muito facilmente mantido em segundo plano numa descrição mecanicista. O estudo da transferência exigiria, portanto, um relato detalhado de como o relacionamento com outro ser humano é reencenado. Não podemos entrar nessa descrição detalhada aqui. Ainda assim, permaneceremos parcimoniosos se afirmarmos, sem surpresa, que a fonte de transformação e diferenciação é a mesma que forneceu os signos que excitaram a mente em primeiro lugar: outro ser humano.

O vizinho, o outro solícito – o *Nebenmensch,* no "Projeto" de Freud – é o outro familiar; apresenta uma face que é, até certo ponto, imitável e compreensível pelos *bebês.* Mas a parte imitável e compreensível – aquela que facilmente "faz sentido" – está na periferia deste outro, que permanece, em sua essência, um irredutivelmente estranho outro, aquele ao qual Freud se refere como *coisa* (Freud, 1950a [1887-1902], p. 331). Uma *coisa*, escreve Freud, é um resíduo que escapa ao julgamento (p. 334). Isso significa que, não importa quanto tentarmos, há um abismo irredutível que impede

130 DE TRAÇOS A SIGNOS: APRESENTAÇÃO E REPRESENTAÇÃO

uma compreensão completa do outro. Essa limitação tem consequências. A resistência da *coisa* ao ato de "julgar", que neste contexto significa "pensar", só pode, portanto, ser registrada fora do domínio no qual os signos peirceanos são operativos. Ou seja, ela só pode ter um impacto na mente primordial. Lá, ela poderá deixar um traço, o qual, porém, não se torna um signo propriamente dito ou uma representação de pleno direito. Outra maneira de dizer isso é que, se a diferença fundamental entre um traço e um signo não reside no traço ou no signo em si, mas no uso dado a traços e signos, então um signo está ligado à subjetividade e pode ser usado pelo aparelho psíquico do sujeito, inconscientemente (através de processos primários) ou conscientemente (através de processos secundários). Um traço, por outro lado, é o que resiste à subjetivação, o que deixa o sujeito com apenas uma forma concreta de resposta ao impacto do outro ou aos traços deixados por esse impacto: a ação física. Em um sentido muito genérico, transformar traços em signos – ou seja, permitir a manipulação ativa de traços *como signos* – exige que o outro, cujo núcleo externo produz traços na mente primordial, intervenha, dessa vez como o outro familiar e solícito, para promover a função verdadeiramente psíquica da mente.

Entram os pós-freudianos

Provavelmente não é por acaso que, ao ler o último parágrafo, você talvez tenha pensado nos elementos beta e alfa de Bion (Bion, 1962a). À medida que se chega aos fundamentos do pensamento psicanalítico, os principais autores parecem convergir de maneira elegante, apesar das diferenças residuais. Por um lado, acredito não ser difícil equiparar os elementos alfa aos signos peirceanos, ao passo que os elementos beta pertencem claramente à mente primordial (equivalentes aos nossos *traços*). Considere, por exemplo, a definição de Bion sobre os elementos beta:

Os elementos beta não são propícios para utilização em pensamentos oníricos, mas são passíveis de uso pela identificação projetiva. Têm importância para produzir atuações. São objetos que podem ser evacuados ou usados para determinado tipo de pensar que depende da manipulação do que é sentido como coisas-em-si, como que substituindo palavras e ideias por tais manipulações... (Bion, 1962a, p. 6).

A congruência vai ainda mais além, se compararmos o papel atribuído por Freud à transferência (e, portanto, ao analista) na transformação da ação em "recordação", com o papel que Bion atribui à mãe e sua função-alfa, de transformar os elementos beta impensáveis em elementos alfa utilizáveis pelo bebê. Temos aqui a continuidade parcimoniosa que invocávamos ao desejar vincular o papel da transferência com uma situação mais geral.

Outros autores sugerem formas comparáveis de conceber as origens do aparelho diferenciado da mente. Por exemplo, a experiência de Piera Aulagnier com pacientes psicóticos lhe permitiu descrever um modelo metapsicológico da mente de três camadas (Aulagnier, 1975), onde o nível do *"originaire"* corresponde bastante bem ao que chamamos aqui de "mente primordial", algo radicalmente impensável por si só e sobre o qual temos indícios, por exemplo, a partir das experiências relatadas por pacientes gravemente psicóticos. As *coisas,* de Freud, e os elementos beta, de Bion, não estão longe disso. Esse estrato primordial é mediado pela camada do "primário" e pela elaboração de uma *"mise en scène"* (a cenografia das fantasias). O outro benevolente intervém exercendo o que Aulagnier chama de uma "violência primária" inevitável, que molda a experiência primordial indizível do bebê ao interpretá-la de acordo com os termos do discurso maior da cultura. O estrato que Aulagnier chama de "primário" é uma espécie de *zona tampão* entre o primordial [*originaire*] e o nível discursivo (secundário). Nessa *zona tampão*, a fantasia opera como uma criação psíquica que poupa o sujeito de uma completa submissão ao "discurso do conjunto" (o ambiente cultural geral), bem como dos efeitos alienantes de um tipo de experiência estranha, persistente, primitiva (de alguma forma evocativa dos "objetos bizarros", de Bion). Em nosso referencial atual, postulamos que tal cenografia utiliza essencialmente elementos do pensar icônicos e indiciais, comparáveis aos processos primários de Freud e aos elementos alfa de Bion. Quanto ao "secundário" de Aulagnier, é uma camada que lida com o discurso e com a realidade compartilhada que ele deve descrever; os símbolos de Peirce operam nessa área.

O modelo de mente proposto por Jean Laplanche (Laplanche, 1987), baseado no mecanismo de tradução proposto pela primeira vez, por Freud, em sua carta a Fliess de 6 de dezembro de 1896 (Masson, 1985), concorda com o que estamos descrevendo aqui. Para Laplanche, a pura alteridade que atua no outro familiar é responsável pela emissão de mensagens "enigmáticas" ou "comprometidas" (isto é, comprometidas pelos significados sexuais inconscientes que emanam do adulto). Sem o conhecimento de seu emissor, essas mensagens "contaminadas" atingem o bebê e são processadas em uma espécie de tradução. Mas um hiato fundamental separa o universo da criança daquele do adulto –, que Laplanche chama de "situação antropológica fundamental", à qual cada um de nós está exposto desde o nascimento pelo despreparo do bebê em relação ao universo adulto sexualmente saturado. O bebê não possui, portanto, o código para uma compreensão completa (ou tradução) das mensagens que emanam dos cuidadores adultos (eles próprios emissores inconscientes). A tradução é, portanto, fadada ao fracasso parcial. Seus resíduos (as *coisas* de Freud, os nossos traços, os elementos beta de Bion, o *originaire* de Aulagnier) são, no entanto, implantados na mente[3] do lactente, mas não são utilizáveis como tal no pensamento. Tornam-se os "objetos-fonte" dos impulsos (claramente no lado da nossa mente primordial); estes são agora uma "alteridade" interna permanente que estimula o sujeito a fazer tentativas renovadas de tradução, à medida que as situações encontradas no decorrer da vida do sujeito ressoem com a "situação antropológica fundamental". Quanto aos produtos resultantes no lado parcialmente bem-sucedido de tradução, estes tomam emprestadas suas formas utilizáveis dos elementos mito-simbólicos da cultura ao redor e, como tal, tornam-se integrados ao ego (e, por extensão, a todo o aparelho psíquico) e participam da diferenciação que ocorre dentro da mente.

É mais difícil integrar os pontos de vista de Lacan neste quadro conceitual, em parte porque, apesar da prioridade indiscutível de Lacan em recorrer à semiótica e linguística em psicanálise, o uso que ele faz de signos e significantes é um muito original, inspirado nos conceitos de Peirce ou Saussure, e, ao mesmo tempo, diferente destes. A trilogia de Lacan, do Real, Imaginário e Simbólico, é o que mais apropriadamente se aplica aqui, com a importante ressalva de que essas três categorias lacanianas não devem estar localizadas *dentro* da mente. Nesse sentido, elas não podem estar localizadas de acordo com os limites que temos traçado aqui; ao contrário, corresponderiam a outra maneira de apresentá-las. Uma aproximação grosseira seria atribuir, à ordem Simbólica de Lacan, o uso dos símbolos de Peirce, enquanto os ícones e índices pertenceriam ao Imaginário. O Real foi definido por Lacan como aquilo que escapa à simbolização e "retorna sempre ao mesmo lugar, a esse lugar onde o sujeito, na medida em que ele cogita, ... não o encontra" (Lacan, 1973);[4] portanto, ele provavelmente corresponderia à operação não subjetiva a que nos referimos aqui como os traços, ou os resíduos intraduzíveis da mensagem do outro.

Uma tabela integrativa, conforme exibida na Figura 4.3, pode ser útil aqui para resumir o que apresentamos até agora.

Diversos outros autores importantes poderiam ter figurado aqui, embora eu os tenha omitido por razões de brevidade. Consideremos, por exemplo, a contribuição fundamental da Escola de Psicossomática de Paris, com Pierre Marty, Michel Fain e Michel de M'Uzan no comando, cuja pesquisa nos anos 50 foi uma das primeiras a sugerir elementos não representados ou não simbolizados na mente. O livro de Michel de M'Uzan, *"Slaves of quantity"* [Escravos da Quantidade] (M'Uzan, 2003), é uma contribuição brilhante para os problemas com que lidamos neste livro e no presente capítulo. André Green, recentemente falecido, também deveria figurar aqui, se não por outros motivos, pelo seu importante trabalho sobre afetos em psicanálise (Green, 1999b).

Mente primordial | **Campo psíquico**

Peirce

	Ícone	Índice	Símbolo
Traços (Signos peirceanos, mas usados como "coisas")	Semelhança	Conexão física ou causal	Convencional

Freud

	Processo primário (Condensação, deslocamento)	Processo secundário
Quota de Afeto, Processos de Descarga (Muscular ou Secretória) Ação repetitiva; no lugar de a *Coisa*	Ucs (Reprimida)	Pcs-Cs
Ucs (Id)		
Apresentações (*Darstellungen*)	Representações, Concepções (*Vorstellungen*)	

Alguns pós-freudianos

O Real de Lacan	Imaginário de Lacan
Elementos β de Bion	Simbólico de Lacan
	Elementos α de Bion
Objetos-fonte de Laplanche	Fantasias, teorias sexuais infantis, estruturas mito-simbólicas
Originaire de Aulagnier	Discurso

Figura 4.3 Uma integração experimental das categorias de signos de Peirce com alguns conceitos freudianos e pós-freudianos.

136 DE TRAÇOS A SIGNOS: APRESENTAÇÃO E REPRESENTAÇÃO

E o afeto?

No pensamento de Freud, o afeto é a versão qualitativa da "quantidade" introduzida, juntamente com "neurônios", em seu "Projeto" de 1895 (1950a [1887-1902]). Ele toma uma forma mais quantitativa quando é chamado de "quota de afeto" [*Affektbetrag*]. Em sua "Metapsicologia", de 1915, é visto como um dos "representantes" dos impulsos (o outro "representante" sendo as representações). Esta questão muitas vezes parece confusa pela proximidade das palavras "representante" e "representação". Mas, como fica claro no Vocabulário de Psicanálise (Laplanche & Pontalis, 1967), não há porque haver confusão, considerando-se os termos alemães para representante [*Repräsentant* ou *Repräsentanz*] e representação [*Vorstellung*]. As coisas podem ficar ainda mais claras se denominarmos afeto e representação como os dois "delegados" das pulsões, ou seja, os dois elementos que são clínica e subjetivamente perceptíveis, ao passo que as pulsões são construções teóricas, incognoscíveis como tal.

Clinicamente, o afeto se manifesta como uma dimensão qualitativa da experiência – agradável ou desagradável. Mas o notável é que sua ligação com uma representação específica pode ser dissolvida, e o afeto pode ser deslocado, transportado para outra representação, ser submetido à conversão, ou permanecer sozinho, como pura angústia, quando não puder se reconectar com qualquer representação que seja. Essa mobilidade é uma característica importante para o que estamos discutindo aqui, já que contribui para a compreensão mais detalhada da maneira pela qual algo da mente primordial pode ser transferido para o "campo psíquico". O afeto pode, de fato, mover-se de uma área para outra. Na mente primordial é apenas uma vaga expressão subjetiva de excitação: não é claramente vivenciado como afeto e é, em vez disso, sentido como a experiência corporal de ser afetado, acionado, e assim por diante. Mas, graças à sua natureza altamente móvel, ele pode, por assim dizer, ser "pego em flagrante" quando se manifesta na relação com o outro. Expressões afetivas podem ser observadas e, assim, submetidas à compreensão solidária e imitativa, mesmo na ausência de comunicação verbal e nas primeiras fases de sua manifestação. Portanto, a "captura" em questão pode ser feita através da função-alfa da mãe ou pelo analista quando, nas palavras de Freud, ele é capaz de utilizar a intenção de agir em *statu nascendi*, isto é, no seu estágio inicial de florescimento.

Graças à contribuição das indicações afetivas, a capacidade da mãe (ou do analista) de conter, nomear e comentar um impulso nascente para a ação, combinado com o tom geral da relação – se ela é composta por uma dose ideal de *holding* e suporte empático –, irá ajudar o bebê (o paciente) a *representar*, em vez de atuar. Uma ação repetitiva grosseira não é necessária aqui, pois até mesmo um tom afetivo sutil manifestado na transferência (ou na relação mãe-bebê) pode ser empregado na transformação em um signo. Mesmo em fases iniciais, quando ainda não é um signo na mente do analisando (ou do bebê), do ponto de vista do analista (da mãe) serve como um índice de Peirce. Agora, representar, como vimos, é lidar mentalmente com signos, culminando em uma simbolização.[5] Segue-se que a transferência é uma forma de ação através da qual é possível transportar e transformar uma quantidade de excitação da região primordial para a região psíquica da mente, graças ao circuito maior estabelecido pela presença do outro. O afeto desempenha aqui um papel fundamental por meio de suas manifestações corporais, que ajudam a torná-lo compreensível pelo outro através dos signos icônicos e/ou indiciais que acompanham a sua expressão. Isso pode acontecer mesmo quando o seu emissor ainda não usa tais signos *como signos*, mas como meras ações.

138 DE TRAÇOS A SIGNOS: APRESENTAÇÃO E REPRESENTAÇÃO

A dimensão ética

Do ponto de vista social e evolutivo, é evidente que o objetivo da psicanálise, incorporado sob o termo polissêmico de "recordar", em contraste com "atuar", é uma "obra da civilização" (Freud, 1932a).[6] Uma obra da civilização é, por definição, um esforço ético, se por Ética entendemos não simplesmente regras de conduta, mas uma disposição geral para a coexistência pacífica e construtiva com os nossos companheiros, os seres humanos. A capacidade de *falar* em vez de *atuar* não impede a ação completamente: ela insere a ação em uma complexa rede de significados e relações, onde a constatação e o reconhecimento de si mesmo e dos outros é mantido e valorizado, mesmo que ocorra ação. Uma ação simbolicamente incorporada garante que, ao agirmos, também estamos fazendo, do outro, um parceiro na construção de significado.[7] Por outro lado, pode-se dizer que, em geral, todas as formas de patologia mental repousam sobre a subtração de sentido da consciência ou na obstrução à sua criação – uma subtração que envolve romper ou impedir a ligação entre pensamento e ação e, por isso mesmo, queimar as pontes que levam de forma construtiva ao outro. Obviamente, mesmo nesse caso, a informação não está completamente destruída e permanece sob a forma de traços, isto é, de signos potenciais que situamos na mente primordial. Recapturar esses traços pode levar a uma restauração de significado, caso o sujeito angustiado tenha o privilégio de conhecer um sujeito humano com quem consiga reabrir os canais que, através da mente primordial, poderão conduzi-lo às praias do domínio psíquico.

Notas

1. A teoria da facilitação de Freud foi comprovada 50 anos mais tarde, provavelmente de forma independente, por Donald Hebb, psicólogo da Universidade McGill. Ele estabeleceu que "os neurônios que disparam juntos estabelecem uma conexão". Isto é conhecido hoje como a universalmente aceita "lei de Hebb".

2. Obviamente, as palavras também podem ser usadas para a descarga de tensão e, nesse sentido, elas equivalem à ação muscular.

3. Laplanche denomina o local de implantação de "derme psicofisiológica".

4. NR: Lacan, J. Os quatro conceitos fundamentais da psicanálise. RJ: Jorge Zahar, 1985, p. 51.

5. Fonagy (Fonagy, Gergely, Jurist, & Target, 2010) adotou e popularizou o termo vizinho "mentalização", que foi cunhado em 1960 por analistas da Escola Psicossomática de Paris. Não tenho nenhuma objeção ao uso desse termo, embora possa ser um pouco enganador para um leitor que não sabe que o "mental" em "mentalização" é precisamente aquela parte que, no presente contexto, se refere ao psíquico e não à mente como um todo.

6. Freud, "A Dissecção da Personalidade Psíquica" (1932a, pp. 57-80).

7. O significado, em si, não é independente da ação se seguirmos Wittgenstein, para quem "significado é o uso" (Wittgenstein, 1953).

5. Figurabilidade psíquica e estados não representados

César Botella & Sara Botella

As noções de *figurabilidade* e o *trabalho de figurabilidade* apresentaram-se a nós progressivamente durante a nossa experiência no tratamento de estados mentais insuficientemente representados ou irrepresentáveis, iniciando com o tratamento de crianças que eram, na França, consideradas pré-psicóticas. Essa experiência nos proporcionou uma melhor compreensão de pacientes adultos *borderlines* e das estruturas psicossomáticas. Então, entendemos que, em cada análise, mesmo em estruturas claramente psiconeuróticas e edípicas também se encontra – caso o tratamento se estenda o suficiente – a problemática de um núcleo de estados mentais sem representação, ainda que oculto por detrás da rede de representações (ver Botella & Botella, 2005).

Através do termo francês *figurabilité*, designamos uma noção que temos desenvolvido desde 1983, com base no uso que Freud

142   FIGURABILIDADE PSÍQUICA E ESTADOS NÃO REPRESENTADOS

fez, ao longo de sua obra e de forma idêntica, do termo *Darstellbarkeit*. Ele faz isso principalmente em *A Interpretação dos Sonhos* (Freud, 1900a, p. 339), na formulação *Rücksicht auf Darstellbarkeit*,[1] o título da subseção D do capítulo VI, cuja tradução francesa foi modificada quatro vezes em cerca de 75 anos. Será que essas modificações atestam o fato de que, quando se trata de designar um processo inconsciente, especialmente se esse ocorrer durante a regressão no sono, cada apresentação de palavra revela-se aproximada e, basicamente, decepcionante, não podendo deixar de "perder o ponto", o que, de acordo com Steiner (1975), pode ocorrer em qualquer tradução? A que já dura a mais tempo é: *La prise en considération de la Figurabilité*. Devemos levar em conta que o termo *Darstellbarkeit*, que Freud provavelmente tomou emprestado das ciências, é aquele que, durante toda a sua obra, *ele usa apenas em relação aos sonhos*. Ele queria designar uma qualidade específica e única do trabalho do sonho, cuja existência jamais havia sido descrita e à qual nenhum termo existente poderia corresponder. Nesse sentido, o termo francês *"Figurabilité"*, que havia caído em desuso em francês, até ser ressuscitado, em 1967, por Laplanche e Pontalis em seu *Vocabulário de Psicanálise* (1967), visando descrever, no mais puro espírito freudiano, uma característica específica do sonho, parece-nos ser um termo mais adequado e que corresponde melhor ao espírito da *Darstellbarkeit*.[2]

A importância de duas últimas revoluções no trabalho de Freud

Em conferência proferida em junho de 2011, em nossa Sociedade,[3] eu (CB) sugeri que deveria ser estabelecida uma diferença entre o que chamo de *pensamento de Freud de 1900*, um modo de pensar presente na obra de Freud já em 1900, e a psicanálise vista principalmente como uma *teoria da neurose*, uma perspectiva para o qual Freud se voltou e à qual progressivamente se limitou, especialmente após 1910, quando a transferência e o conceito de neurose de transferência se tornaram o centro da prática, impondo a busca de memórias como o eixo principal. O ápice dessa concepção foi a "Metapsicologia" de 1915 (1917d [1915]) e o modelo arqueológico – em suma, o *pensamento de Freud de 1915*. Freud abandonou, então, o que chamamos de *metapsicologia de 1900*, a pedra fundamental de seu pensamento, que é definido principalmente por dois eixos: (a) o conceito de passado considerado como lembrança encobridora (Freud, 1899a), e (b) *a busca de significado* estando ou não ligado ao passado, o modelo que traz o trabalho do sonho e sua interpretação (Freud, 1900a).

Freud temia, desejando ser visto como um cientista, ser tratado como um *oniromante*. Esta é provavelmente uma das razões pelas quais seu *pensamento* se viu reduzido a uma *teoria da neurose* e a uma prática centrada na neurose de transferência e no modelo arqueológico. Esperava, assim, ganhar o respeito do mundo científico. Essa abordagem não foi muito questionada por Freud até os anos 1930, quando duas revoluções ocorreram sucessivamente.

- Em primeiro lugar, a revolução de 1932:

> *Dizemos que um sonho é a realização de um desejo; mas se os senhores querem levar em conta essas últimas objeções, os senhores podem dizer, ainda assim, que um sonho é uma tentativa de realização de um desejo... Enquanto a pessoa que dorme é obrigada a sonhar, porque o relaxamento da repressão, à noite, permite que se torne ativa a pressão ascendente da fixação traumática, há um fracasso no funcionamento da sua elaboração onírica, que gostaria de transformar os traços de memória do evento traumático em realização de um desejo (Freud, 1932a, p. 29, grifo de Freud).*

Assim, Freud abandonou a visão de que os sonhos são realizações de desejos infantis em favor de uma visão do sonho como uma *tentativa de realização*. A primeira tarefa da elaboração onírica, seu motor e sua *raison d'être*, já não era a busca por uma realização, mas a necessidade imperiosa da vida psíquica de *elaborar* os traumas atemporais não representados, para dar-lhes um significado através da criação de *ligações*. Por conseguinte, criar representações é uma função primordial da vida psíquica, permitindo que o trauma, que até então não havia sido representado, seja integrado no âmbito das redes de representação. Assim, ao final de sua obra, Freud reintegra a *metapsicologia de 1900: a teoria da neurose torna-se apenas uma parte do pensamento freudiano, apenas um setor da vida psíquica: já não representa a vida psíquica como um todo*.

- Em segundo lugar, com a revolução de 1937, no artigo "Construções em Análise", o papel do passado torna-se mais complexo:

> *Com bastante frequência não conseguimos fazer o paciente recordar o que foi reprimido. Em vez disso, se a análise é corretamente efetuada, produzimos nele uma convicção segura da verdade da construção, a qual alcança o mesmo resultado terapêutico que uma lembrança recapturada (Freud, 1937d, p. 265-266; grifo adicionado).*

Então, está claro. Freud diz que, quando as memórias não estão disponíveis para lembrança, a regressão no tratamento analítico tem o potencial de criar *uma construção do passado*, que não apenas traz a mesma sensação de *convicção* que o retorno de uma lembrança real, mas também tem *o mesmo efeito terapêutico*. Em última análise, o que é importante não é tanto a relativização progressiva do recordar, mas o lugar atribuído à noção de *convicção*, já introduzido em 1914, mas posteriormente negligenciado, e à noção de *criar ligações*, presente desde o início da obra de Freud, para a qual o modelo é a elaboração onírica – ambas as noções tornaram-se fundamentais em 1932 e 1937.

A noção de "convicção" [Überzeugung]

Há muito nos indagamos sobre o que realmente é, além de seus aspectos óbvios, uma memória ou recordação: sobre o que nos faz dizer que esta ou aquela representação que vem à mente é de fato um produto do passado. Pacientes *borderlines* muitas vezes nos dizem não saber se determinada representação é um fragmento de um sonho ou a recordação de algo que realmente ocorreu. O que estamos tentando fazer é definir a natureza de uma lembrança. É uma cópia autenticada do passado ou uma construção *après-coup* – isto é, após o evento – do passado? Como é que, para Freud, a cura é alcançada tanto pela recordação de uma memória como por uma construção do passado?

Existe uma junção psíquica em que se intersectam: (a) *a convicção de realidade específica da percepção*, (b) *a convicção da realidade psíquica específica da representação, para a recordação*, e (c) *em segundo plano, a convicção da realidade específica dos sonhos à medida que se desenrolam*. Pode-se, portanto, compreender a importância primordial da transformação da *realidade alucinatória* noturna, ao acordar, em memória onírica. Esse é um processo necessário de "doma" que permite o retorno do sentido de realidade da percepção, através dos órgãos dos sentidos, para se reafirmar.

O conceito de *Convicção*, que tem sido pouco estudado na literatura psicanalítica[4] – com a exceção de Winnicott, que o leva

146 FIGURABILIDADE PSÍQUICA E ESTADOS NÃO REPRESENTADOS

em conta, mas não o desenvolve (Abram, 1997) –, está presente na obra de Freud, nomeadamente, em duas etapas:

- A primeira, em 1914, em conexão com o tratamento do Homem dos Lobos (1918b [1914]). O paciente estava convencido sobre a realidade da recordação, recuperada graças a interpretações, de sua sedução sexual por sua irmã, quando ele era "pequeno", como diz Freud; entretanto, Sergei nunca teve convicção da realidade de ter testemunhado seus pais tendo relações sexuais. A razão para essa diferença é que uma *convicção* exige certas condições para se estabelecer. Esse novo conceito imediatamente mostrou ter uma complexidade muito maior do que a de recordar, como pode se ver em certas passagens do artigo "Recordar, Repetir e Elaborar" (1914g), escrito concomitantemente com o final do texto sobre O Homem dos Lobos. Referindo-se aos "atos puramente internos", fantasias e impressões, e diferenciando-os de "impressões e experiências", Freud escreve:

> *Nesses processos, acontece com extraordinária frequência ser "recordado" algo que nunca poderia ter sido "esquecido", porque nunca foi, em ocasião alguma, notado – nunca foi consciente... A convicção que o paciente alcança no decurso da análise é bastante independente desse tipo de lembrança (Freud, 1914g, p. 149).*

Esses foram os prolegômenos da revolução de 1937.

- E, a segunda, em 1937, em conexão com o conceito de *construção* (Freud, 1937d), cuja capacidade terapêutica já enfatizamos. No entanto, Freud faleceu pouco depois, sem fornecer nenhuma informação sobre as suas condições necessárias, sua natureza, ou sobre a sua origem na convicção.

Desde o início do nosso trabalho, tivemos interesse no tema da convicção. *Convicção* é um processo psíquico *sui generis* presente em muitas manifestações da vida psíquica, que variam desde a percepção através dos órgãos dos sentidos ("Bem, sim, é verdade, eu posso vê-lo, eu posso ouvi-lo") até o "Sim, eu me lembro", da recordação. Mas o delírio também possui a mesma *convicção*, e não podemos fugir do problema, qualificando-o simplesmente como convicção patológica. Isso porque, e de forma mais perturbadora, a mesma *convicção* de realidade também se apossa de nós durante um sonho à medida que este se desenrola durante a noite. *O estudo da convicção* em delírios e sonhos representa um importante campo de pesquisa, mas envolve questionar o pensamento de Freud, pelo menos em parte. Freud evitou fazer isso passando ao largo do problema com sua repetida afirmação de que o sonho é uma "psicose temporária". De nossa parte, preferimos abordar o sonho, juntamente com certos momentos do pensar, a partir do ângulo do termo "*regrediência*". A questão é de grande importância, pois a posição de Freud restringe a psicanálise, condenando-a a ser apenas uma teoria da representação, uma teoria reduzida a uma parte da vida psíquica. É tentador pensar que a posição de Freud foi determinada por uma dificuldade pessoal, a de regredir na sessão: é possível encontrar elementos para embasar essa suspeita. Preferimos considerar a dificuldade significativa de abordar um assunto tão vasto como o encontro de duas psiques nas condições do *setting* analítico. Pois a assim chamada "psicose temporária", como Freud se refere a sonhar, é portadora de uma memória:

> *Trata-se de experiências que ocorreram na infância muito remota e não foram compreendidas na ocasião, mas que subsequentemente foram compreendidas e interpretadas. Obtém-se conhecimento delas através dos sonhos...*

> *Ademais, podemos certificar-nos de que o paciente, após suas resistências haverem sido superadas, não mais invoca a ausência de qualquer lembrança delas (qualquer sensação de familiaridade com elas) como fundamento para recusar-se a aceitá-las (Freud, 1914g, p. 149).*

Ele debruçou-se sobre o assunto novamente em seu último texto, onde afirmou a grande importância da "memória onírica" (*Traumgedächtnis*):[5]

> *A memória é muito mais ampla nos sonhos que na vida de vigília. Os sonhos trazem à tona recordações que o sonhador esqueceu, que lhe são inacessíveis quando está acordado. A memória muito frequentemente produz em sonhos impressões da tenra infância de quem sonha (Freud, 1939a (1937-1939), p. 166).[6]*

Em suma, o encontro entre duas psiques, nas condições que são obtidas no setting analítico, está na origem – contanto que os dois parceiros abandonem o mundo representacional dos processos secundários – de um modo muito particular de funcionamento psíquico que estudamos sob o termo *regrediência*. Ele possui certas qualidades específicas do modo de funcionamento do sonho noturno e, como este último, é mais adequado do que o funcionamento diurno para se chegar à memória das experiências esquecidas da infância. (Ver Figura 5.1.) O esquema que se segue, inspirado no que Freud utiliza em *A Interpretação dos Sonhos* (1900a), vai nos ajudar a localizar as questões em jogo.

O conceito de regrediência

Aqui somos obrigados a citar o texto alemão de onde se origina a concepção que iremos elaborar, pois, novamente, a questão da tradução é de importância determinante:

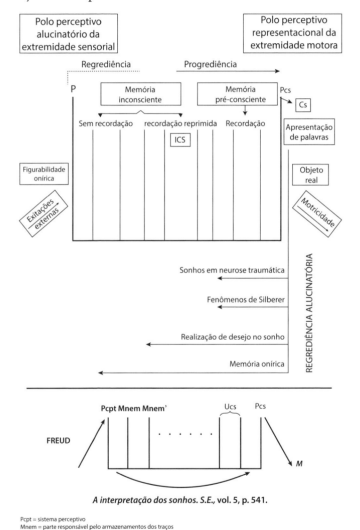

A interpretação dos sonhos. S.E., vol. 5, p. 541.

Pcpt = sistema perceptivo
Mnem = parte responsável pelo armazenamentos dos traços
M = motricidade

Figura 5.1

150 FIGURABILIDADE PSÍQUICA E ESTADOS NÃO REPRESENTADOS

*Heißen wir die Richtung, nach welcher sich der psychis-
che Vorgang aus dem Unbewußten im Wachen fortset-
zt, progrediente, so dürfen wir vom Traum aussagen,
er habe regredienten Charakter (Freud, 1900a; GW II/
III, p. 547).*[7]

Esta foi a primeira vez que Freud utilizou os adjetivos *progrediente* e *regrediente*. As diferentes versões francesas respeitam os
dois adjetivos, a ponto de introduzir no idioma francês os neo-
logismos *progrediente* e *regrediente*. Por outro lado, Strachey não
quis chamar a atenção para a sua particularidade, que sob nosso ponto de vista é fundamental, confundindo-os com termos
muito gerais: *progressivo* e *regressivo*, que têm um significado um
pouco distinto.[8] No entanto, Freud não poderia ter sido mais claro, ao escrever as páginas seguintes:

*Fassen wir zusammen, was wir über die Eingentümlichkeit
des Traums, seinen Vorstellungsinhalt in sinnliche Bilder
umzugiessen, erfahren. Wir haben diesen Charakter der
Traumarbeit nicht etwa erklärt, auf bekannte Gesetze der
Psychologie zurückgeführt, sondern haben ihn auf un-
bekannte Verhältnisse hindeutend herausgegriffen und
durch den Namen des "regredienten" (Freud, 1900a;
GW II/III, p. 553).*

Apesar desse esclarecimento, Strachey comete o mesmo erro
em sua tradução da passagem anterior:

*Reunamos o que já descobrimos sobre a peculiar pro-
pensão dos sonhos a reformular seu conteúdo ideativo*

em imagens sensoriais. Não explicamos esse aspecto do trabalho onírico e não fomos buscar sua origem em quaisquer leis psicológicas conhecidas, mas antes o destacamos como algo que sugere implicações desconhecidas e o caracterizamos pela palavra "regressivo" (Freud, 1900a, pp. 542, 547).

Da mesma forma, quando Freud fala de "*regrediente Gedankenverwandlung*", Strachey traduz como "*transformação regressiva dos pensamentos*" (1900a, p. 545; GW II/III, p. 551) e não como "*transformação regrediente de pensamentos*", mais uma vez criando uma confusão entre *regressivo* – que significa voltar para trás, para as fases anteriores que foram superadas, com a conotação de ser patológico –, e a peculiaridade *transformacional* específica da palavra *regrediente*, que é tão necessária para o equilíbrio psíquico em geral e, também, característica do sonho. O termo *Regrediente* não representa uma volta para trás, mas, como diz Freud, é "*um caminho curto*", uma capacidade específica do trabalho onírico de ter preservado intacta *uma qualidade primária do funcionamento psíquico* (1900a, p. 567), ou seja, *a de reformular um conteúdo ideativo em imagens sensoriais.*

A tragédia da tradução da obra de Freud nunca pode ser suficientemente ressaltada. É trágica, no sentido de que as consequências de uma tradução podem ter repercussões diretas sobre o tratamento dos pacientes. Tal como acontece com o problema de Darstellbarkeit-Figurabilidade, ao criarmos o neologismo "*régrédience*" em francês, *estamos tentando localizar um determinado campo psíquico, deixado por Freud pouco desenvolvido, tendo em vista a ampliação do seu método na esperança de encontrar uma maneira melhor de tratar pacientes borderlines.*

152 FIGURABILIDADE PSÍQUICA E ESTADOS NÃO REPRESENTADOS

Em 2001, definimos *"regrediência"* da seguinte forma: *é um campo psíquico e ao mesmo tempo um estado, uma qualidade e um movimento em um processo de evolução; um potencial para transformação, uma capacidade psíquica permanente para transformar, de modo endoalucinatório, qualquer quantidade de excitação, verbal, motora ou emocional. O sonho é sua manifestação mais completa.*

Assim, seguindo o esquema dos sonhos de Freud, aquele que denominamos de *processo "regrediente"* é diferente do processo de vigília, isto é, do *processo "progrediente"*, que é específico da percepção, da *realidade material*, e do pensamento secundário em apresentações de palavras – um desenvolvimento normal e necessário. No adulto, até certo ponto, *o potencial regrediente* ainda existe, mas requer certas condições (ver o esquema inspirado por Freud). Tais condições são encontradas em uma sessão de análise. E também na criação artística, como Schiller (01 de dezembro de 1788, correspondência com Körner, citada por Freud, 1900a) tão bem descreve:

> [...] *as extravagâncias momentâneas e passageiras [uma formulação que Freud usava palavra por palavra ao aplicá-la aos sonhos] que se encontram em todas as mentes verdadeiramente criativas... Onde existe uma mente criativa, a Razão... relaxa sua vigilância sobre os portais, e as ideias entram precipitadamente, e só então ela as inspeciona e as examina como um grupo (p. 103).*

O mesmo é verdadeiro para um cientista como H. Poincaré:

> *Para um novo resultado ter qualquer valor, ele deve ligar elementos há muito conhecidos, mas até então dispersos*

*e que pareciam estranhos entre si, e subitamente intro-
duzir ordem onde reinava a aparência da desordem...
O novo fato não é valioso por si só, mas dá valor aos
fatos antigos que une. A nossa mente, tal como nossos
sentidos, é frágil; perder-se-ia na complexidade do mundo se tal complexidade não fosse harmoniosa; como os
míopes, ela veria apenas os detalhes... Os únicos fatos
dignos de nossa atenção são aqueles que introduzem ordem nessa complexidade e, assim, a tornam acessível a
nós (Poincaré, 1908, p. 30).*

Estas descrições perspicazes provenientes da criação literária,
e o pensamento do matemático, são particularmente ressonantes
para o psicanalista, especialmente quando o que chamamos de *estado de sessão* ocorre durante uma sessão.

O estado de sessão

Na sessão de análise, a associação livre, a redução de percepções e a proibição de qualquer forma de ação, tendem a criar, como
Freud diz,

*um estado psíquico que, em sua distribuição de ener-
gia psíquica... tem alguma analogia com o estado que
precede o adormecimento... 'onde'" "emergem ideias [e]
se transformam em imagens visuais e acústicas (Freud,
1900a, p. 102).*

Como o trabalho onírico e seu caminho regrediente, esse
estado singular é capaz de incluir todos os elementos presentes
na mente num dado momento, estabelecer ligações entre eles e

154 FIGURABILIDADE PSÍQUICA E ESTADOS NÃO REPRESENTADOS

criar um novo significado, no modelo do conteúdo manifesto do sonho. Mas, ao contrário do estado de sonho, onde a convicção de realidade é completa, no *estado de sessão*, mesmo que analista e paciente estejam igualmente convencidos da realidade de sua descoberta, eles permanecem cientes de seu caráter subjetivo. Um estado de *"figurabilidade"* é criado e ilumina e dá expressão ao que até então permanecera sendo uma fonte de sofrimento não representada e obscura, trazendo assim uma nova ordem, um novo equilíbrio.

No início de sua prática, o analista tem uma tendência espontânea a rejeitar o movimento psíquico que o empurra para um território regrediente, o qual ele pode vivenciar como despersonalizante, que pode até mesmo colocá-lo, nas palavras de Bion, psiquicamente "em perigo"; ou, como o analista iniciante pode acreditar, retirá-lo de seu relacionamento com o paciente. Ele pode pensar que está distraído, que é um mau analista e às vezes sentir-se culpado. Precisamos de tempo e de intercâmbios sinceros com colegas antes de gradualmente entendermos que, pelo contrário, tratava-se de uma nova maneira de ter acesso a zonas psíquicas que eram inacessíveis através do método clássico – isto é, *as primeiras experiências do paciente*. Era um caminho que levava àquelas cenas emocionais antigas que poderiam, em casos afortunados, ser recuperadas na sessão, "na mesma forma e mesmo conteúdo".

A barreira da memória

No capítulo VII de *A Interpretação dos Sonhos*, Freud afirma claramente:

> *No estado de vigília, o movimento regressivo nunca vai além das imagens mnêmicas (Erinnerungsbild) (Freud, 1900a, p. 543).*

E acrescenta:

> *Para chegar a um dispêndio mais eficaz da força psíquica, é necessário deter a regressão antes que ela se torne completa, para que não vá além da imagem mnêmica e seja capaz de buscar outros caminhos... (p. 566).*

De fato, como é demonstrado na sessão que se segue, a *imagem mnêmica*, com as suas raízes no passado, impede a regressão de ir além de certo limite ao longo do caminho *regrediente*, de voltar para a concretude da catexia objetal primária envolvendo uma obliteração têmporo-espacial e o acesso à dimensão alucinatória. Em seu funcionamento normal, a recordação é o local onde a energia que está fluindo pode mudar de direção e até mesmo passar por uma mudança de qualidade. Por ser perceptual, representacional e progressiva (*progrediente*), portadora da *convicção* dos órgãos dos sentidos, a energia pode, nesse lugar estratégico de recordação, mudar e se tornar *regrediente,* endoalucinatória e semelhante ao sonho, com um poder de *convicção* da realidade que é bem diferente, embora tão poderoso quanto o da realidade material. Como resultado disso, na economia das relações de objeto, a recordação representa uma encruzilhada com múltiplas possibilidades de associação e criação de cadeias de ideias, pontos de passagem, garantindo a preservação da separação e ligando *dentro* e *fora, presente* e *passado, sujeito* e *objeto*. E, como qualquer organização em rede, sua regulamentação se presta admiravelmente para funcionar como um ponto de parada e uma barreira, sem minar o equilíbrio geral.

Sobre a "figurabilidade"

O trabalho de figurabilidade do analista, decorrente da regrediência de seu pensamento, terá o efeito de abrir a mente do analisando para afetos até então excluídos, correspondentes a um estado de angústia infantil, e a uma conscientização da realidade do sofrimento que ele igualmente desconhecia – sofrimento esse que tem suas raízes em deficiências emocionais precoces. Além disso, ele tem a capacidade de acessar zonas irrepresentáveis da pré-história infantil, permitindo assim que o analisando se aproprie de uma nova capacidade de experimentar e moldar, na forma de afetos e representações, a sua aflição inominada e sem forma. Na definição do conceito de *figurabilidade*, nos esforçamos para levar em conta a sua *qualidade processual*, que, ao mesmo tempo em que é capaz de se tornar *real/eficaz* em estados regressivos-retrógrados, não é nem representação, nem percepção, nem alucinação, mas uma quarta forma de inteligibilidade implicando e implicada nas outras três. A *figurabilidade* é uma propriedade psíquica determinada por uma tendência para a convergência, cuja efetivação desencadeia um processo de ligação de todos os constituintes, todos os estímulos externos e internos (Botella & Botella, 2001b). Se esta se desenvolve plenamente, por exemplo, em sonhos, irá culminar em uma coerência alucinatória perceptiva, sem ser percepção ou alucinação, pois não há participação dos órgãos dos sentidos. E o que é particularmente estranho para o nosso pensamento racional é que, ao contrário de uma alucinação, a *figurabilidade* deve ser vista como "material" em qualidade. Além disso, diferentemente das representações e percepções, que pertencem a ordens permanentes, tal como a *simetria representação-percepção*, a *figurabilidade* tem uma vocação de transitoriedade, de instantaneidade, de uma velocidade estonteante de ocorrência, como nos sonhos. Assim, é através do estabelecimento de ligações entre os diferentes elementos que pode ocorrer o que chamamos de *pensamento regrediente do geômetra*. Em outras palavras, ao traçar linhas entre pontos desconectados e imaginários no espaço, o geômetra é capaz de criar uma figura, ou seja, um *trabalho de figurabilidade* durante o dia, com base no modelo do trabalho onírico noturno. Esse *processo regrediente de figurabilidade* não é uma interpretação de algo que já existe, mas uma criação, assim como existe criação nos sonhos.

Nosso primeiro caso, que nos abriu o campo da figurabilidade

Uma criança pequena, que não possuía linguagem adequada, nem os recursos alucinatórios que poderiam capacitá-la a libertar a sua dor, criou uma tensão enorme sobre a psique do analista. Quando o brincar – seja simbólico ou mera descarga – mostra-se inadequado, assim como as interpretações do analista que são até incompreensíveis, em momentos críticos, tais como a separação no final da sessão, tornam-se necessárias, muitas vezes, outras formas de comunicação. Os limites da intervenção terapêutica tradicional vieram de dois lados: as apresentações de palavras não puderam cumprir a sua função de comunicação e; por outro lado, houve a impossibilidade de conectar a dor à recordação de um passado, porque o passado era simplesmente um branco. Em tais casos, propriamente falando, a noção da transferência, para o analista, de um passado esquecido não se ajusta ao fato clínico real. É, em vez disso, a atualização de um "complexo evento--afeto sem conteúdo representacional" que não tem história e é incapaz de tomar a forma de memórias representadas.

Aqui, por meio de um exemplo extraído do tratamento de um paciente adulto, tentaremos mostrar a necessidade de regressão no pensamento do analista, que chamamos de *regrediência*. Isso comumente – mas nem sempre – significa que o analista *trabalha como um duplo*, fazendo uso de sua *figurabilidade*, frequentemente um conteúdo visual ou, mais precisamente, um conteúdo endoperceptivo.[9]

Narrativa de uma análise

Serge, um homem de 30 anos de idade, veio me procurar[10] cerca de um ano após o final de sua primeira análise. Era uma neurose em que vários níveis de recordações autênticas viriam a ser descobertas, definindo uma verdadeira psiconeurose edípica. Eu poderia ter me contentado com esse nível de análise, como havia ocorrido em uma análise prévia com um analista experiente, ao longo de sete anos, e ter-me convencido, também, como o primeiro analista, da existência de uma reação terapêutica negativa, da presença de uma pulsão de morte irredutível. O término havia sido imposto pelo analista. Serge queixava-se acima de tudo dos ataques de ansiedade e estados de despersonalização.

Na verdade, desde muito cedo, tive uma intuição de que a estrutura da psiconeurose mascarava outra forma de sofrimento que era indizível e inacessível pelo método clássico. Essa análise durou nove anos, com uma frequência de três sessões por semana. Farei uma breve apresentação geral e vou me deter apenas em duas das sessões em que a *"regrediência"* do analista entrou em jogo de forma significativa, sem o que, creio eu, esse tratamento não teria tido um desfecho satisfatório.

Na primeira entrevista, ele relatou o que considerava serem suas memórias mais significativas. O trauma central, em torno do qual sua neurose estava estruturada, era a lembrança de um acidente de carro quando ele tinha cerca de 3 anos de idade. Sua mãe estava dirigindo e Serge estava no assento traseiro. Estava chovendo, e em uma esquina o carro derrapou e acabou numa vala, batendo em uma árvore. A imagem gravada em sua memória era, em seus próprios termos, a de sua mãe com seu "rosto coberto de sangue". Ele lembrava ter estado em pânico, embora não tenha ficado ferido. Sua mãe foi levada ao hospital. Ao mesmo tempo, ele tinha outra memória traumática de quando tinha 6 ou 7 anos: seu pai, que trabalhava até tarde da noite, invadiu o quarto completamente nu, enquanto o paciente estava dormindo ao lado de sua mãe na cama dos pais. Com o pretexto, mais ou menos autêntico, de ter terrores noturnos, ele ali se refugiava na ausência do pai. Seu pai o arrastou bruscamente para fora da cama e mandou-o para seu próprio quarto. Mas, Serge acrescentou, como que entre uma ameaça e uma oração: "Eu só vou fazer uma nova análise na condição de que a minha infância, que foi maravilhosa com minha mãe, continue a representar um paraíso para mim, na minha memória." Sua mãe não o mandou para a escola até que ele tivesse 6 anos. Então, seu intenso sofrimento era manifestado através da mesma pergunta, feita com ansiedade quando se afastava de sua mãe, todas as manhãs, chorando: "Mamãe, você vai estar lá?" Claramente, estes sinais eram de um grande sofrimento.

Eu me sentia sensibilizado em relação ao que a necessidade de preservar a todo custo a ideia de um "paraíso" poderia mascarar, embora cada uma das três memórias trazidas na nossa primeira entrevista representasse uma separação repentina e dolorosa de sua mãe. Com exceção disso, tive a sensação de que a análise estava se desenrolando normalmente. No entanto, como uma espécie de um aviso, o letreiro de um cartaz como os que frequentemente se vê em estações de trem, muitas vezes vinha espontaneamente à minha mente: "Um trem pode esconder outro". O que correspondia a pensar: "Um trauma pode esconder outro." Esse sofrimento estaria ligado a um estado traumático muito precoce do qual o paciente não tinha consciência. Nunca havia sido representado ou pensado, porque nunca tinha se inscrito em seu passado, sob qualquer forma; e contudo, como diria Winnicott, tinha ocorrido.

De fato, no segundo ano de análise, à medida que as coisas avançavam, o paraíso e a mãe maravilhosa progressivamente começaram a mudar de cor. Tudo começou com o aparecimento de uma repressão que tinha resistido à primeira análise: a lembrança da reprimenda que seu pai fizera à sua mãe no que diz respeito ao acidente. Bem antes de isso ter acontecido, o pai dissera repetidamente

160 FIGURABILIDADE PSÍQUICA E ESTADOS NÃO REPRESENTADOS

que ela deveria mudar os pneus do carro, que estavam desgastados e carecas. Ela não o fez. Pela primeira vez, o paciente pensou que sua mãe havia sido descuidada, e seus primeiros sentimentos de ódio em relação a ela apareceram na sessão. Daquele ponto em diante, uma vaga ideia gradualmente começou a emergir. Ele tinha a impressão de às vezes ter ouvido falar que o pai havia saído de casa quando ele tinha apenas alguns meses de idade, ou até mesmo, talvez, durante a gravidez da mãe. Isso, aparentemente, aconteceu durante certo período, talvez um ano, talvez mais, e ele se perguntava se seria verdade. Ele não tinha ideia, mas me assegurou com firmeza que isso não o interessava. Assim como me disse não estar interessado em uma ideia estranha que, embora a considerasse irreal, às vezes passava na sua mente, sendo imediatamente excluída: naquela época, aparentemente, sua mãe havia tentado se matar. Isso nunca fora discutido em família, e nada disso havia sido trabalhado com seu primeiro analista. Serge, reassegurado por uma relação de transferência/contratransferência muito boa, tomou coragem e decidiu questionar sua família em relação a isso. De fato, seu pai tinha deixado a família por outra mulher, sua mãe ficara deprimida e o paciente/bebê fora entregue aos cuidados de seus avós maternos. A tentativa de suicídio da mãe, ainda que permanecesse muito vaga, daí em diante passou a ser considerada como real. Isso deve ter ocorrido, segundo Serge, quando ele tinha apenas alguns meses de idade. Ele ficou satisfeito por ter criado coragem para fazer as perguntas, especialmente porque se sentia pouco emotivo em relação a tudo isso. De todo modo, segundo ele, nada disso lhe dizia respeito, já que ele era muito pequeno na época!!! E concluiu, sentindo-se convencido, calmo, e seguro de si mesmo: "Essa não é a minha his/estória."

Minha hipótese é que a mente de Serge, enquanto ele era um bebê, não tinha sido capaz de registrar isso na forma de representações; tinha sido incapaz de criar traços mnêmicos. De certa forma, Serge estava certo. Tive a impressão de que existia outra história que era *a-histórica*, que não poderia assumir a forma de representações e memórias.

A sessão da "trousse"[11]

Uma sessão no quarto ano de análise foi a chave para uma primeira mudança fundamental. Serge começou me contando como estava se sentindo naquele momento: no intervalo entre a saída do trabalho e o horário da sessão, ficara com vontade de encontrar com uma prostituta.

> *Como eu já fiz isso muitas vezes... embora dessa vez eu não quisesse... Entendo agora que encontrar com uma prostituta antes de ir ao analista é, sem dúvida, uma forma de descarregar para fora da sessão uma tensão que deve ser reservada para a sessão... [silêncio]... Mas eu não sabia o que fazer... Eu me sentia perturbado... Eu fui à livraria perto aqui... Comprei muitos livros... depois comi um pedaço de bolo, dirigi o carro por aí por um tempo... Eu me vi na frente da... [ele estava se referindo a uma importante instituição científica onde ele queria ser nomeado para uma posição muito importante]... Eu sei que o meu carro esporte, ou os livros, ou comer – tudo isso tem a ver com a minha intensa necessidade de possuir coisas... como o cargo de professor... para ser reconhecido... Não adiantou nada... eu continuava a me sentir estranho... Não era ansiedade, nem uma sensação de estar sozinho... Algo mais desestabilizador... medo talvez... acima de tudo angústia... um tipo de dor.*

Desde o início da sessão, o analisando estava falando em um tom de voz incomum e com um ritmo impossível de se descrever.

162 FIGURABILIDADE PSÍQUICA E ESTADOS NÃO REPRESENTADOS

A sensorialidade prevaleceu sobre o conteúdo. Isso me induziu a um estado de escuta que não corresponde inteiramente ao da atenção flutuante. Claro que me senti atravessado pela aflição do analisado, mas não da mesma maneira que quando se sente empatia. Era mais um estado intenso de receptividade, uma qualidade de escuta que não me permitia associar livremente. Por outro lado, poderia ser mais bem definido por sua acuidade surpreendente. Cada palavra ecoava, ressoando "ultra claramente" em mim. Minha mente estava como que sendo sugada por uma atividade sensório-figurativa de nitidez e clareza incomuns.

Serge, então, contou-me um sonho da noite anterior:

> *Eu estava esperando o metrô. Quando chegou, vi que alguns jovens estavam roubando [détrousser] os pertences dos passageiros. Eu fiquei surpreso que esses não colocavam nenhuma resistência. Estava com medo e não entrei no trem. Em seguida, o trem deixou a estação.*

Sua experiência analítica lhe permitiu inverter o sentido do conteúdo manifesto do sonho: "Na realidade, deve ser o meu próprio desejo de roubar, de me apropriar de tudo... Quantas vezes senti o desejo de me colocar em seu lugar, de 'sentar-me na sua cadeira', de parar de ser pequeno e doente... de finalmente ser reconhecido..." Ele se sentiu deprimido, e uma lembrança antiga lhe veio à mente: "Meu pai também não se defendeu quando ele foi roubado." A análise do sonho parecia claramente relacionada a um contexto que corresponde a sua neurose edípica; uma cena primitiva violenta ligada à memória da aparição repentina de seu pai nu e à perda de sua mãe no paraíso perdido, uma série de ideias associativo-depressivas em perfeita ordem neurótica. Entretanto, algo difícil de definir, o tom de sua voz, seu ritmo, provocou em mim um *modo de escuta regrediente*. Se eu tivesse sido capaz de manter minha atenção flutuante, o trabalho do analisando teria me satisfeito completamente. Mas uma forte convicção, inexplicavelmente racional, tinha tomado conta de mim: o pano de fundo da relação analítica real estava em algum outro lugar.

Uma palavra de grande clareza na narrativa de sonho tinha como que tomado conta da minha mente, sem que eu pudesse entender a razão. Essa palavra foi "*détrousser*". Seria um sinal de contratransferência? A palavra, que é usada com pouca frequência em francês, surpreendeu-me; eu a conhecia e mesmo assim quis saber seu significado; então eu me perguntei por que meu paciente a tinha usado, por que não usara a palavra muito mais usual "*voler*" [roubar, furtar]? Uma série de ricas associações veio a minha mente como uma resposta: "*détrousser*" [roubar os bens de alguém], "*trousse*" [xoxota, vagina], "*trousser les jupes d'une femme*" [levantar a saia de uma mulher]; "*trousser une fille*" [tomar, possuir uma mulher sexualmente], "*um trousseur*" [um mulherengo], um "Don Juan" (e também o *trousseau* [enxoval] da noiva) – as conotações sexuais tinham, sem dúvida, estimulado minha sexualidade e curiosidade infantil. Mas o analisando não tinha associado de modo algum com a palavra "*détrousser*", o que era surpreendente, pois sei por experiência que cada hipercatexia de uma palavra pelo analista é uma indicação preciosa. Suspeitando de algo, então, escolhi refletir essa palavra de volta para o analisando: *détrousser*? O analisando se surpreendeu: ele saltou e, obviamente, irritado, respondeu: "*détrousser*? Por que você está dizendo *détrousser*? Como eu, o paciente foi surpreendido por essa palavra e não a reconhecera como sua. Então eu entendi que eu estava correto, que a estranheza da palavra escondia algo, no pano de fundo, que talvez estivesse além do nível da neurose representacional. Meu paciente continuou: "Eu disse *voler* [roubar, furtar]! De onde você tirou essa palavra? Por que você está cometendo esse erro? Você está distraí-

do, você não está me ouvindo!... Você não está cuidando de mim!"
A sombra da mãe abandonante começou a surgir na sessão.

Ele se acalmou. "... O.K., se você diz *détrousser*... se você quer
que eu faça associações com *détrousser*... O que posso lhe dizer?
Bandidos, saqueadores..." O analisando, em seguida, lembrou histórias de sua infância e se deleitou contando-me algumas de suas
favoritas. Os personagens, as histórias e, acima de tudo, os meus
rêveries desencadeados naquele momento poderiam ser maravilhosamente úteis para certas intervenções. Mas eu tinha a sensação de que tudo isso tinha um caráter defensivo, que o que estava
realmente em questão encontrava-se em outro lugar. Então eu não
intervim – especialmente porque, enquanto isso ocorria, sob a influência dessas histórias, minha catexia da palavra *détrousser* havia
adquirido um significado e se tornara parte de uma narrativa:
"*détrousseurs de grands chemins*" [assaltantes]. Mais exatamente,
a intensidade do investimento tinha sido transferida para uma
expressão derivada de contos literários: "*la bourse ou la vie*" ["o
dinheiro ou a vida"], que, devido à proximidade de "bourse" com
"*détrousseur*", que levava a "*trousse*", pude pensar sobre isso na forma de "*la trousse ou la vie*" ["*a bolsa ou a vida*"]. De "*détrousser*"
no sentido sexual, o investimento havia mudado para mim em
direção ao risco de morte (sua "bolsa" ou sua vida). A aflição de
Serge era agora mais compreensível: se você defender a sua bolsa
[*la trousse*], você pode morrer; se você escolher viver, a bolsa poderá ser perdida. E quando esta última simboliza algo de valor inestimável, de amplo significado simbólico, tanto sexual como genital
e, também, a mãe protetora, não há saída válida – sexo ou morte: a
mãe ou a morte. *Détroussé*, despojado de suas coisas, castrado, sem
mãe... Intervim uma segunda vez: "*voler la trousse?*" [roubar a bolsa?] – uma formulação que assumiu a ideia do paciente de "roubar
minha cadeira". Minha intervenção pertencia ao registro da neurose representacional edípica. Ele imediatamente exclamou: "Ah,

algo acaba de voltar para mim. A *nécessaire* do meu pai [*La trousse de toalete*]... não, seu estojo de manicure. Eu realmente queria um. Pedi à minha mãe que me comprasse um idêntico. Consegui, e me senti muito orgulhoso. Um dia, meu irmão mais velho me perguntou se ele poderia ficar com ele durante as férias. Quando ele voltou, não quis devolvê-la, alegando que era dele. Ele tinha roubado o meu estojo [*trousse*]!!!" Mais uma vez, a minha intervenção estava no caminho certo. Serge tinha, assim, recuperado uma lembrança, um vestígio de memória que confirmava seu conflito edípico: a ideia do irmão mais velho como um ladrão *"détrousseur"* – especialmente porque este último era o favorito de sua mãe: um ladrão de bolsa, um ladrão de mãe.

Normalmente, eu teria ficado satisfeito com esta boa sequência e pelo nível de verdade histórica alcançado. Mas por que não era assim, nessa sessão? É impossível dizer: o analista nunca pode realmente dizer objetivamente o que aconteceu em um tratamento que ele está realizando. Estranhamente, meu trabalho estava no registro habitual da neurose, mas, ao mesmo tempo, eu não estava satisfeito com isso. O que eu posso dizer, nesse momento em que tenho o benefício da retrospectiva, ao escrever sobre isso, envolve dois registros diferentes. Um deles é que, quando essa sessão ocorreu, eu tinha tomado conhecimento da tentativa de suicídio da mãe, ocorrida quando Serge ainda era bebê, o que, sem dúvida, orientou minhas associações e esteve na origem da minha insatisfação com o registro de neurose edípica. O outro é que, nessa sessão, sob a pressão da perturbação emocional, me ocorreu um estado particularmente acentuado de *regrediência*, o que reforçou minha *convicção* de que havia "algo mais" para ser descoberto – no pano de fundo, por assim dizer. Assim, em vez de ouvir as palavras, senti seu conteúdo em um nível emocional. Apesar da maravilhosa descoberta da memória do estojo de manicure do pai, minha mente, independentemente de minha vontade, continuou a "trabalhar" em um estado *regrediente*. Pode-se dizer que eu estava ultrapassando a *barreira de memória*. Certo desenvolvimento ocorreu em mim. O investimento quase alucinatório não era mais "*détrousser*"; nem era "*la trousse ou la vie*" ["a bolsa ou a vida"]. O terreno das apresentações de palavra estava a ponto de ser abandonado. No lugar das palavras em si, eu estava pensando, eu podia "ver", por assim dizer, de uma forma que era ainda mais vívida e clara – e isso aumentou meu espanto, minha admiração e curiosidade – uma "*trousse medicale*" [maleta de médico], sua forma, sua cor negra. De certo modo, pode-se considerar que, devido à regressão regrediente da sessão, o "estojo de manicure do pai" – *um elemento edipiano na história de Serge, produzindo terceiridade – foi transformado numa "maleta de médico do psicanalista"*. Além disso, uma acentuação da minha "*regrediência*" interveio, dando à minha "figurabilidade" uma conotação que era sinônimo de realidade.

Eu não entendia as razões de tal endopercepção clara e precisa. E, acima de tudo, fiquei espantado com a minha convicção de que essa imagem era decisiva para o tratamento. No entanto, ao desconfiar dessa convicção irreal, me permiti algum tempo antes de intervir. O estabelecimento de alguma distância, dessa forma, permite que o ego do analista recupere sua posição usual, o que, por sua vez, reduz o estado de regrediência, ou até mesmo faz com que ele desapareça. Minha maneira usual de escutar, usando atenção flutuante, voltou. Agora que eu estava menos capturado em minha "*regrediência*", decidi explorar minha intuição e colocá-la à prova. Disse para o analisando, indicando o caráter subjetivo da minha intervenção: "A palavra '*trousse*' me fez pensar em uma *trousse* médica." Naturalmente, o analisando se surpreendeu. "Oh, eu não tinha pensado nisso." Então, depois de um tempo curto, ele exclamou, sentindo-se seguro de si mesmo, mais uma vez: "Agora eu entendo, você está pensando na maleta médica que eu posso ter visto no momento do acidente."

Este era o trauma que ocorreu aos 3 anos de idade, que tinha sido analisado muitas vezes e que fazia parte do contexto representacional: o sangue, "a mãe com o rosto coberto de sangue", as ambulâncias, o hospital...

Assim, como a memória do estojo de manicure de seu pai, agora outro trauma representado, um trauma "vermelho", um organizador da ansiedade de castração e do complexo de Édipo, mais uma vez enfatizava o mundo representacional. Era o retorno de uma memória conhecida e elaborada, parte de sua neurose infantil que, até recentemente, havia estruturado a neurose de transferência.

A persistência e força de sua "barreira de memória" foi o sinal de que a estrutura representacional do meu paciente era suficientemente sólida. Isso proporcionou uma proteção contra o sofrimento inacessível das primeiras experiências infantis, mas também foi, provavelmente, a principal razão pela qual um tratamento clássico não poderia ser bem-sucedido, como, de fato, havia sido o caso com a primeira análise, embora tivesse durado sete anos.

A advertência no cartaz: "Um trem pode esconder outro", voltou à minha mente e me empurrou ainda mais nessa direção. A *regrediência* dos meus processos de pensamento me fez experimentar o sentimento irreal de que, mesmo o paciente afirmando: "Essa não é minha história", de minha parte eu poderia, por assim dizer, recordar a sua "memória sem lembranças". Assim, sob a pressão de minha *convicção regrediente*, construí o que poderia ter sido uma elaboração *après-coup* feita por Serge, se não fosse pelo fato de que o assunto era tabu na família, ou seja, se a mãe tivesse sido capaz de falar sobre isso. Então eu disse ao meu analisando algo que ficou evidente e conhecido por nós dois, mas que ia contra o tabu familiar, frustrando-o. A formulação que me ocorreu era próxima à da narrativa do sonho que construímos ao acordar, em sua forma: "Eu estava pensando (eu poderia ter dito: "Eu sonhei que...) na maleta médica do doutor [*trousse médicale*] que deve ter aparecido na época da tentativa de suicídio de sua mãe, que separou você dela".

Meu analisando estava claramente muito desconcertado. Depois de um tempo, com dificuldade, recuperou-se: "Ah, isso me faz sentir muito estranho". Em seguida, ele protestou: "Mas eu não consigo me lembrar disso, eu acho que devia ter menos do que um ano de idade... Tudo isso é inútil para mim... São histórias que você está inventando..."

Houve um longo momento de silêncio, um silêncio intenso, embora desprovido de ansiedade. Tendo recuperado a compostura, ele disse, com um grau surpreendente de calma: "Sinto que quero negar tudo isso; não gosto de pensar que a minha mãe não estava interessada no que eu era, que ela não levou em conta o fato de que eu era um bebê... Não é possível. Minha vontade é minimizar tudo isso". Um silêncio se seguiu. "Isso tem um efeito curioso sobre mim. Eu preferiria não sentir isso; eu não sei o que é... Prefiro pensar que tudo o que você diz é artificial... que foi você que inventou tudo isso."

Finalmente, ele se recompôs: "Mas eu tenho uma lembrança clara agora de ter usado a palavra *détrousser* quando eu estava te contando o sonho. Eu não sei se o que você diz é verdade, mas eu sinto pela primeira vez uma verdadeira sensação de calma."

A sessão terminou com essas palavras.

Um comentário sobre esta sessão

Os modelos de construções: narrativa de um conto, narrativa do sonho

Indo além de suas apresentações de palavras pré-conscientes, o analista tinha realizado um *trabalho de figurabilidade*. Graças à "*regrediência*" de seu pensamento, ele havia formado uma ligação entre angústia, depressão e uma tentativa de suicídio, por um lado, e uma terceira parte, a representação "Doutor", por outro lado – tanto uma imagem paterna reparadora e forte e, ao mesmo tempo, uma que o separou, que interrompeu um mundo fusionado entre mãe e filho, um paraíso.

Certamente, as construções regredientes "*trousse*" e "*doutor*" não correspondiam a qualquer traço mnêmico no sentido dado por Freud. Certamente, sua eficácia não consistia em sua possibilidade de atingir a pré-história do paciente. Elas são *figuras de ligação* dotadas de uma força de unir e criar novos significados. É somente por meio do *trabalho de figurabilidade, do modo de pensar do geômetra*, operando no âmago de uma *regressão regrediente* compartilhada por paciente e analista de forma similar, despertando *atualizações* de afetos, que as figuras e formas serão trazidas para os afetos inexprimíveis e não representados da "*memória sem lembranças*". O *negativo do trauma* do passado precoce pode, assim, ser representado e sentido. Na verdade, a representação "*Docteur de la trousse*" era nada mais do que a figuração, no lugar do *negativo do trauma do paciente*, do próprio analista que catexizou fortemente o sofrimento do paciente, que reconheceu e deu à cena irrepresentável da súbita retirada de catexias pela mãe, o direito de existir psiquicamente. Agora, a questão é saber se é possível dizer que essa experiência do "aqui e agora" é uma recuperação, uma repetição de uma experiência precoce no sentido de Betty Joseph. De qualquer modo, essa experiência sentida tanto pelo analista como pelo paciente é, antes de tudo, o sofrimento no aqui e agora que pertence inteiramente à sessão. A qualidade principal disso é que serve para ilustrar um sofrimento infantil global e irrepresentável que existiu no passado. Por "global" quero dizer que esse sofrimento na infância não pode ser reduzido a um ato preciso, a uma experiência definitiva que pode ser localizada no tempo e no espaço com figuras precisas; embora esse sofrimento infantil tenha ocorrido, não é nem a memória de um fato real, nem uma construção na forma de uma memória encobridora. Primeiro Freud (1937d) e, subsequentemente Winnicott, entenderam isso claramente. A única coisa que se pode dizer com alguma certeza é que, graças a uma *experiência regrediente na sessão*, algo não representável foi transformado e recebeu uma forma concreta moldada em uma *experiência regrediente* – ou seja, *o doutor e a maleta de médico* [*trousse*]. Podemos dizer, então, que com este analista, assumiu esse molde e forma. Pode agora ser representado e pensado. Em casos afortunados, e sob a pressão da *convicção regrediente*, pode-se dizer que uma experiência regrediente é o equivalente econômico/dinâmico de uma memória real.

Este processo de transformação criativa pode ser pensado a partir de dois ângulos:

1. Pode ser visto como um processo regrediente global que acontece durante a sessão, que é o equivalente econômico/dinâmico do processo de um sonho noturno, com a sessão funcionando como o trabalho onírico. Sob esse ponto de vista, pode corresponder ao que, no registro do trabalho onírico, Freud (1900a) chama de *cena substitutiva* – ou seja, a criação de uma cena equivalente a uma cena anterior que não pode se reproduzir.

    Sob essa perspectiva, um sonho pode ser descrito como um substituto de uma cena infantil modificada ao ser transferida para uma experiência recente. A cena infantil é incapaz de trazer o seu próprio reavivamento, e deve estar satisfeita em retornar como um sonho (p. 546).

    Vale acrescentar que, nesse contexto regrediente da sessão, a figurabilidade do analista não é uma simples *rêverie*: sua narrativa tem a capacidade de criar, no decorrer da sessão, uma "*cena substitutiva*" real, desencadeada pelo negativo da experiência infantil do paciente que é inacessível e sem memória. Tem a capacidade de substituir a *memória sem lembrança por uma memória substitutiva, que está destinada a se tornar uma memória encobridora.*

2. O segundo aspecto é o momento do final da sessão, quando o analista propôs sua construção regrediente: as palavras "eu estava pensando" introduziram a declaração do analista, naquele momento de intensa regrediência, que deve ser entendida como "eu sonhei com um doutor com sua maleta médico". Aqui a construção tem a forma de uma narrativa de um sonho, como se a sessão tivesse sido um sonho. Essa construção *regrediente*, sob a forma de causalidade edípica, era dotada de um grande poder representacional e finalmente foi capaz de integrar o negativo do trauma da retirada do investimento pela mãe, o suicídio.

A diferença entre essa *construção regrediente* e o modelo freudiano da construção proposto por Freud, em 1937, é fundamental. Quando Freud descreve – "Até o seu enésimo ano você se considerou o único e absoluto dono de sua mãe; então veio um segundo filho gerando em você uma forte decepção. Sua mãe te deixou por algum tempo, e..." (1937d, p. 261) –, a forma do modelo de construção é reminiscente de um conto em que o narrador não está envolvido, permanece fora do conteúdo do conto, garantindo assim que é apenas uma ficção, assim como a criança irá aprender que os sonhos são ficções. Na ausência de um processo regrediente, as construções do analista no nível secundário provavelmente permanecerão mais teóricas do que transformadoras. E, no entanto, o paradoxo é que, na sua última preciosidade, o trabalho "Construções em Análise" (1937d), Freud aponta o caminho para esse novo

172 FIGURABILIDADE PSÍQUICA E ESTADOS NÃO REPRESENTADOS

campo do tratamento analítico sob a forma de *regrediência*. Talvez Freud o tivesse descoberto, se não tivesse sido impedido de fazê-lo por seu exílio no ano seguinte, e, em seguida, por sua morte, um ano depois, em 1939.

Entendemos o caminho indicado por Freud como se segue: no tratamento analítico, especialmente onde os *negativos do trauma* – tais como a "*trousse*" e, mais amplamente, os momentos *borderlines,* que são inevitáveis em todos os tratamentos, mesmo com neuróticos autenticamente edípicos – estão envolvidos, o processo que precisa acontecer é bastante diferente daquele da *construção de um conto.* Para ser eficaz, o resultado do processo regrediente no analista, compartilhado com o paciente, deve ser semelhante ao modelo do que ocorre nos sonhos – ou seja, ele deve ser transformado em uma narrativa que, em contraste com um conto, o narrador está inteiramente envolvido, uma vez que ele também é o sonhador. O analista coloca em forma narrativa, transforma em palavras, aquilo que ele sentiu de modo endoalucinatório; na verdade, ele procura torná-lo inteligível e exprimível, o que o obriga a interpretar o que sentiu. A *construção da narrativa onírica,* ao carregar a convicção que é específica da *regrediência* do analista, é a condição necessária para o paciente ser capaz de adquirir a mesma *convicção,* ao ouvi-la e senti-la em si mesmo em um estado similar de *regrediência.* Nessas condições, a convicção do paciente é, por assim dizer, adquirida a partir do início. No entanto, uma única convicção, isolada, não é suficiente para o tratamento, como um todo; terá que ser confirmada, matizada e esclarecida ao longo do tratamento, em especial através de outros momentos de regrediência, através de sonhos posteriores, em contato com a memória dos tempos pré-históricos que eles contêm. Ajustes nas sucessivas experiências dos dois parceiros reforçarão o senso de *convicção* mútua, tornando-o quase que inabalável.

Isso foi confirmado nessa análise. O processo da *"trousse"*, a sua transformação numa construção narrativa onírica, apesar de sua grande capacidade de atualização no presente e mesmo tendo sido indispensável – sem o qual tratamento teria falhado, como o anterior –, não teve, no entanto, a capacidade de realmente mobilizar todas as catexias do paciente. Na ausência de uma estrutura geral adequada, essa narrativa não poderia representar um papel integrador e criar um novo equilíbrio, e por isso o seu valor se manteve parcial. Como o restante do tratamento iria mostrar, também era necessária uma extensão da rede representacional por outros processos regredientes.

Notas

1. Sabemos que *Die Rücksicht auf Darstellbarkeit* [Considerações de representabilidade] é um dos quatro principais fatores do sonho, os três outros sendo trabalho de condensação, trabalho de deslocamento e elaboração secundária.

2. Diferentemente de sua tradução para o francês, o termo *Darstellbarkeit* em inglês não tem representado o menor problema, segundo nosso conhecimento. Houve um consenso geral, desde o início, em favor do termo *representability* (representabilidade – "Considerações da Representabilidade"), empregado em 1953 pelo tradutor das obras completas de Freud, James Strachey. Não optamos por *representability* e propusemos *figurability* em inglês, pela mesma razão pela qual temos preferido *figurabilité* em francês. O termo representabilidade, que se aplica a um campo grande, bem além do domínio dos sonhos, não parecia possível, pois correríamos o risco de distorcer o significado do conceito de *figurabilité*. Uma explicação mais completa pode ser encontrada no prefácio da edição em inglês do nosso livro, *The Work of Psychic Figurability* (2005).

3. "Sur les limitations de la méthode freudienne", conferência proferida na Sociedade Psicanalítica de Paris (SPP), em 28 de junho de 2011.

4. No entanto, recentemente nos deparamos com um livro de Michael Feldman em que ele escreveu sobre convicção (Feldman, 2009).

5. Vale a pena observar que o termo *Traumgedächtnis* só foi utilizado por Freud no início, em 1895, no "Projeto" (1950a [1887-1902]), e em *A Interpretação dos*

174 FIGURABILIDADE PSÍQUICA E ESTADOS NÃO REPRESENTADOS

Sonhos (1900a), e depois em seu último texto (1939a [1937-1939]), sempre no mesmo sentido e quase nos mesmos termos. Mais uma vez, isso confirma a nossa ideia de que Freud abandonou a metapsicologia de 1900 em toda a sua obra, antes de recuperá-la novamente no final. Explicamos as razões disso em outra passagem.

6. NR: Na ESB: "... A memória muito frequentemente reproduz em sonhos impressões da tenra infância de quem sonha."; aqui respeita-se o termo utilizado pelo autor, *'produces'*.

7. "Se descrevemos como 'progressiva' a direção tomada pelos processos psíquicos emergindo do inconsciente durante o estado de vigília, podemos então dizer que os sonhos têm um caráter 'regressivo' (1900a, p. 542)".

8. A primeira tradução para o espanhol, de Lopez Ballesteros (Biblioteca Nueva, vol. II, p. 675), comete o mesmo erro, mas este é, felizmente, corrigido na tradução seguinte de Etcheverry, que emprega *progrediente* e *regrediente* (Amorrortu, vol. V, p. 536).

9. No Congresso Brasileiro do Rio de Janeiro, em 2006, Cláudio Laks Eizirik relatou um refinado momento de figurabilidade acústica: a melodia de *Adiós, Moñino*, um tango de Piazolla em homenagem ao seu falecido pai, invadiu-o durante uma sessão, enquanto o paciente estava mergulhado num período de silêncio hostil. Levaria muito tempo descrever o papel fundamental desta figurabilidade, mas devemos dizer simplesmente que isso permitiu ao analista encontrar uma forma de evitar um impasse no tratamento.

10. Dada a intensidade dos sentimentos do analista durante essa sessão, pensamos que uma descrição na primeira pessoa poderia ajudar a transmitir a atmosfera predominante. CB é o analista em questão.

11. NT para o inglês: a palavra *"trousse"* foi mantida em francês, pois é importante para compreender o que se segue; seu significado genérico é "estojo"ou "bolsa", mas também é um componente de várias expressões em francês.

6. "Se apenas soubéssemos o que existe!"

Laurence Kahn

Especulações

Como nota de rodapé à sua tradução das Palestras das Terças-feiras de Charcot, ao comentar a famosa declaração de Charcot que "*la théorie, c'est bon; mais ça n'empêche pas d' exister*", Freud escreve: "Se apenas se soubesse o que existe"! e ele enfatizou o "que"(Freud, 1892-1894, p. 139).[1]

Isso ocorreu em 1887. Mas, até certo ponto, essa nota percorre todo o trabalho de Freud. Leva Freud a afirmar, em sua resposta a Einstein, que a teoria das pulsões é a nossa mitologia e que as pulsões são "entidades míticas, magníficas em sua imprecisão" (Freud, 1932a, pp. 57, 95). Está subjacente à analogia, inspirada em Kant, entre o território estrangeiro interno – isto é, reprimido – e o território estrangeiro externo – isto é, a realidade –, em que ambos devem ser distinguidos da modalidade na qual emergem. E o que devemos pensar sobre a hesitação de Freud em relação ao assassinato primitivo como realidade primária, se considerarmos que, enquanto o clássico texto "O retorno do totemismo na infância" qualifica o assassinato do pai como "a grande tragédia primeva", o manuscrito em sua versão final ainda evoca "a grande tragédia mitológica" (Freud, 1912-1913, p. 156; Grubrich-Simitis, 1996, p. 173)?

Para Freud, a questão do fato primário, do material original, é, ao mesmo tempo, o vértice do seu trabalho e um problema para o qual ele sabe, desde o início, que nunca irá encontrar uma solução, nem mesmo na história da formação do psiquismo humano e seus desenvolvimentos cronológicos. O "protopsíquico" – se é que se pode falar em tais termos – deve permanecer como uma questão de especulação. Especulação e construção teórica são a mesma coisa. Consistem, de qualquer forma, em uma série de suposições confirmadas pela convergência única dos efeitos gerados pelo aparelho: o inconsciente é uma mera hipótese, simples e fortemente validada pela concorrência entre os derivativos que podem ser observados na superfície do funcionamento psíquico.

Isso é exatamente o que Freud implica quando cunha o termo "Metapsicologia" em 1896.[2] Ele está no processo de descoberta que a "sua" psicologia é tanto um método de tratamento como um método de investigação da vida psíquica como um todo, e ao mesmo tempo averigua uma das suas principais apostas: a capacidade de articular a descrição do aparelho psíquico em uma metalinguagem, uma representação "andaime" que efetivamente dê conta da sua estrutura e de suas produções. Freud reafirma isso bem no final de sua obra, em uma nota em "Análise terminável e interminável", insistindo no fato de que a descrição metapsicológica é efetuada "por referência às relações dinâmicas entre os agentes do aparelho mental que foram reconhecidos – ou (se isso for preferível) inferidos ou conjecturados – por nós" (Freud, 1937c, p. 226, n. 2).

É um método, portanto, que necessariamente nos leva "além dos limites da experiência direta", sendo a abordagem legitimada pelo "ganho de significado" (Freud, 1915e, p. 167; 1921c, p. 122). É um método que provavelmente iluminará "a escuridão dos tempos pré-históricos", devido ao fato de que, por meio de inferência, pode criar coerência e compreensão. Quando, numa carta a Lou Andreas-Salomé, Freud escreve: "A unidade do mundo me parece tão autoevidente que não precisa de ênfase. O que me interessa é a separação e fragmentação em seus componentes daquilo que, de outro modo, reverteria a uma massa rudimentar",[3] sua intenção é salientar que a separação e o sequenciamento do amorfo e do ininteligível corresponde à própria obra teórica. As primeiras páginas das *Novas conferências introdutórias* deixam isso claro: na contabilização das duas tarefas que lhe cabem em relação ao enigma do sonho, Freud distingue entre o trabalho prático de interpretação e a tarefa teórica de explicar o processo "hipotético" em ação, com a conclusão de que "ambas, a técnica da interpretação dos sonhos e a teoria da elaboração onírica, têm que ser recriadas" (Freud, 1932a, p. 10).

E, com efeito, o mapeamento do campo de investigação é sempre dirigido pela postulação do sentido – o da intenção inconsciente do ato psíquico – que constitui tanto seu objeto como sua interpretação, independentemente da especificidade dos fenômenos psíquicos em jogo. É preciso, portanto, admitir que a psicanálise não possui os meios para ir além da probabilidade (Freud, 1916-1917, p. 51). Na medida em que o objeto de referência é determinado pela interpretação apenas, somos forçados a conceber o fato psíquico a partir do ponto de partida de seu efeito, e representar, num só fôlego, o aparato que os produz. Esta é a única fundamentação possível para o que Freud chama de "elaboração psíquica". Entre a superfície e a profundidade, entre o que a consciência pode captar, tantas anomalias, deficiências e esquisitices que surgem em seu campo, e sua origem assumida, aquilo que falta deve ser

178 "SE APENAS SOUBÉSSEMOS O QUE EXISTE!"

composto pela inferência. A abordagem é semelhante quando, desviando a nossa atenção "do reprimido às forças repressoras", examinamos o ego: a estratificação da personalidade psíquica decorre de "opiniões – ou seja, especulações" (Freud, 1932a, p. 58). Com a restrição de que, em relação ao relato teórico de agências do ego, as ações atribuídas a cada uma delas presidem seu mapeamento e provocam a elaboração de seu conceito. Isto, de fato, constitui a base – indissoluvelmente prática e teórica – subjacente à própria estrutura da escuta analítica.

Mas, seja qual for a abordagem, "todo o nosso conhecimento está invariavelmente ligado à consciência" (Freud, 1923b, p. 19), e, nesse sentido, a teorização do id, bem como a da parte inconsciente do ego, apenas pode ser imaginada como estando suspensa sobre a superfície. A superfície cria a profundidade a cada vez, pagando o preço pela mudança do sensível para o inteligível. Quanto à origem, permanece ausente.

Figurabilidade ou apresentabilidade?

A noção de "figurabilidade" materializa-se no meio dessa engrenagem teórica. Citemos, em primeiro lugar, que o termo francês *"figurabilité"* é um neologismo inventado há pouco tempo, em 1967, pelos autores do Vocabulário de Psicanálise (Laplanche & Pontalis, 1967). O termo inglês *"figurability"* – também um neologismo – aparece no início da década de 1990 e é usado por autores de língua inglesa ou em traduções para o inglês publicadas em revistas internacionais. Tenho usado a palavra entre aspas porque essa tradução da palavra alemã *Darstellbarkeit* é problemática de várias maneiras. De fato, *Darstellbarkeit* não inclui qualquer noção de figura ou figuração de qualquer natureza, nem se refere a qualquer noção de imagem. O termo deriva do radical *darstell**
[*"to present"*, "apresentar"], combinado com o sufixo *bar*, que de-

nota alguma potencialidade atingível, e o final *keit, que substantiva o conceito. Sua função consiste em articular uma ação, a ação de "apresentar", com as condições de possibilidade para esta ação. *Darstellbarkeit*, assim, se refere necessariamente à ideia alemã de *Darstellung*, "apresentação", ao contrário de *Vorstellung*, "representação". Em traduções para o inglês, ambos, Brill e Strachey, traduzem essa noção como "representabilidade", uma escolha em ambos os casos combinada com a tradução de *Darstellung* como representação e de *Vorstellung* como ideia.[4] A vantagem desse uso, que não caracteriza de forma alguma a noção de figura, é preservar a oposição que orienta a distinção entre os usos discriminados, em Freud, dos termos *Darstellung* e *Vorstellung*. *Darstellung* está relacionada com a aparência sob a qual algo se apresenta à consciência perceptiva. *Vorstellung*, ao contrário, refere-se ao processo de abertura graças ao qual a mente postula seu próprio objeto de pensamento.

Ao distinguir entre "apresentação" e "representação", diferenciando explicitamente entre "o processo de uma coisa tornar-se consciente", *Bewusstwerden*, e a função do "processo de formação de uma apresentação ou uma ideia", "*Gesetzt-oder Vorgestelltwerden*" (Freud, 1900a, p. 144), Freud opõe duas modalidades de atividade da consciência no processo analítico: a primeira refere-se ao caminho seguido pela formação inconsciente ao se fazer conhecida à consciência de forma disfarçada, com base em "um dos desvios pelo qual se pode escapar à repressão" (Freud, 1905e, p. 15); a segunda refere-se ao processo de representação no sentido estrito, quando a consciência apreende o objeto de sua "re-flexão". A primeira relaciona-se com os efeitos da pressão exercida pelo reprimido no sentido do advento de seu retorno à esfera consciente; a segunda relaciona-se necessariamente ao conteúdo ideacional e referencial de qualquer representação. Na verdade, a especificidade do processo de disfarce e distorção imposto pela agência crítica consiste precisamente, em última instância, em produzir um dispositivo pelo qual a consciência entra em contato com a "apresentação" daquilo que ela não consegue "representar". O resultado é que a primeira condição de possibilidade para tal operação é o desmantelamento de todos os sistemas de referência regidos pelo pensamento racional.

Também é notável que Freud, ao descobrir o funcionamento do aparelho psíquico através da elucidação da elaboração onírica, tenha simultaneamente revertido a perspectiva. Longe de atribuir uma função estritamente inibidora à interferência da censura, Freud mostra como esta última prepara o caminho para os pensamentos latentes, por meio da modelagem do conteúdo manifesto do sonho – por mais aparentemente sem sentido que possa ser. Como resultado de sua função defensiva *per se*, a censura é o agente que fabrica o objeto distorcido, ao mesmo tempo em que é fundamental para a transição de uma agência para a outra. Com certeza, a consciência não está acordada durante o sono. Mas o seu "olho" continua a vigiar, e a principal função do sonho – a apresentação de um desejo reprimido como realizado – não pode ser entendida sem que se considere a "atenção para o que está causando a excitação" (Freud, 1900a, p. 575),[5] que permanece sempre em atividade durante o sono. A consciência permanece sensível às qualidades visuais e auditivas fornecidas pela configuração do sonho, bem como às indicações de desprazer e prazer que ele transmite quando em contato com a apresentação daquilo que ele rejeita. Em termos estruturais, isso implica o espaço entre apresentação e representação.

Tal espaço é aplicável a todas as formações determinadas pelo impulso ascendente do reprimido, pois este último condiciona as modalidades subjacentes à expressão do desejo infantil. A forma importa muito pouco, pois "o inconsciente fala mais de um dialeto". E a linguagem importa pouco também:

O que um histérico expressa [darstellt] através de vômitos, um obsessivo expressará por meio de penosas medidas de proteção contra infecções, enquanto um parafrênico será levado a queixas ou suspeitas de estar sendo envenenado. Todas essas são apresentações [Ausdruck] diferentes do desejo de engravidar do paciente, que foi reprimido para o inconsciente, ou de sua reação defensiva contra esse desejo (Freud, 1913j, p. 178).[6]

A apresentação não é, portanto, de qualquer modo peculiar aos sonhos – as parapraxias: *darstellt*, o sintoma: *darstellt*, o ato falho: *darstellt*. Em relação ao ataque histérico, Freud ressalta que a apresentação da pantomima da fantasia está sujeita, sob a influência da censura, a distorções que são absolutamente análogas à apresentação alucinatória dos sonhos, e que, muitas vezes, graças à condensação, o ataque "apresenta [*bringt zur Darstellung*] várias fantasias simultaneamente no mesmo material" (Freud, 1909a, p. 229).[7] Há um compromisso na apresentação que não existe no caso do ato obsessivo que, frequentemente, ocorre em duas etapas, sucessivamente "apresentando" um impulso conflitante e depois o outro. Mas, em todos os casos, os pacientes estão completamente alheios ao "conteúdo ideacional" [*Vorstellungsinhalt*] (Freud, 1909d, p. 176) em jogo nestas ações.

No entanto, sem dúvida, a noção de ato psíquico acaba se provando fundamental para um entendimento completo de uma das funções da "apresentação". Na verdade, quando, no final de seu texto sobre "A dinâmica da transferência" (1912b), Freud salienta o serviço inestimável que este fenômeno provê, ele conclui que "é impossível destruir alguém *in absentia* ou *in effigie*". Portanto, a transferência não só torna manifestos os objetivos dos impulsos inconscientes: o *Agierenwollen* das pulsões, a sua "busca por ação",

182 "SE APENAS SOUBÉSSEMOS O QUE EXISTE!"

esforça-se por tornar "imediata e manifesta" a ação relacionada à pulsão, ao passo que, em sua forma "pictórica", esta última não poderia ser destruída. Apenas sua revivescência, embora distorcida, provoca a luta. Na luta entre "a compreensão e a busca por ação", não é, portanto, uma figura que está em jogo, mas, sim, a "capacidade de alucinação" do inconsciente (Freud, 1912b, p. 108), cuja função não se limita a convocar imagens visuais na alucinação onírica. A função alucinatória dos sonhos é, de fato, enfatizada por Freud na análise do sonho da criança em chamas – um sonho que atinge o seu objetivo sem qualquer disfarce, através da figuração manifesta da criança ainda viva. Graças à alucinação onírica, o prolongamento da vida da criança conquista a crença do sonhador – isto é, o pai que vela na câmara mortuária. Mas, mesmo quando remodelada pelo disfarce, o movimento de apresentação sempre tira proveito dos efeitos que são específicos à sua presença imediata e sua evidência sensorial; uma presença e uma evidência emancipadas da incerteza da busca, bem como da sombra da ausência e das confusões da culpa. A apresentação sensorial, independentemente de envolver imagens visuais ou auditivas,[8] simplesmente tem o poder de tornar real ao tornar presente.

O mesmo se aplica ao sintoma, que refuta desejos tanto quanto os sonhos: daí a paciente que decreta que navalhas e facas devem ser proibidas na sua casa, porque o marido as têm afiado em uma loja localizada ao lado de uma agência funerária. Em sua explicação, geralmente surge apenas a sua fobia da morte. Mas, escreve Freud, podemos ter certeza que, se não houvesse qualquer loja na vizinhança, a proibição de navalhas teria sido ordenada de qualquer maneira. Outro motivo simplesmente teria sido invocado. "A rede de determinantes possíveis para a proibição", continua Freud, "espalhara-se de modo suficientemente amplo para apanhar a caça de qualquer jeito" (Freud, 1912-1913, p. 96). Ou seja, outra forma fortuita teria desencadeado a expressão e eficácia do desejo que deveria permanecer oculto – a verdadeira coerência da proibição decretada por aquela senhora, que consiste na realização alucinatória do desejo oculto na proibição – isto é, o desejo de morte relacionado ao marido.

Manter a apresentação enredada no campo figurativo acarreta o risco de ser perdida essa dimensão alucinatória e seu poder efetivo, sendo que ambos presidem a atividade das pulsões como um todo. Pode-se questionar por que Freud não compreende essa função da realização do sintoma como resultado direto de seu estudo sobre a histeria, por que ele para, e precisa então optar por fazer um desvio através do estudo dos sonhos. De fato, Freud vem a estender, a todos os derivativos psíquicos, esse aspecto da realização através da apresentação somente quando, com Dora, ele consegue combinar o ato psíquico do sintoma e sua intenção inconsciente com a intenção inconsciente dos sonhos. Isso é algo que ele afirma mais claramente no "Fragmento da análise de um caso de histeria": "Segundo uma regra que eu pudera confirmar repetidamente pela experiência, mas que ainda não me atrevera a consolidar num princípio geral, o sintoma significa a apresentação [*Darstellung*] – a realização – de uma fantasia de conteúdo sexual, isto é, uma situação sexual" (Freud, 1905e, pp. 46-47).[9] Nesse ponto, ele, portanto, une fortemente *Darstellung a Realisierung*, combinando, de uma só vez, sonhos e sintomas em uma base comum.

Freud, sem dúvida, se viu limitado pela direção impelida por sua primeira descoberta, que ligava sintomas à memória e memória a um trauma exógeno. E ele poderia não estar em posse, então, dos meios teóricos pelos quais pudesse se livrar do peso da gênese "histórica" do sintoma, o que foi produzido tanto pela rejeição da sua neurótica como pelo "livro dos sonhos". Além disso, o sintoma não revela desde o início qualquer aspecto de sua função alucinatória, porque a dimensão figurativa, pictórica da alucinação não está presente. O obstáculo apresentado pelo sintoma histérico consiste, portanto, no fato de uma realização alucinatória de desejo, sem o elemento alucinatório. Se Freud se volta à figuração, ele é então confrontado com a "grande cena" descrita por Charcot, um "*tableau vivant*" que o devolve à teatralidade da representação – que proíbe precisamente o acesso à outra cena – a cena que, de fato, não é uma cena e à qual ele se refere como "situação sexual". Subjacente ao sintoma há um cenário mais do que uma cena, na verdade, um cenário reprimido que exige que a linguagem seja levada em conta para desvendar seus elementos constitutivos.

Dissociar a visão do fascínio exercido pelo espetáculo; desmantelar o visível, fragmentando-o com palavras; avaliar o papel essencial representado pela regressão formal e conectá-la com a matéria-prima do que mais tarde será referido como "uma linguagem primitiva, sem gramática" (Freud, 1932a, p. 20): tais são as condições necessárias para se chegar à noção de *Darstellbarkeit*. Tais condições são necessárias na medida em que o primitivismo, que é aqui formal e não temporal, muda o que antes era imputado à história, com base em algum material linguístico que quebrou os seus laços com os sistemas de oposições que regulam a significação e o elo referencial com as coisas do mundo.

Acrescentemos que o modo como a figura foi tratada pelo Cristianismo, de Tertuliano a São Paulo, e incluindo Santo Agostinho, teve um impacto definitivo sobre a palavra. Entre alegoria e presença, a figura significou a ocorrência do invisível dentro do visível, do divino dentro do terrestre. Como a anunciação profética de um mistério que permanece oculto nas entrelinhas do Velho Testamento, ela é tida como o presságio de um futuro a ser revelado pela Nova Promessa do Evangelho. É assim que se torna dotada de um "significado profundo" relacionado ao futuro, o futuro consistindo na realização atemporal e eterna que foi prefigurada pelas figuras inscritas no texto temporal da Lei Judaica antes de sua consumação. Refiro-me aqui ao desenvolvimento esclarecedor de Erich Auerbach sobre a figura como "profecia real", bem como à análise aprofundada de Jean-Michel Rey sobre "profecias figurativas" (Auerbach, 2003 [1938], pp. 33-56; Rey, 2010, pp. 41, 50-51, 101-113).

Em suma, como deve estar claro agora, prefiro a tradução de *Darstellbarkeit* como apresentabilidade, uma preferência que é também a da equipe de Jean Laplanche em sua nova tradução de *A Interpretação dos Sonhos*.[10] Não se trata de purismo linguístico: me esforçarei para justificar a minha escolha.

Deslocamento da referência

Vamos começar com um dos primeiros exemplos de Freud colocando em operação *Darstellung* e *Vorstellung* como opostos: é a interpretação do sonho da injeção de Irma, no qual ele faz um relato detalhado de como a esfera referencial de todas as representações se desmantela, como resultado das combinações entre as apresentações (Freud, 1900a, pp. 292-296). Na descrição de Freud, vê-se então como a verdadeira Irma – uma representação dela mesma, indica Freud – pode ser distinguida da "Irma" entre aspas que ele "segue" no sonho. Como se vem a saber, "Irma" torna-se combinada com a apresentação da filha de Freud (uma apresentação originária de uma representação dela como criança, de uma época em que ela sofria de difteria), com a apresentação de um paciente que morrera por envenenamento, e, finalmente, por alusões a contatos, com a apresentação da esposa de Freud. Nenhum desses indivíduos, Freud especifica, aparece no sonho "em forma corpórea": eles estão ocultos dentro e atrás do indivíduo "Irma", uma figura coletiva que representa a todos, sem representar qualquer um deles. Este é um exemplo paradigmático do processo de

186 "SE APENAS SOUBÉSSEMOS O QUE EXISTE!"

condensação nos sonhos operando com base em "figuras compostas", em cujo desdobramento Freud avança com a figura de "Otto" (também entre aspas) no sonho.

Pois Otto, que se refere à pessoa real – o amigo – que expressou a crítica e ofereceu o licor malcheiroso, apresenta, no sonho, um "grupo" de representações em que propilos estava associado com amilos, o *Propileu* de Munique era convocado por propil, e a lembrança de um amigo muito doente é invocada por Munique. Freud continua, uma vez que, após análise, esse grupo "Otto" é aparentemente contrário ao outro "grupo de ideias", "o grupo Wilhelm", e o nome próprio do amigo de Berlim é colocado entre aspas, mais uma vez, na medida em que a apresentação excede, neste caso, os limites da representação. De fato, aqui, Fliess remete ao cirurgião que operou Emma Eckstein, conhecido por sua lamentável negligência e continuamente absolvido por Freud, que era seu amigo e o defendia das depreciações dos médicos vienenses: em suma, Fliess é o ente apaixonadamente querido que se tornou objeto de uma crítica inconsciente feita com grande hostilidade. O "grupo 'Wilhelm'" é tudo o que está descrito anteriormente – "toda a gama de lembranças abarcada por esse nome". Mas, depois de seu encontro com "o grupo 'Otto'", ele se torna o fabricante da trimetilamina impressa em negrito – a apresentação visível, no sonho, de um ponto de contato em que convergem a apresentação da química sexual e a transferência da solução sexual de Freud.

A extensão em que o trabalho do sonho desvia a linguagem de sua função é assinalada pelo fato de que Freud esforça-se para formar uma "representação plástica" do que, na verdade, pertence às artes plásticas de apresentação – das quais uma das metáforas são os "retratos de família", de Galton. E o fato de que, a partir dessa perspectiva, os sonhos sempre resistam à sua narrativa – uma narrativa que, necessariamente, recoloca em frases e palavras o que, de outra forma, escapa a todas as formas de estrutura sintática – aponta para o mesmo. A linguagem não mais designa, já não refere. O trabalho onírico apenas procura, na linguagem, o que venha a servir melhor ao seu propósito; isto é, a inclinação provocando a transformação mais eficiente das palavras. "Em geral, é verdade que as palavras são frequentemente tratadas nos sonhos como se fossem coisas, e por essa razão tendem a se combinar exatamente do mesmo modo que as apresentações de coisas" (Freud, 1900a, pp. 295-296). Mas sejamos claros: a "coisa" em questão no *Dingvorstellung* perdeu, igualmente, seus laços referenciais, que só podem ser recuperados através do uso da associação livre e das ideias incidentais por ela trazidas.

Torna-se, então, evidente que as imagens são defletidas de sua função figurativa da mesma forma que as palavras são desviadas da sua função de nomear. O fato de que o trabalho onírico transforma pensamentos em imagens não implica que essas sejam as imagens dos pensamentos. Nesse caso, a figura deixa de ser substituta do objeto, e Freud especifica que o "rebus" [11] dos sonhos, este *Bilderrätsel* que surge a partir da suspensão das atividades voluntárias, resulta do desmantelamento do "trabalho ideacional" (Freud, 1900a, pp. 49, 177). Consequentemente, enquanto os pensamentos oníricos e o conteúdo onírico "nos são apresentados como duas versões do mesmo assunto, em duas línguas diferentes", e "o conteúdo do sonho parece uma transcrição dos pensamentos oníricos em outro modo de expressão", a especificidade desse novo modo de expressão encontra-se no fato de que ele proíbe o acesso normal à decifração de seus caracteres. Pois, nesse caso, é tão impossível "ler esses caracteres de acordo com o seu valor pictórico" como é lê-los "de acordo com sua relação simbólica". Além disso, não está claro se estamos lidando com palavras ou imagens quando o trabalho onírico ofusca todas as pistas e é provável que use palavras como *plastische Wortdarstellung*, uma "apresentação plástica das palavras". [12]

188   "SE APENAS SOUBÉSSEMOS O QUE EXISTE!"

Sem dúvida, para Freud, as imagens são especialmente "capazes de ser apresentadas [*darstellungsfähig*]". Sua visualidade é ainda fundamental na teorização da regressão. Mas, de que tipo de imagens estamos falando, se considerarmos que a sua função figurativa se origina no reservatório linguístico originalmente colocado em palavras, um reservatório que secretamente enraíza a linguagem e sua forma abstrata atual numa linguagem que já foi concreta? De sua leitura de Carl Abel (1885), Freud retém o fato de que qualquer palavra carrega os traços da primeira atividade metafórica que instigou a fala humana, uma ideia que ele desenvolve em "A Significação Antitética das Palavras Primitivas" (Freud, 1910e). Esse é o lugar onde ele encontra um dos suportes teóricos para sua hipótese sobre a natureza material da regressão formal. Na verdade, é a própria materialidade enterrada no substrato linguístico que subjaz à capacidade da linguagem de se romper, de deslindar ligações e oposições, de se transformar em uma linguagem de imagens. Desde o início estão presentes duplos sentidos e polivalência, assim como estão esboçadas as primeiras propriedades das palavras primitivas, no estado de fósseis em atividade, como resultado do seu surgimento a partir de afinidades simultaneamente formais, gestuais e sexuais.

Digo Carl Abel, mas deve-se acrescentar Hans Sperber, porque esses dois autores partilham o pressuposto de uma profundidade na linguagem que está relacionada com a profundidade do tempo (Freud, 1900a, p. 352, n. 1, e p. 407). Tempo refere-se ao tempo necessário para que as palavras alcancem a sua capacidade para uma designação adequada, seguindo o caminho historicamente necessário. Antes disso, a expressão gestual (gráfica ou corporal) foi essencial para o processo de discriminação dentro de uma polissemia configurada como um continuum, até que o tempo pudesse trabalhar a favor da repressão: para Abel, é a repressão da figura, do gesto, da expressão que constitui o traço determinante que provoca uma escolha entre significados antitéticos; para Sperber, é a repressão da primeira palavra sexual, que se torna a raiz "esquecida" de duas palavras – a palavra sexual e a não sexual. Essa operação que expulsa aquela imagem, entonação, gesto, chamado, elemento de grito, colocou, no substrato da linguagem, uma forma que é ao mesmo tempo a expressão das pulsões e alguma articulação verbal, e é isso o que deve ser retido dela. A palavra é sexual porque se origina daquela ligação original entre enunciação ressonante e desejo, de modo que a linguagem pode ser receptiva a reminiscências, o lugar do ressurgimento dos caminhos mais curtos, mais escandalosos e mais emocionantes, sob a pressão daquelas palavras primárias, ao mesmo tempo perdidas e imortais.

Isso, na verdade, constitui o próprio tecido dos chistes na vida diurna. Mas, na vida onírica, é também o tronco subjacente à sagacidade infinita dos sonhos. Daí a afirmação de Freud, nesse contexto, que todos os sonhadores são "insuportavelmente argutos" [witzig] – por necessidade, na medida em que a via direta está barrada para eles e dessa forma "todo o domínio da astúcia verbal [Witz] é colocada à disposição da elaboração onírica".[13] "O reino dos chistes não conhece fronteiras" uma vez que, graças às "correntes de pensamento" que ele provoca, a palavra pode retornar para a coisa: como Popovic, o comerciante vendendo mercadorias retorna ao seu "popo" [traseiro], em uma fantasia de exposição, e o velho Brücke volta ao status de "ponte verbal". O Witz do sonho busca incansavelmente, na linguagem, o que irá melhor servir à sua ação transformadora, e esta última é provável que envolva a "imagem auditiva", como quando a ressonância fonética se torna a base para a criação de "Norekdal"[14] (Freud, 1900a, p. 296). O ponto principal é que a apresentação se presta a ser aprendida perceptivamente na medida em que consegue desviar o controle da atenção. Os sonhos fazem uso de qualquer coisa que seja propícia para alusões, contatos, substituições, sem qualquer possibilidade

190 "SE APENAS SOUBÉSSEMOS O QUE EXISTE!"

de identificação do caminho entre o substituto e o que está sendo substituído. Qualquer coisa inofensiva e passível de ser associada com o que não é inofensivo, torna-se seu objeto. Os sonhos, apesar de encenarem, dramatizarem, têm pouca preocupação com seus atores. Nesse *Zwischenarbeit*, nesse "trabalho intermediário" (Freud, 1900a, p. 340),[15] tanto o aspecto mais inquietante do desejo e do material infantil, como o elemento mais conflitante das pulsões que estão a ele ligadas, devem encontrar a forma mais discreta de expressão.

Consequentemente, o que comanda a seleção dos elementos mantidos na formação de sonhos consiste na plasticidade dos elementos formais, na sua capacidade de criar elementos medianos, de se misturar, e sua possível compatibilidade com a necessidade de elaborar múltiplas impressões como um todo. Em relação ao sonho da monografia botânica, Freud mostra como duas impressões recentes – uma com pouca intensidade afetiva (um livro em uma vitrine) e outra com raízes em toda uma série de lembranças e desejos, atuais e antigos (a conversa com Königstein) – prestam-se para a transmissão do material mais intenso na forma mais indiferente. O aspecto no qual ele insiste, no processo, é na criação de elos intermediários que os unem por meio das mais amplas associações (Freud, 1900a, pp. 175-176). Mas, acrescenta ele, se tivesse sido impossível forjar elos intermediários suficientes entre as duas impressões, outras teriam sido selecionadas e o sonho teria sido diferente. Portanto, nem mesmo o valor da própria impressão é determinante. O que comanda a seleção é a capacidade de fragmentação, de ruptura com qualquer referência real, para a decomposição e recomposição. Quanto ao *Zweck des Entgegenkommens* (Freud, 1900a, pp. 384-389),[16] a "intenção" subjacente à "reunião" de elementos, a fim de multiplicar os "pontos nodais" do sonho e transformá-los em *loci* de compressão, condensação e concentração, se esforça principalmente por um "ajuste". Como resultado, os pontos onde se conjugam o maior número de ramificações vêm a aparecer como os centros perceptíveis do sonho, apenas porque eles concentram o grau mais alto de sobre determinação.

Freud indica um processo semelhante relativo à criação de fantasias em sua forma disfarçada, quando, por exemplo, o pequeno Hans "apresenta" a posse de seu objeto de amor "sentando-se em cima dela", e a mãe é uma girafa, a girafa de Schönbrunn, que o pai desenhou e que tem um pescoço longo (Freud, 1909a, pp. 39-45; 1916-1917, p. 176). Igualmente, quando Freud detalha a coleção de estratos subjacentes à afonia de longa duração de Dora, ele salienta expressamente o ajuste entre o investimento da zona erógena primária e a fantasia de felação, "capaz de apresentar" a libido despertada, que se torna fixada no catarro, em uma configuração em que a adequação é verbal – desta vez, uma questão de palavras trocadas. A apresentação está, portanto, a serviço da realização disfarçada do desejo, e seu método consiste em inclinar-se para qualquer coisa disponível em termos de apresentabilidade visando contornar a censura.

Sobre uma ampliação incerta

Considera-se que a capacidade para a apresentação é um dos vértices da distorção, conforme Freud desenvolve ao longo de sua primeira topografia. Mas, pode-se questionar se a decisão de traduzir *Darstellbarkeit* como apresentabilidade poderia limitar o campo atualmente alocado para a figurabilidade. O argumento mais comumente utilizado para apoiar essa possibilidade é o seguinte: confinar a figurabilidade dentro do perímetro dos "meios" conferidos pela apresentação pode fazer com que ela deixe de responder por todos os procedimentos através dos quais, no caso de

192 "SE APENAS SOUBÉSSEMOS O QUE EXISTE!"

patologias limítrofes ou psicóticas, o analista é levado a dotar com forma "o irrepresentável", de acordo com modalidades localizadas muito além das operações do funcionamento psíquico, conforme teorizado por Freud até 1920. Nesse contexto, o fato de que o termo "apresentabilidade" não tenha aparecido nos textos de Freud posteriores a *Além do Princípio do Prazer* (1920g) sugere que os analistas contemporâneos deveriam estender a noção para todas as modalidades de expressão que a contratransferência do analista possa envolver. Assim que os analistas promovem um desenvolvimento de sua prática para além dos recursos – e, consequentemente, dos limites – das patologias neuróticas, tão logo eles se aventuram em territórios ainda inexplorados de sua prática, eles têm que enfrentar a necessidade de refletir, em termos radicalmente renovados, sobre as condições da emergência para a consciência daquilo que constitui material psíquico.

Como resultado, a descrição dessas novas situações clínicas tem polarizado a atenção de muitos analistas que, na esteira de Bion, insistem sobre os intercâmbios mútuos entre continente e contido nas interações dinâmicas entre o processo de pensamento e o aparelho para pensar. No cerne dessa reflexão, aparece claramente que a exploração de conflitos intrapsíquicos com o objetivo de resolver litígios entre agências inconscientes perdeu um pouco de sua precedência. Ela foi suplantada pela necessidade de expandir, se não de criar, os espaços psíquicos faltantes no sujeito, a fim de conferir forma, efetivamente, à incapacidade persistente dos protopensamentos de pensar e de transformar com sucesso os "elementos beta" que geram o ataque aos vínculos (elementos que Bion liga à noção de trauma), visando acessar a possível *rêverie* da experiência emocional – isto é, o caminho do impensável e do indizível em direção ao significado e à simbolização em seus estados iniciais (Ogden, 2006).

Na mesma linha, a controvérsia é justamente que o colapso psíquico seria decorrente da erradicação de todos os conflitos internos, na medida em que as situações em questão referem-se essencialmente a um total desinvestimento inscrito no resultado devastador de algum "trauma psíquico catastrófico". Em sua forma mais radical, tal é a posição desenvolvida por Carole Beebe Tarantelli (2003) em um texto intitulado "A vida dentro da morte". Como apontado claramente por Laurence Apfelbaum (2007), o paradoxo inerente a tal posição reside no fato de que o que está sendo definido como uma "não experiência" impermeável a qualquer forma de metaforização, na verdade, torna-se a metáfora para conceitos psicanalíticos designados a circunscrever algum indizível ao que cada palavra e cada imagem devem ser concedidas. A posição de Carole Beebe é sem dúvida extrema, deixando de fora a especificidade do que Freud subsume sob a noção de trauma ao retornar a ela a partir de 1920 – especificidades que Laurence Apfelbaum revisita com a máxima precisão. Mas essa posição não é incomum, e pode assumir várias formas. O que surge a partir dela, em geral, é a alegação de que o modelo topográfico de Freud seria uma ferramenta obsoleta, quando se trata de mapear novos caminhos para teorizar a prática referente a esses casos *borderline*, de modo a ter acesso às relações de objeto primárias, como requer a grande fragilidade narcísica de tais pacientes e sua incapacidade de tecer vínculos com os objetos. O modelo estrutural pode, de fato, ser exposto como igualmente deficiente, revelando assim a sua incapacidade para tratar "a clínica contemporânea" – a tal ponto que um terceiro modelo deva ser pensado.[17]

Segundo o argumento de Laurence Apfelbaum, é inegável que "como um conceito analítico, o trauma permanece sendo, quer queiramos ou não, um 'conceito limítrofe' por excelência, como uma medida do que a psique pode tolerar em termos de desorganização"

194   "SE APENAS SOUBÉSSEMOS O QUE EXISTE!"

(p. 26). Assim, a principal dificuldade reside nos efeitos que esses dados psíquicos ocasionam e nas consequências que delineamos a partir disso. Entre os primeiros, um dos mais conhecidos é o efeito de paradoxalidade imposta à escuta do analista, no contexto dessas situações desafiadoras. Essa paradoxalidade é tamanha que, por um lado, testemunhamos o fortalecimento do ego do analista e, por outro lado – mas ambos os fatos estão intimamente relacionados –, o único esteio do analista consiste nos efeitos que tomam forma dentro dele, e por ele são imaginados, nas experiências emocionais e comportamentais vivenciadas que são colocadas em jogo pela transferência do paciente, o qual, ao mesmo tempo, não tem os meios para reconhecer ou nomear a experiência transferencial. Essa característica da prática tem sido fortemente ressaltada tanto por Pierre Fédida (2002) como por Jean-Luc Donnet (1999): a experiência clínica com os estados *borderlines*, a necessidade imposta aos analistas de trabalhar a partir de sua própria experiência subjetiva vivida, "o efeito desintegrante desses tipos de transferência sobre a pessoa do analista" (Fédida, 2002, p. 86), o fato de que "apoiar as interpretações sobre a suspensão geral da atuação" é "mais problemático" e, também, "a incerteza que vem a pairar sobre a funcionalidade presumida do enquadre" (Donnet, 1999, p. 125 e 138), tudo isto teve um impacto direto sobre a experiência clínica da contratransferência e sua extensão. Isso rendeu um refinamento e uma elaboração renovada sobre as condições nas quais os analistas conseguem criar e comunicar uma "forma" sustentada pelos efeitos subjetivos que o vínculo transferencial implica. No entanto, quando Pierre Fédida analisa as demandas que tais casos impõem aos analistas – uma demanda que varia desde uma empatia atenciosa até a necessidade de vincular o fragmentado –, ele insiste no fato de que, diante do encantamento, o único recurso disponível para o analista, de forma a sustentar a complexidade em jogo, consiste em um "retorno ao seu sonho". E, aqui, o termo "retorno" é provavelmente tão importante quanto o termo "sonho": pois todos os sistemas de delegação, distorção e apresentação criam, no espaço da sessão – recolocado, assim, como dotado da mesma criatividade dos sonhos –, o território ao qual retornam os materiais psíquicos. Tal manejo com o material infringe o poder dos afetos de colonizar todo o campo sensível, solta as cadeias em que estes mantêm cativa a percepção e restabelece a sua função como ferramenta de sondagem entre o observável e o impalpável; reinstitui as condições econômicas de um traço que é distinto do que ele produz.

Pode ser visto claramente, aqui, o risco que a prática analítica corre, em nome da extensão de indicações para análise. Este reside principalmente, na destituição do esteio – de fato, da armadura teórica – da escuta analítica. Leituras reducionistas de Winnicott podem contribuir para suprir rapidamente a lacuna entre o "amorfo" e a "criação de forma", desde que as noções de experiência e criatividade pareçam capazes de articular, simultaneamente, a experiência de desamparo vivida com a possível subjetivação da experiência sem nome, tudo graças a um marcador singular do funcionamento psíquico, ou seja, o afeto. Nesse sentido, "O medo do colapso" (Winnicott, 1974) é comumente referido. E, de fato, em seu relato sobre a experiência de afetos que foram nunca sentidos, ainda que algo tenha acontecido, Winnicott postula a possibilidade de uma experiência concebida como a materialização, por meio de transferência, dos próprios afetos. Winnicott refere-se ao surgimento desse afeto não vivenciado como "colapso", porque, como ele mesmo diz, a palavra é suficientemente "vaga" para transmitir o caráter impensável das coisas. Segue-se que a linguagem da experiência pode então investir todo o campo teórico, enquanto permanece oculta a construção das condições subjacentes à possibilidade de tal advento psíquico. Neste caso em particular, se a transferência reatualiza um afeto que não foi experimentado

196 "SE APENAS SOUBÉSSEMOS O QUE EXISTE"

sob as circunstâncias em que deveria ter sido sentido, pode-se perguntar sobre o processo de reatualização transferencial, suas bases, modalidades e operações em ação. Qual é a natureza da inscrição do afeto? Trata-se do afeto em si, que foi inscrito sem ter sido sentido? Mas então, como é o afeto inscrito, qual forma toma? Como se poderia conceber o processo de incorporação transferencial sem basear-se em uma teoria da inscrição psíquica? A extensão pura e simples de figurabilidade a ponto de incluir a capacidade de *rêverie* – seja na tradição de Winnicott ou na de Bion – nos força a renunciar à lacuna, tida como essencial por Freud, entre a atividade pré-consciente (com todas as suas implicações em termos da ordenação secundária de roteiros e narrativas) e a emergência de derivativos inconscientes que, na verdade, escaparam ao processo de roteirização e estão ativos no território da transferência através da modalidade da atuação, do *Agieren*.

Essa última perspectiva certamente informa a visão de Jacques André (2010) sobre a capacidade da transferência de abordar as formas primárias de trauma precoce, "*après-coup*", e transformar esse "primeiro golpe" original através de um segundo, provocado pela atuação transferencial. O que se torna claro, através da leitura que André faz de Winnicott, é que o temido colapso – algo que não pode ser lembrado, pois ainda não ocorreu, e cujo advento é experimentado pela primeira vez no aqui e agora do tratamento – está em dois lugares simultaneamente: ele coincide com a inscrição primária dos efeitos da falha materna (não deficiência, como ele sublinha), mas também atua como o "pós-golpe" ["*coup d'aprés*"], o segundo golpe, dotado de extrema violência, conforme transmitido pelo termo "colapso". Como o segundo golpe, o colapso gera a possibilidade da esperança de historicização e simbolização que seja totalmente convincente, de uma perspectiva clínica. Mas, e a questão levantada sobre a congruência entre afetos não experienciados no passado e sua possível materialização transferencial? Em outras palavras, qual a raiz comum entre o passado inscrito e o que está sendo experienciado agora? A característica distintiva do que esses casos nos levam a sentir – mais do que ver – é precisamente a violência inerente ao fato de esperar e atuar, com o impacto devastador dos afetos e a destruição interna de todos os mundos representacionais possíveis, como correlatos, de modo que o analista é confrontado antes e acima de tudo com o fracasso do pensamento. Mas a questão permanece: quais são as condições teóricas sob as quais se pode conceber a emergência de algum elemento qualitativo apto a suscitar uma restituição da atividade do pensamento, como pressupõe a perspectiva de subjetivação?

André Green, que, em várias ocasiões, estudou essas situações em que prevalece a falta de discriminação entre o afeto e a representação, usa esses estados de "confisco afetivo" como seu ponto de partida, mostrando como a deficiência de "formações intermediárias" deve estar relacionada com a hipótese de uma massa de energia de impulsos instintivos não elaborados (Green, 1999a, especialmente pp. 255-259 e 264-266 do texto original em francês). Essa hipótese privilegia a descrição "econômica". Ao descrever esses estados dominados por movimentos afetivos que são confusos, incontroláveis e desconectados de qualquer tipo de ligação representacional, ele postula a inadequação do "papel da mãe como 'cobertura psíquica'", o que teria impedido tanto o estabelecimento do autoerotismo como a constituição de uma "reserva particular", permitindo a libertação do sujeito da necessidade premente de experimentar a sua própria subjetividade através do seu impacto sobre o outro. A ligação entre o funcionamento pulsional e a resposta do objeto deve ser reinstituída de modo bem-sucedido, a fim de mudar esse estado de "captura da função de representação por derivativos pulsionais".

198 "SE APENAS SOUBÉSSEMOS O QUE EXISTE!"

Na exploração desse ponto de vista econômico, André Green é levado a basear-se na noção de uma "forma bruta". A "forma bruta", percebida pelo analista, refere-se à "expressão da força pulsional bruta" (Green, 1999a, p. 306 e p. 300), o que atesta a ausência de elaboração, a falta de hierarquização das energias catexizantes na rede de representações inconscientes. A forma, uma expressão direta da força, emergiria assim livremente na consciência, atualizando-se nas descargas violentas do *Agieren* transferencial, na desorganização somática e no desastre de uma aniquilação que permanece impensável devido à sua ausência em qualquer cenário inconsciente. Mas, como o conceito de "forma bruta" deveria ser entendido aqui? E como podem força e expressão serem consideradas em uníssono? Será que a forma bruta se refere à própria tensão? Se sim, qual é a diferença entre tensão e afeto? O fato de que, como afirma André Green, dever-se-ia dizer que o afeto é "movimento em busca de forma", "catexia de expectativa, na forma de uma preparação antecipada para o encontro com um objeto" (Green, 1999a, pp. 287, 293, 311), não implica que se deva considerar que a forma seja uma refração direta da força, muito menos a sua expressão. Como pode o afeto perder a complexidade de seu status como representante da pulsão? Toda vez que Freud se refere a "impulsos" inconscientes em vez de representações inconscientes – o que acontece logo na metade do capítulo VII de *A Interpretação dos Sonhos* (1900a) –, parece que o seu objetivo é justamente captar o sistema que transporta, na direção da qualidade, o que vem inscrito como quantidade desprovida de qualidade.

O que aparece claramente é que, nas situações em que a *Bewusstwerden* – o tornar-se consciente – da agitação interna é especialmente doloroso e trabalhoso, o risco que se corre quando se conta com a noção de algo "infigurável" – e, portanto, de "figura" e "figurabilidade" – reside na possibilidade de se pular um elo da cadeia psíquica. Nesse caso particular, localizar o afeto na maior proximidade da pulsão obscurece o fato de que o afeto não é, de qualquer maneira, um dado primário da psique inconsciente. Além disso, a inserção de sua referência sob o ponto de vista econômico requer alguma necessária cautela (Green, 2006, p. 25). De fato, desde os *Estudos sobre a Histeria* (1895d), em que Freud postula o agrupamento teórico de sentimentos dolorosos, o quantum de afeto e a soma da excitação, o afeto detém uma posição marginal. Um sinal qualitativo, já que o quantum é um marcador quantitativo. Mas assim que, em sua elaboração do modelo do aparelho psíquico que está prestes a capacitá-lo a dar conta da "apresentação distorcida" dos sonhos, Freud vem a postular a "indiferença" qualitativa da energia da pulsão – convertida então em "valor de catexia" – e uma vez que ele introduz a ideia da "transvaloração" de valores psíquicos, é levado a separar claramente o que pertence à energia, o ponto-chave em deslocamentos, condensações e sobredeterminações, e o que pertence ao afeto como sentimento vivenciado. Desse ponto em diante, o realismo do afeto não se relaciona mais com o valor quantitativo (Freud, 1900a, pp. 506-507, e p. 339). Essa operação teórica prefigura o que Freud está em vias de desenvolver, no segundo modelo topográfico, em relação à questão do investimento de energia,[18] ainda que já apareça em 1900, no capítulo VII de *A Interpretação dos Sonhos*. Essa cesura, que marca o início do ponto de vista econômico, visa produzir uma compreensão da experiência transferencial e a descoberta da compulsão à repetição, esta última tendo sido originalmente intuída na forma de "repetição atuada". E a partir deste ponto, não há como voltar atrás. Ao longo da obra de Freud, de fato, a transferência continua a ser o paradigma do funcionamento psíquico, à medida que lida com o reprimido: na proporção de sua resistência à qualquer forma de figuração, a tarefa do analista se desenrola enquanto o analista, preso, sem saber, na teia das ações repetitivas, deve ser bem sucedido em reencenar o cenário do incêndio transferencial que toma conta da sua sala.

200 "SE APENAS SOUBÉSSEMOS O QUE EXISTE!"

No entanto, a qualquer momento, a dificuldade em assumir o deslocamento de referências constantemente impele a re-homogeneizar aquilo que o pensamento psicanalítico tenta discriminar e separar. A tendência segue a mesma: o objetivo é voltar para as margens dos dados perceptivos passíveis de permitir acesso às formações inconscientes por meio de um caminho não desviado. O ápice atual desta tentação consiste em destituir a metapsicologia do seu estatuto de metalinguagem, em nome da obsolescência de seu fundamento neurológico e biológico, enquanto o empirismo da experiência encontra no afeto a substância subjacente das teorias estritamente clínicas. Infelizmente, a queda do edifício metapsicológico gerou o colapso de um grande segmento da inteligibilidade na prática psicanalítica, especialmente a gramática das operações psíquicas, o pivô do processo de entendimento.

Vamos simplesmente considerar o "Fetichismo" (Freud, 1927e). Nesse texto pós-1920, Freud detalha a articulação entre a criação do fetiche como um substituto para o falo materno, a clivagem subjacente a esse processo, e a solução psíquica inerente a esta desmentida parcial da realidade. O que pode ser observado é que, quando Freud elucida os ingredientes envolvidos na construção do objeto fetiche, nenhuma de suas elaborações sobre os mecanismos de "apresentação" estão faltando. Assim, o "brilho do nariz" [der Glanz auf der Nase] resulta da proximidade homofônica entre Glanz e a palavra inglesa "glance", sendo o inglês a língua materna quase esquecida do paciente. Se o substrato do fetichismo não pode ser equiparado com o da neurose – o que Freud especifica explicitamente contrastando Verdrängung [repressão] e Verleugnung [desmentida] – o que fica é que a construção do fetiche, ao unificar a afirmação da castração e a afirmação da sua desmentida, se apoia numa combinação em que o visual e o auditivo estão enraizados na própria substância das palavras. Poderia se dizer que o fetichista também é insuportavelmente witzig? Vamos simplesmente assinalar que, em relação àquele outro paciente, que transformou uma cinta de sustentação que cobria os órgãos genitais em um fetiche que era mais durável, já que estava relacionado aos dois opostos dos quais derivava (a origem da escolha sendo a folha de figo em uma estátua), Freud insiste: se este memorial erguido para combater o horror causado pela visão dos órgãos genitais femininos é um símbolo do triunfo sobre a castração, o paradoxo está no fato de que o fetichista muitas vezes trata seu fetiche "de uma forma que é obviamente equivalente a uma apresentação [*Darstellung*] da castração" (Freud, 1927e, p. 157).[19]

Embora caracterizada como central nas estruturas *borderline*, pode a desmentida ou a negação ser pura e simplesmente usada para sustentar uma hipótese de fracasso da psiquização, da mentalização?[20] Uma coisa é certa: o segundo modelo de Freud não pode ser concebido sem o primeiro. Este último, a topografia própria do "método", lega a armadura da escuta analítica sobre o primeiro, inclusive nos limites do funcionamento psíquico, como o processo primário. É a ferramenta prática que provoca uma compreensão dos mecanismos de descondensação, pois desempenha um papel fundamental no que Freud desenvolve a respeito da regressão: esse é o lugar onde a forma visual da alucinação onírica, a função do ato psíquico e os fragmentos quebrados da linguagem são unidos, enquanto a sua combinação contribui para a criação dos mais estranhos derivativos que emergem na superfície da vida psíquica. A figura e a *rêverie*, para os quais a coerência referencial ou narrativa tem um custo tão elevado, revelam-se insuficientes para explicar tal coesão entre o "método" da criação e o "método" da escuta.

Antimetafísica

Continua a ser motivo de perplexidade o fato de que a crítica da metapsicologia – e a *Darstellbarkeit* simplesmente não pode

202 "SE APENAS SOUBÉSSEMOS O QUE EXISTE!"

ser pensada sem essa metapsicologia – tenha vindo a ser aplicada atualmente a Freud, em nome de uma metafísica ultrapassada. Se o projeto de Freud é de qualquer forma kantiano, é especificamente na medida em que o seu objetivo é antimetafísico. A "extensão", por Freud, das correções kantianas está implicada pela distinção entre o que aparece como um fenômeno perceptual e o que constitui a sua origem – uma extensão que Freud explicitamente expõe em "O Inconsciente" (Freud, 1915e, p. 171; ver também 1940a [1938], p. 197; 1940b [1938], pp. 282-283), quando ele recorda a advertência de Kant para que não se negligencie as condições subjetivas de nossa percepção e para que não se considere a percepção como idêntica ao que é percebido, não obstante incognoscível. Esta extensão implica a rejeição de qualquer forma de conhecimento direto, de qualquer experiência imediata de "coisas primárias" – em outras palavras, do X, o substrato energético do id. Até tão tarde como no *Esboço* (1940a [1938]) e em "Algumas Lições Elementares" (1940b [1938]), Freud sustenta firmemente esse projeto antimetafísico, afirmando que a tarefa do psicanalista deve ser parecida com a do físico. Assim como os físicos foram suficientemente sábios para montar seus experimentos sobre eletricidade sem se perguntarem sobre a essência da eletricidade, os psicanalistas devem igualmente planejar seus experimentos com o objetivo de expandir o seu campo de conhecimento, mas sem arriscar qualquer resposta clara e imediata à questão da essência do psíquico. Postular, como hipótese, que a lei do movimento no aparelho psíquico é de origem somática implica defender a referência à biologia. Mas na pendência da resposta dos biólogos – que está por vir, mais cedo ou mais tarde – é inútil, na visão de Freud, se aventurar um passo além: a pulsão é um conceito de fronteira, porque é a hipótese estruturante da forma primária, uma forma que permanece desconhecida em sua primariedade (Freud, 1940a [1938], p. 145; 1932a).

O projeto de Freud é, portanto, um projeto antimetafísico por excelência, na medida em que o propósito é suportar a "ignorância", ao invés de sustentar a ilusão alimentada pelo desejo de ultrapassar os limites do conhecimento. "A realidade sempre permanecerá incognoscível", estamos apenas lidando com "consequências",[21] e é aí que o entendimento teórico deve reconhecer sua finitude: a figura que emerge só pode ser quebrada; o pensamento incidental[22] desconstrói o que é tão abundantemente apresentado à consciência; o "mundo interior" não é um mundo, mas uma coleção de mundos, de mundos conflitantes. Em suma, se a tarefa de síntese deve ser confiada ao ego, isto é, porque o exercício de análise é acima de tudo um exercício de divisão.

Além do fato de que a pulsão nunca se torna materializada nos escritos de Freud, deve-se notar que, na visão dele, o aparelho psíquico não pode ter qualquer conhecimento direto sobre o processo de inscrição psíquica inconsciente. Ainda, considerar que a inscrição psíquica inconsciente deva permanecer imperceptível, além da insistência rebelde de suas manifestações – juntamente com o ponto de vista econômico, que envolve a noção de que um traço mnêmico deve ser distinguido da imagem mnêmica –, de modo algum degrada seu valor como uma invariante universal, comum a todas as estruturas psíquicas humanas. Certamente, Freud nunca usa o termo "objeto transcendental" para se referir a essa entidade que é considerada de forma abstrata e, sem a qual, a miscelânea de experiências empíricas seria impensável. Até certo ponto, o kantismo de Freud está próximo demais para capacitá-lo a desenvolver ainda mais a sua comparação entre o id – cujo conteúdo diz-se consistir de todas as marcas das pulsões – e a coisa em si. No entanto, quando Freud pergunta a Häberlin se a "coisa em si" de Kant poderia, de fato, ser o que ele implica quando se refere ao inconsciente – uma pergunta feita na presença de Binswanger – levanta a possibilidade de tal equivalência (Binswanger, 1970, p. 275).[23]

204 "SE APENAS SOUBÉSSEMOS O QUE EXISTE!"

Parece-me surpreendente que a crítica dirigida à metapsicologia de Freud deva ser sustentada por uma rejeição da metafísica relacionada à pulsão – uma crítica que tem levado muitos analistas a descartar a noção de economia psíquica, juntamente com a noção pulsão – porque, como um olhar mais atento revela, a tendência atual parece ser direcionada resolutamente a uma posição que lembra muito a veia romântica da qual Freud firmemente afastou--se, justamente por conta de uma perspectiva kantiana.

Essa veia sem dúvida existe, e Freud não a nega, em sua reposta a Havelock Ellis (Freud, 1920b, p. 263), salientando que, no fim das contas, mais do que Swedenborg, o conselho de Schiller a Körner – numa carta citada longamente em *A Interpretação dos Sonhos* (Freud, 1900a, p. 55) –, e a leitura de Ludwig Börne, um discípulo de Jean Paul [Richter], tiveram influência em sua descoberta do pensamento incidental como ferramenta de exploração da vida psíquica. Mas, também é de conhecimento comum que, enquanto Freud cita Jean Paul – de quem ele toma emprestada a figura do "padre disfarçado que casa todos os casais" envolvendo--se no livre jogo do *Witz*, a "capacidade de encontrar semelhança entre coisas diferentes" (Freud, 1905c; Jean Paul [Richter], 1804, 1813) – e expressa gratidão para com aqueles que revelaram a incrível liberdade dos sonhos, o seu poder de simbolização, a sua "inspiração", ele também faz uma crítica à "sobreprodução" conferida aos sonhos: junto com Richter, Freud menciona Scherner, a quem ele também cita longamente em *A Interpretação dos Sonhos*, e cuja audácia ele homenageia quando o reducionismo dos médicos teve que ser combatido.

Mas a razão pela qual Freud se afasta de forma tão decisiva da tradição romântica tem a ver com o fato de lhe parecer inadmissível o lugar atribuído à imaginação, o *Phantasieren*, esta faculdade da alma de tornar visível o invisível. Freud não havia lido apenas

Vorschule der Aesthetik, de Jean Paul (1804), que inclui um apêndice sobre sonhos. As referências a *"Blicke in die Traumwelt"* (1813a) e ao *Traumdichtungen,* de Jean Paul (1813b), também constam na bibliografia de *A Interpretação dos Sonhos.* Mas, se Jean Paul vê o sonho como "uma espécie involuntária de poesia", se graças à transposição poética, ele pode se tornar o mediador da interface entre o visível e o invisível, é porque ele conjuga diretamente a mente e a pulsão. Dessa forma, a arte, o trabalho da alma, encontra o ímpeto provocando sua fusão com a alma infinita do mundo, o trabalho de *rêverie* e o exercício de imaginação empunhando, quando ambos estão no seu ápice, o poder de um *Witz* capaz de entender o incognoscível de forma *"não mediada".* A perspectiva desenvolvida por Jean Paul, portanto, faz da imaginação a "luz tênue" na noite da consciência auto-obstruída.

Um desenvolvimento quase semelhante pode ser encontrado em Novalis, para o qual a consciência encontra acesso ao desconhecido e à infinitude no *"playground* onde a imaginação aprisionada é libertada e revivida" (Novalis, 1990, p. 19) de que consistem os sonhos. E todos os românticos, especialmente os irmãos Schlegel, dotam o *Einfall,* o pensamento incidental, e o *Witz* de tal capacidade para emancipar a mente. Isto quando, "vibrando com batidas curtas" (F. Schlegel, 1979, c. 5, frag. 790), eles se tornam elétricos e incandescentes, verdadeiras potências de "caotização da compreensão e da vontade" (c. 9, frag. 122), capazes de apresentar a "razão inconsciente" na obra de arte que mostra uma fonte vibrante de achados de dentro dela: o *Witz* é uma forma imediata de saber-ver (*savoir-voir*).[24] No cruzamento da apresentação do Absoluto em sua presença transitória, a apresentação da música na medida em que o som é a ligação orgânica entre o homem e o universo, e a apresentação das forças desconhecidas do inconsciente em seu processo de atualização, a encarnação poética, esse poder epifânico da figuração, torna-se uma potência de transfiguração e a presença do inacessível. Portanto, em sua busca por uma modalidade de pensar com possibilidade de superar os limites impostos no conhecimento, tal como definido por Kant, o projeto romântico procura algum acesso ao mundo de trás, à energia do sujeito e à própria capacidade para o trabalho. Assim o grupo dos românticos de Jena, mobilizados em torno de sua revista *Athenaeum*, desenvolve uma teoria da "apresentação" estética como uma filosofia da apresentação subjetiva, o que leva Philippe Lacoue-Labarthe e Jean-Luc Nancy a evocar, em *The Literary Absolute*, uma "metafísica da arte" referindo-se a essa forma primitiva de romantismo (Lacoue-Labarthe & Nancy, 1988, p. 73).

Para Kant, de fato, uma vez que as categorias são abstrações conceituais que são absolutamente heterogêneas para intuições sensíveis, a imaginação deve colocar "ao lado do conceito uma intuição que a ele corresponde", "o ato de acrescentar a intuição ao conceito chama-se apresentação (exhibitio) [*Darstellung*], sem a qual não pode haver conhecimento" (Kant, citado por Eisler, 1930, p. 834). Como resultado, a imaginação transcendental e os esquemas, os jogadores principais na transposição intuitiva de categorias, não permitem o acesso a qualquer fenômeno como "manifestação" [*Erscheinung*]. Eles são muito menos propensos a conceder acesso a uma forma primária e autêntica da própria razão. São apenas mediadores, que provocam o advento de uma conexão entre pensamento e sensibilidade. Uma "representação pura", que não deixa de ser intelectual, por um lado, e sensível, por outro, e, portanto, consistente com a categoria e o fenômeno simultaneamente, o esquema, o produto da imaginação, garante que um possa talvez referir-se ao outro. Nesse sentido, é a condição para a possibilidade de imagens.[25]

Mas, com os românticos, a noção de imaginação – e consequentemente, a noção de apresentação – se desvia em direção à apresentação imediata do sujeito, "*Selbstbewusstsein*", que inclui o elemento inconsciente: a autoconsciência pode ser ao mesmo tempo absoluta e alcançada por meio das figurações disponíveis no trabalho criativo. A automediação da arte e da criatividade permite que o sujeito se apresente a si mesmo, inclusive sob o aspecto das operações consideradas por Kant como constituindo, de fato, o não apresentável. August Schlegel escreve:

> *Se a intuição estética... é apenas a intuição transcendental tornada objetiva, então, fica subentendido que a arte é o único, verdadeiro e eterno organon e, ao mesmo tempo, o documento da filosofia, que incessantemente... reconhece o que a filosofia não pode apresentar exteriormente, nomeadamente, o inconsciente no fazer e no produzir, e a sua identidade originária com o consciente (A. Schlegel, 1978, p. 342).*[26]

Friedrich Schlegel pode, assim, escrever que "a mente é uma filosofia natural" quando o *Witz* restaura com sucesso algumas descobertas sobre o ilimitado, o ponto cego da imaginação transcendental, e a energia produtiva das obras de arte (Lacoue-Labarthe & Nancy, 1978, p. 91). Como Lacoue-Labarthe e Nancy demonstram adequadamente, a extensão metafísica deve incluir a revelação "mística" da verdade, o objeto da "religião" quando esta é entendida não como um culto, mas como o desvelamento do sujeito por meio da estética, ou seja, como o "absolutamente original" (F. Schlegel, citado em Lacoue-Labarthe & Nancy, 1978, p. 207).

O que resta dessa visão dos limites impostos sobre o que se é "capaz de saber"? E, retornando às correções kantianas de Freud, pode-se perguntar o que permanece do atributo fundamental da

208 "SE APENAS SOUBÉSSEMOS O QUE EXISTE!"

Darstellbarkeit como a "condição de possibilidade" da apresentação – isto é, como meio, como caminho lateral, não aqueles diretos. Nada permanece, ou quase nada. Pois a imaginação e a *rêverie* chegaram a um acordo sobre o fato de que, no final, as "operações" dos sonhos e do aparelho psíquico importam muito pouco. Elas continuam a agir como se a imagem e a figura tivessem mantido a sua propensão para "imaginar o invisível"[27] e como se os sonhos tivessem sustentado a sua função como poemas oníricos. Quantas vezes os sonhos são remodelados no presente como reflexo imediato de um "mundo interno", livres das artimanhas do inconsciente, dando acesso à "experiência vivida" dos sonhos, sem qualquer desvio ou distorção? Mas Freud não deixou nenhuma perspectiva para a abordagem ontológica. No entanto, sob o novíssimo pretexto da criatividade, esta última parece, de fato, estar reemergindo.

Compreende-se, assim, a energia empregada por Freud ao defender a complexidade da estrutura inconsciente. A palavra que ele usa, então, é "ciência". Mas, nesse contexto, a ciência não implica empirismo ou alguma avaliação que soma resultados quantitativos. Ciência simplesmente significa que "não se sabe o que existe", mas que nem por isso se desistiu de sua construção.

Notas

1. "*A teoria é boa, mas não impede que as coisas existam*" (Freud, 1893f, p. 13, n. 2).

2. Freud, Carta a Fliess, 13 de fevereiro de 1896, em Masson, 1985; e Freud, 1896, p. 154.

3. Carta a Lou Andreas-Salomé, 30 de julho de 1915, em Freud & Andreas-Salomé, 1972, p. 32.

4. Por exemplo, veja tradução online de A. Brill, especialmente o capítulo VI: www.psychwww.com/books/interp/chap06c.htm. Além disso, Freud usa o termo *Verbildlichung* em várias ocasiões para se referir ao processo de transformação em imagens: por exemplo, *Die Traumdeutung, GW II / III*, p. 347, ou *Vorlesungen zur Einführung in die Psychoanalyse, GW XI*, p. 120.

5. Em alemão: "*Aufmerksamkeit auf das Erregende*" [GW II/III, p. 580]).

6. NT para o inglês: na *Standard Edition*, "*Ausdruck*", que se refere a "*darstellt*" na frase anterior, é traduzida como "representação". Aqui a tradução está em consonância com o texto.

7. *Bringt zur Darstellung* é uma expressão muito recorrente. [NT para o inglês: na *Standard Edition*, o segmento "zur *Darstellung bringt*", é traduzida como "representa". Aqui a tradução está em consonância com o texto.

8. Freud utiliza regularmente os termos imagens visuais e imagens auditivas, estas últimas correspondendo à definição de significante, de Saussure.

9. GW V, p. 206. [NT: A tradução de *Darstellung* está de acordo com o proposto no texto (apresentação).] Ver NR na p. 20.

10. *Oeuvres complètes de Freud/Psychanalyse* (OCF.P), Vol. IV (Paris: PUF, 2003).

11. Rebus: um quebra-cabeça feito de figuras (ESB, Vol. IV, p. 270, Imago, 1987).

12. *Vorlesungen zur Einführung in die Psychoanalyse, GW XI*, p. 173. [NT para o inglês: na *Edição Standard, plastische Wortdarstellung* é traduzida como "representação plástica de palavras" (1916-1917, p. 170). Na tradução deste texto, é respeitado o termo utilizado pela autora.] Sobre a tradução de *Vorstellung* na ESB, ver NR na página 20.

13. Carta a Wilhelm Fliess, 11 de setembro 1899 (em Masson, 1985); depois Freud (1900a), p. 176 (*Machtbereich*, em alemão), e Freud (1916-1917), p. 174.

14. NR: Freud conta ter tido um sonho em estilo 'Norekdal' – palavra que resulta da fusão e condensação dos nomes de Nora e Ekdal, personagens de Ibsen em Casa de Bonecas e O pato selvagem (ESB, Vol. IV, p. 287, Imago, 1987).

15. *Zwischenarbeit* traduzido como "trabalho intermediário" (GW II/III, p. 345).

16. *Zwecke des Entgegenkommens*: GW II/III, p. 349.

17. Essa é a posição de Bernard Brusset (2006).

18. Isto é, o "modelo estrutural".

210 "SE APENAS SOUBÉSSEMOS O QUE EXISTE!"

19. NT para o inglês: de acordo com o texto, foi modificada a tradução de *Darstellung* utilizada na ESB.

20. Talvez seja importante ressaltar que Freud utiliza constantemente o termo *Spaltung* (literalmente, "clivagem", "cisão "ou "divisão") para definir o processo de repressão (ver "A Disposição à Neurose Obsessiva" (1912i), "A História do Movimento Psicanalítico" (1914d), "Notas sobre um Caso de Neurose Obsessiva" [O Homem dos Ratos] (1909d), etc.).

21. Ver resposta de Freud a Adler em 01 de fevereiro de 1911: "É claro que a libido não é real... Deve-se julgar a libido de acordo com as suas consequências" (Freud, 1911 [1974], pp. 148-149).

22. NR: "Pensamento incidental" é utilizado pelo autor como referência a *Einfall*, termo freudiano que denota o que vem espontaneamente à mente, tendo sido traduzido por Strachey como *free association* (associação livre).

23. Sobre esta questão, ver C. Énaudeau (1993).

24. Sobre o fragmento e fundamento subjetivo, consultar Lacoue-Labarthe & Nancy, 1988, pp. 39-58.

25. Deve-se essa leitura de Kant a Énaudeau (1994).

26. [NT para o inglês: refiro-me ao texto francês, sempre que a seção citada não está incluída na tradução em inglês].

27. Ver Heidegger (1971) – por exemplo, "... Poeticamente o Homem habita...", pp. 225-226.

7. Estados mentais "não representados"

Marion M. Oliner

Como falar sobre estados mentais não representados?

Meu interesse no tema dos "estados mentais não representados" começou com o estudo dos efeitos do trauma. As teorias mais prevalentes sobre o assunto assumem que as causas do trauma não são acessíveis à consciência, mas que a vítima encena ou repete experiências passadas, cujos significados se tornam evidentes apenas posteriormente, através da análise da situação atual em que estas são encenadas. Essas teorias, descritas por Bohleber (2010) em sua extensa revisão, postulam que "O trauma se torna o 'buraco negro' na estrutura psíquica" (p. 94). (Essa linha de raciocínio tem sido aceita pelos psicanalistas em geral, e tomada como evidência de *Nachträglichkeit* [*après coup*].) É nesse sentido que a experiência original geradora do trauma passou a ser comumente referida como "não representada", mas essa designação implica algumas dificuldades lógicas que carecem de uma investigação mais aprofundada, tendo suscitado meu interesse nas questões de representação.

Minha maior dificuldade reside no contraste entre a suposta falta de representação do trauma e a incrível precisão dos *enactments* e atualizações dos eventos catastróficos que, de outro modo, não estão disponíveis à consciência. É impossível pensar que não haja qualquer ligação entre o evento posterior, que dá origem à repetição, e os traços mnêmicos da experiência original. É inconcebível que os traços mnêmicos originais não tenham algo em comum com o evento posterior, que lança luz sobre a experiência anterior e lhe dá um novo significado. A memória inicial tem que ter algumas *propriedades que fazem com que ela seja retida* e, no contexto dos acontecimentos correntes, seja atuada. Qual seria o motivo para registrar a experiência, e qual seria a ligação com um evento posterior, se não houvesse um elemento inerente ao evento "não lembrado" que tenha criado a conexão entre os dois? Para que haja uma ligação, o traço mnêmico original deve ter tido alguns dos aspectos do significado posterior, que lhe é atribuído retroativamente. O impulso em direção ao *enactment* e à realização do trauma original sustenta a noção de que a experiência foi significativa. Além disso, o traço mnêmico original deve conter algum elemento que é responsável por seu posterior ressurgimento em sonhos, em *enactments* e em sua contínua redramatização. A questão a ser explorada gira em torno de uma compreensão mais clara da forma como essas experiências seguem vivas.

Loewald enfatiza

> [...] *que a atividade reprodutiva inconsciente... continua a determinar o caráter da experiência presente, na verdade ajudando-a a ser significativa e não insignificante. Creio que isso se aplica não apenas às estruturas dos processos mnêmicos intermediários, chamados de ideias ou fantasias inconscientes, mas também às assim chama-*

das imagens mnêmicas ou traços mnêmicos subjacentes
que, na teoria psicanalítica, tendem a ser tomados como
achados finais ou réplicas mecânicas de dados sensoriais
(Loewald, 1952, p. 151).

A ênfase de Loewald sobre o processo da atividade reprodutiva deixa a questão da representatividade em aberto em relação a "imagens mnêmicas ou traços mnêmicos". Mas ele é explícito em sua crítica aos "achados finais ou réplicas mecânicas de dados sensoriais", o que implica no fato de o indivíduo ter experimentado o evento ser uma razão suficiente para explicar por que este permanece na psique. Em vez disso, ele sugere que a reprodução do passado dota o presente de um significado previamente ligado à experiência anterior. Aqui, Loewald utiliza um modelo baseado no processo, em oposição a um com base na armazenagem ou na codificação, que geralmente domina a discussão em relação à memória, especialmente à memória de experiências traumáticas. Em vez disso, seu modelo refere-se a níveis de organização, havendo memórias que estão cindidas do ego maduro, embora permaneçam em um nível inferior (Loewald, 1973a, p. 76).

Piera Aulagnier (Castoriades-Aulagnier, 1975, p. 45) combinou a questão dos níveis de organização com o estudo dos modos específicos de representação que caracterizam os estágios do desenvolvimento humano. Suas ideias, que são discutidas em maiores detalhes numa seção posterior deste estudo, baseiam-se nos processos de metabolização, do encontro entre o espaço psíquico e o que é externo a ele, serem marcados pelo esquema estrutural daquele envolvido no processo de representação. Ela discorre sobre a especificidade de cada um dos processos e os limites que cada um impõe à experiência. Refiro-me ao seu trabalho a fim de mostrar que, tanto Aulagnier como Loewald, colocaram em questão a

214 ESTADOS MENTAIS "NÃO REPRESENTADOS"

existência de "achados finais ou réplicas mecânicas de dados sensoriais", e que Aulagnier fez uso da noção de processos de metabolização, cujo resultado é algo diferente de uma réplica mecânica de dados sensoriais.

Isso introduz a interação entre o indivíduo e o ambiente, no início da vida psíquica, e elimina a necessidade de examinar a questão da representação, ou a sua ausência, como uma dicotomia. Em vez disso, permite uma maior flexibilidade, através da noção de uma continuidade entre os modos mais primitivos de representação e os mais evoluídos. A abordagem da Loewald implica essa continuidade, quando ele afirma que o traço mnêmico do trauma original carece de integração devido às limitações do ego (Loewald, 1955, p. 41). Há grandes vantagens em pensar na representação em termos de continuidade, a partir do mais primitivo (condicionamento pavloviano clássico, que liga um estímulo a uma resposta) para o mais organizado. Em vez de assumir que uma reação causada por um evento não representado é incognoscível, a noção de continuidade pressupõe que a própria reação é a prova da existência de um traço mnêmico. A tarefa restante consiste em sondar o modo de representação e o nível no qual ele está integrado na personalidade como um todo.

Darstellbarkeit ou figurabilidade

De fato, *A Interpretação dos Sonhos* de Freud (1900a) menciona diferentes *modos de representação*, e os analistas franceses César e Sara Botella (Botella & Botella, 2001c) demonstraram a relevância de um *modo de representação* relacionado à elaboração onírica para a compreensão dos traços mnêmicos subjacentes ao trauma. Infelizmente, as características inerentes a esse *modo de representação* foram obscurecidas pela tradução de Strachey. Perdeu-se na tradução a especificidade da tarefa da elaboração onírica para tornar um sonho acessível aos sentidos visando *Darstellbarkeit*. Ao usar o termo representabilidade para a *forma* do sonho, foi perdida a distinção entre os aspectos puramente sensoriais de *Darstellung* e a natureza "superior", simbólica e conceitual, de *Vorstellung*. Ambos os conceitos foram expressos em inglês pela palavra *representação*. Consequentemente, os leitores da *Standard Edition* não foram expostos à especificidade da expressão original, que aborda o trabalho necessário para que o sonho seja perceptível, sem relação com a sua interpretação e significado. Dessa forma, não surge, na tradução inglesa, a questão de dois *modos de representação* distintos, um visando à perceptibilidade e outro à revelação de desejos inconscientes. Freud, contudo, foi específico: "é o *trabalho onírico* que cria a forma" (Freud, 1900a, p. 506), e Laplanche e Pontalis incluíram *Darstellbarkeit* em seu *Vocabulário* de 1967 (Laplanche e Pontalis, 1967), adotando o termo *figurabilité* como seu equivalente em francês. Sem o trabalho com o objetivo de *figurabilidade*, não há sonho como viemos a conhecer.

A importância da omissão, por Strachey, de um termo específico para *Darstellbarkeit* constituindo um *modo de representação* específico parece ter sido encoberta, juntamente com o interesse nas ideias que ela representa. Botella e Botella lembraram-nos da importância que Freud atribuía a imagens ou outras qualidades sensoriais nos sonhos e em outros aspectos da vida mental, e acrescentaram a utilidade desse *modo de representação* para o estudo do trauma. O interesse nos aspectos formais do sonho, assim como nos aspectos formais de uma obra de arte (Chasseguet-Smirgel, 1971), ambos a serviço da perceptibilidade, são apenas alguns exemplos das questões que podem ser abordadas por se evitar a dicotomia forçada entre estados mentais representados e não representados. Essa abordagem é especialmente frutífera à luz dos achados de neurocientistas, que têm demonstrado a importância dos traços

216 ESTADOS MENTAIS "NÃO REPRESENTADOS"

de memória sensorial para as reações emocionais fundamentais.

A fim de evitar a dicotomia entre estados mentais representados e não representados, contarei com a noção mais flexível de diferentes *modos de representação*, a fim de resolver os problemas que os clínicos encontram quando as palavras dos pacientes são insuficientes para transmitir suas batalhas centrais.

A busca pela identidade perceptiva

O uso de *modos de representação* objetiva manter em mente e transmitir a noção de interação entre níveis de desenvolvimento. Assim, a *figurabilidade*, que é o critério para os traços mnêmicos serem acessíveis aos sentidos, continua a ser crucial ao longo da vida, assim como a realização alucinatória do desejo. Na saúde, cada um tem seu lugar adequado, de modo que a capacidade de sonhar é um dos sinais de saúde mental. O foco no desenvolvimento frequentemente sugere que os modos de representação anteriores desaparecem com a próxima etapa na maturação, em vez de funcionar e complementar os posteriores. A simplificação é, portanto, um desserviço à complexidade da maturação. Como o analista israelense Pinchas Noy (1978) sugeriu, as funções mentais superiores, aquelas que "capacitam o homem a transcender o nível da mera sobrevivência e alcançar uma maior esfera da existência... não são autocentradas nem orientadas pela realidade, mas sempre exigem a integração do *self* com a realidade, das necessidades internas com as demandas externas, da experiência emocional com o conhecimento objetivo (p. 742)". No entanto, o processo primário também pode interferir com a função mental superior, pelo uso que faz de imagens concretas: ele tende a traduzir conceitos abstratos em imagens concretas, "a estrutura de contexto é desconsiderada e as regras lógicas de associação são violadas, porque o processo primário sempre tende a mudar conteúdos de um contexto para outro (p. 740)."

A mudança que Noy descreve é impulsionada pela busca da *identidade perceptiva*, descrita em *A Interpretação dos Sonhos* (1900a) como um fator de motivação. Seu sucesso depende da *figurabilidade* da experiência de satisfação, da mesma forma que uma fotografia de um estranho ajuda a reconhecer essa pessoa e, como Proust (1919 [2003]) descreveu, o impacto do *gosto* de uma *madeleine* trazendo-lhe de volta a infância de uma nova maneira. A fertilidade inerente às questões de *figurabilidade*, além de seu papel determinante no trabalho onírico, tornou-se clara quando Botella e Botella salientaram a relevância da percepção sensorial para a memória do trauma. As qualidades perceptíveis que fazem com que um evento venha a ser repetido devem alcançar eventualmente consciência suficiente, de forma a serem integradas na organização total da personalidade como história, uma condição que os primitivos traços mnêmicos dos acontecimentos que causam trauma carecem devido às defesas; seja pelas defesas mais comuns, como a dissociação ou alucinação negativa, ou mesmo pela automutilação, em casos extremos.

Uma breve recapitulação dos processos, conforme descritos por Freud (1900a, pp. 565-566), mostra como os traços sensoriais de vivências de prazer aparecem em sonhos e determinam seu conteúdo. Esses mesmos traços se tornam o modelo para o desejo de repetir a satisfação; inicialmente através da realização alucinatória do desejo e, posteriormente, pela busca da fonte de gratificação na *realidade* externa. De acordo com Freud, o processo constitui um retorno a alguns dos mais antigos meios de *realização*, a busca da *identidade perceptiva* (1900a, pp. 506–507, 566). As conclusões de neurocientistas como Kandel (2006) e Yovell (2000), cujo pensamento é discutido em outra seção deste estudo, confirmam que esses traços mnêmicos sensoriais persistem, apesar das defesas que tentam impedir seu acesso à consciência. Portanto, a busca por eles continua a ser uma fonte de motivação.

218 ESTADOS MENTAIS "NÃO REPRESENTADOS"

De acordo com Freud, o trabalho onírico tenta figurar o mundo externo psiquicamente, não aboli-lo. E parte da realização do desejo, nos sonhos, consiste em reencontrar o mundo deixado para trás e remodelá-lo. Em "Sobre os Sonhos", Freud adiciona a função de repetição realizada pelos sonhos: "A situação em um sonho não é, com frequência, outra coisa senão uma repetição modificada e complicada por interpolações de uma dessas vivências marcantes" (1901A, pp. 659-660).

A ênfase na experiência e sua repetição no sonho sugere a *natureza universal da necessidade de repetição*. Sob esse ponto de vista, a repetição pode ser considerada uma manifestação da pressão *universal* por experiências discerníveis e para a sua realização (Freud, 1914g, p. 151), consequentemente sugerindo que repetir experiências emocionalmente carregadas, tornando-as *reais* em sonhos ou em ação, faz parte do dom humano. Essa necessidade de *realização*, de encontrar no mundo externo as experiências sensoriais do passado, foi o tema de Proust em sua grande obra: *A la Recherche du Temps Perdu* (1919 [2003]).

A teoria de Freud é cheia de implicações, no que diz respeito à realidade externa. Ele considerou que o desconforto da fome interrompe o prazer obtido com a realização alucinatória do desejo, iniciando a busca de gratificação com base na memória da gratificação anteriormente obtida. Muito provavelmente, a primeira reação à necessidade de alimento é o movimento de sucção necessário para a sua obtenção. Isso pressupõe que os órgãos dos sentidos experienciam *prazer* no contato com a realidade externa – um pressuposto que contradiz outra declaração de Freud, segundo a qual o ódio "provém do repúdio primordial do ego narcisista ao mundo externo com seu extravasamento de estímulos" (Freud, 1915c, p. 139).

As afirmações contraditórias de Freud sobre as primeiras experiências do mundo externo, em que a realidade externa constitui uma fonte de gratificação e um derramamento não solicitado de estímulos, só podem ser conciliadas se o problema retiver a sua complexidade. Nesse caso, a mais antiga forma de gratificação, mesmo discriminada da realização alucinatória do desejo, é experimentada como decorrente não da realidade externa, mas sim como partindo de uma extensão do narcisismo primitivo do bebê. Esse ponto de vista não é explicitamente incorporado no pensamento de C. e S. Botella, devido à tendência dos teóricos franceses a basearem seu pensamento na situação clínica, e não em questões de desenvolvimento. Assim, eles entendem que a transição da realização alucinatória do desejo para a necessidade de uma fonte externa de gratificação gera o *objeto perdido da realização alucinatória do desejo*, para o qual não há substituto. Isso implica, portanto, um senso de realidade, que é a experiência de perda no estágio de narcisismo primário. Além disso, eles utilizam uma concepção da redescoberta da gratificação perdida como "somente dentro, mas também fora", que tem de ser aplicada a um momento em que o narcisismo não mais domina o pensamento do indivíduo. De acordo com a teoria clássica, com a qual a maioria dos analistas está mais familiarizada, o início do desenvolvimento é marcado pela internalização do prazer e pela projeção do desprazer. A explicação de Botella e Botella, que é tão difícil de entender quanto de traduzir, é a seguinte:

> *"O objeto perdido da satisfação alucinatória do desejo",*
> *a "fração que não pode ser assimilada", nem apresentada ao ego, nem à consciência, aproxima-se mais do traço deixado direto na carne do percebedor, do que de algo separado e autônomo (Botella & Botella, 2001a, p. 1162, tradução da autora).*

Deve-se considerar que a maioria dos analistas, especialmente aqueles de áreas de língua inglesa, terá dificuldade com esse conceito, mas pode encontrar derivações importantes por sua ênfase na interação contínua, ao longo da vida, entre sonho e vigília. A ênfase aqui é dupla: os traços sensoriais do objeto perdido, como um mapa de estrada, e a lacuna irredutível entre o objeto desejado e a aceitação do *real* no mundo externo. A satisfação *real* tem que manter um nível de *irrealidade* devido à sua condição de estar vinculada ao objeto perdido, que está disponível apenas nos sonhos. De acordo com Botella e Botella, essa experiência de reencontrar experiências gratificantes leva à avaliação: "só dentro, mas também fora".

A este respeito, o problema de como o mundo externo é vivido tem sido abordado por Botella e Botella de forma diferente de Freud, que colocou a ênfase na frustração orgânica experimentada com o fracasso da gratificação alucinatória e no prazer de obter gratificação através do contato com o mundo externo. No seu pensamento, não há objeto envolvido. Somente a persistência da experiência de desconforto ou desprazer, devido às necessidades corporais, e a subsequente exigência de ação, atestam o fracasso da alucinação em trazer a satisfação desejada. No centro do pensamento de Freud está a persistência da pulsão, em vez de um objeto que é experimentado como perdido.

Com a introdução da perda do objeto como caminho para a realidade, Botella e Botella postulam um contato com a realidade que, em geral, é assumido como sendo posterior, considerando que o narcisismo primário interferiria na concepção de tal perda. No entanto, o seu pensamento tem uma grande vantagem – que não desejo minimizar, ainda que questione sua suposição de um senso inicial de realidade –, ele introduz uma divisão clara entre estados de ego, como a vigília e o sono, que persiste ao longo da vida do indivíduo. De acordo com Botella e Botella, a perda é seguida pela busca da gratificação necessária, guiada pelo princípio da identidade perceptiva entre os traços mnêmicos de experiências anteriores de prazer e aquilo que se apresenta a partir do exterior. Isso é muitas vezes erroneamente atribuído a estágios de desenvolvimento, que desaparecem com a maturação. No entanto, ao longo da vida de um indivíduo, os sonhos são guiados pelo princípio que leva à *figurabilidade*. Entendo que é útil, portanto, considerar o trabalho onírico de alcançar *figurabilidade* como o trabalho que visa um *modo de representação* com base na identidade perceptiva, que aceitamos como sendo diferente das representações subjacentes ao estado de vigília. A maturação introduz a necessidade de um intervalo entre cada gratificação almejada e seu cumprimento na realidade externa, em que o real é mantido como um substituto para a figura alucinada, e reencontrá-la baseia-se na ilusão. Na saúde, essa ilusão estabelece a ligação entre a realidade interna e externa, mantendo o sentido da diferença entre elas; enquanto que, na patologia, uma ou outra domina a cena, resultando na supressão de uma delas. Assim, a integração entre dentro e fora não deve atingir o grau em que cada um perca as suas qualidades.

A supressão da dimensão interna, neste caso, uma memória, foi ilustrada pela seguinte experiência com uma paciente. Ela reagiu emocionalmente à percepção de um vestido preto, que eu estava usando, como se as qualidades do vestido estivessem determinando o seu significado, e não suas próprias memórias de um trauma até então negado. Um dia eu estava vestida de preto. Minha paciente ficou atordoada. Convencida de que alguém próximo a mim havia morrido e que, apesar disso, eu estava trabalhando, me pediu para deixá-la ir embora. Ela implorou, tendo aceitado ficar pela minha insistência. Foi possível chamar sua atenção para a intensidade de sua reação ao ver-me vestida de preto. Sugeri que isso provocara o retorno de uma memória dolorosa, em vez de ensejar a avaliação de um evento atual. Houve uma intensa reação emocional

222 ESTADOS MENTAIS "NÃO REPRESENTADOS"

a uma percepção, porém, inadequada para as circunstâncias atuais que a evocavam, oferecendo à paciente uma chave para uma imagem retida do passado. Sendo mais específica, pude convencê-la de que esse incidente havia evocado um outro tempo, no qual ela testemunhara a tristeza de sua mãe pelo bebê que nascera depois dela. Esse bebê morreu antes que pudesse ser levado para casa, e os adultos, abalados pela perda, não prestaram atenção na presença de minha paciente. Até esse incidente em meu consultório, ela afirmava que sua mãe estava sempre de bom humor, apesar de lembrar que, depois dessa tragédia, a mãe não mais conseguia ficar em casa, tendo ido trabalhar fora. A construção da tristeza de sua mãe foi eficaz por ela ter-me visto vestida de preto. Foi assim que a dor de sua mãe tornou-se *figurada* para ela, juntamente com a experiência de seu sentimento de sentir-se excluída, não desejada, como se fosse uma intrusa.

Este exemplo ilustra o uso da *figurabilidade* de traços sensoriais no trabalho psicanalítico diário. É notável apenas na questão que levanta: a casualidade do vestido preto que colocou o processo em movimento. É possível que eu tenha vestido preto naquele dia devido à minha sintonia inconsciente com sua prontidão para enfrentar essa experiência. Tal hipótese, porém, eliminaria apenas o fator acaso, sem trazer o incidente para meu controle consciente. É impossível não indagar sobre o papel do acaso e ser tentado a voltar à noção de determinismo psíquico, que afirma que a pessoa vai encontrar algo, no mundo externo, ao que responder, quando uma memória estiver pronta para emergir. Mais uma vez, isso diminui o papel do acaso, mas não reduz o papel da percepção em torná-la real, e não alteraria a intensidade de sua reação ao me *ver* de preto: a memória do luto da mãe provocada pela *visão* do vestido preto e o significado que tinha para ela, revivendo sua própria dor por não encontrar um lugar para si própria. Ela foi incapaz de evitar sua reação emocional ao evento passado que ela negava, mas ele adquiriu sentido ao ser experimentado como realmente acontecendo no presente. Sua reação ilustra a força do magnetismo da perceptibilidade. É claro que isso eventualmente levou à simbolização, mas, como mencionei anteriormente, prefiro pensar nesses processos como sendo contínuos e não dicotômicos. Portanto, considero o incidente como uma ilustração da interação entre modos de representação. Devido à fragilidade de tais processos, eu relutaria em apontar o local exato em que o sentido da história foi firmemente estabelecido na mente da paciente.

Freud postulou que tudo o que luta para se tornar consciente tem que ser traduzido numa sensação externa.

> [...] torna-se evidente para nós, como uma nova descoberta, que somente algo que já foi uma percepção Cs. pode tornar-se consciente, e que qualquer coisa proveniente de dentro (à parte os sentimentos) que procure tornar-se consciente deve tentar transformar-se em percepções externas: isto se torna possível mediante os traços mnêmicos (Freud, 1923b, p. 20).

A expressão de surpresa de Freud, "como se fosse uma nova descoberta", sugere que, mesmo para ele, a importância da *figurabilidade* era facilmente esquecida ou ignorada.

O tema da *figurabilidade* tem sido estudado por outros cientistas, mas a utilização de um vocabulário diferente criou uma barreira entre a psicanálise e o trabalho deles. A importância de trazer à consciência a *fonte* das reações emocionais está em questão, o que em psicologia experimental é referido como o *estímulo* que provoca a resposta. Assim, o processo que provoca uma resposta emocional baseada em traços mnêmicos pode ser comparado com

224 ESTADOS MENTAIS "NÃO REPRESENTADOS"

o condicionamento clássico. Não requer consciência e é igualmente aplicável a experiências de perigo que evocam medo, de modo que uma estimulação sensorial específica é suficiente para evocar uma resposta emocional que pode ou não ter significado consciente para o indivíduo. Os neurocientistas têm demonstrado que as emoções podem distinguir entre os estímulos que provocam medo e os neutros, sem a consciência de fazê-lo (Yovell, 2000). Segundo Kandel: "Após uma única exposição a uma ameaça, a amígdala pode reter a memória daquela ameaça ao longo de toda a vida de um organismo" (Kandel, 2006, p. 343). De Masi conclui que "Tendo estabelecido que as conexões do sistema emocional com o cognitivo são mais robustas do que aquelas na direção oposta, os neurocientistas acreditam que o inconsciente tem uma influência preponderante sobre o nosso comportamento ao enfrentarmos as vicissitudes da vida (De Masi, 2000, p. 6). Mas ele também acredita que "o inconsciente tem olhos " (p. 7). Afirma, assim, que o fato de a resposta emocional ser provocada pelas *qualidades intrínsecas* de um estímulo sensorial acentua o poder da percepção de eludir a consciência, de persistir ao longo vida e de provocar a mesma reação emocional toda vez que o indivíduo é confrontado com uma situação igual ou semelhante. Esses fatos mostram uma conexão mais durável e mais extensa entre as percepções da realidade externa e as reações emocionais do que a maioria dos clínicos suspeitava, e sugerem que o processo é inconsciente, mas antecede à repressão e outras reações defensivas complexas.

Johnson (2006), um pesquisador em psicologia, sugere que fatores emocionais diminuem o "fator de monitoramento da fonte". Isso se torna um fator particularmente importante na experiência de trauma, que se rege por uma intensa emoção. Os resultados de estudos sobre o destino das experiências sensoriais discutidos em um artigo muito informativo, "Memória: Quando menos é mais" (Riccio, Rabinowitz, & Axelrod, 1994), mostram que esquecer os atributos de estímulos leva a um aumento na resposta a novos estímulos, um estado semelhante à motivação elevada caracterizada pela generalização. As respostas aumentam porque as condições particulares que originalmente as suscitaram foram esquecidas. Em outras palavras, quanto menos nos lembramos, mais respondemos.

Voltando ao exemplo clínico envolvendo o vestido preto: é claro que a minha paciente reagiu emocionalmente à percepção como se a sua experiência passada estivesse acontecendo no aqui e agora. O trauma foi ligado à percepção de um vestido preto; esse foi o efeito de sua *figurabilidade*. Foi necessária uma nova interpretação a fim de compreender o seu significado: nesse caso, a paciente precisava de ajuda para superar sua reação marcada pela concretude e para distinguir entre o *real* e o pessoal e entre o presente e o passado.

A questão das respostas baseadas nas percepções de estímulos externos despertou meu interesse pelos problemas não resolvidos em relação ao trauma e seu tratamento. Frequentemente os analistas têm que decidir se devem abordar memórias de experiências reais ou se concentrar em conflitos relacionados a desejos proibidos. Decisões equivocadas nessa área podem, potencialmente, inviabilizar um tratamento, e isso pode acontecer de duas maneiras: numa delas, a ênfase na motivação inconsciente pode fazer com que as vítimas se sintam acusadas sobre o destino que se abateu sobre elas; na outra, a ênfase em eventos históricos pode ser usada, por aquelas vítimas que sofrem de um superego excessivamente rígido, para sentirem-se exoneradas pelo analista, e o superego excessivamente severo não é analisado. Este problema foi abordado extensivamente por Inderbitzin e Levy (1994). A ênfase na *figurabilidade* mudou o foco da atenção dos analistas, do mundo interior de fantasias e desejos para a importância dos sentidos e do contato com a realidade externa inerente a eles. A *figurabilidade* é um critério importante de um *modo de representação* específico, muitas

226 ESTADOS MENTAIS "NÃO REPRESENTADOS"

vezes negligenciado, mas não abrange a questão total de desenvolvimento inicial.

Considerando o narcisismo

Sem dúvida, a *figurabilidade* é um dos elementos fundamentais para a compreensão analítica. É o critério da perceptibilidade aplicado à memória de um evento passado, sendo um auxílio essencial na identificação da origem da reação de um indivíduo a uma percepção semelhante no presente. O processo analítico é impedido quando a origem da reação de um indivíduo não é conhecida. No entanto, conhecer o estímulo ou a fonte não endereça a questão da causa. A causa de experiências se torna um problema para aqueles cujo senso de sua própria onipotência resulta em sentirem-se responsáveis por todos os aspectos de suas vidas. Eles não têm condições de distinguir entre os eventos que eles mesmos causaram e aqueles que apenas suportaram. Embora eles possam realmente saber a origem de suas reações, consideram-se no controle e, portanto, responsáveis. Apreender o mundo através da lente da onipotência inconsciente é sinal de uma falha no desenvolvimento inicial. Isso não necessariamente afeta o trabalho de *figurabilidade*, mas responde por suas limitações como uma ferramenta para autoconhecimento. Ela é limitada pelo fato de que a consciência da condição do objeto como externo não necessariamente acompanha a utilização do traço mnêmico para reencontrar a satisfação ou o perigo. Entendo que isto é tão verdadeiro para o suposto substituto do *objeto da realização alucinatória do desejo*, postulado por Botella e Botella, que, de acordo com o casal, leva à avaliação "só dentro, mas também fora", como para a noção de Freud de que a persistência da excitação provocada pela fome conduz ao caminho para a realidade externa. A teoria do narcisismo primário (Freud, 1914c, p. 88) assume que o ego possui tudo o que é bom, o que faz com que as primeiras satisfações sejam experimentadas como autoengendradas. Nesse modo de pensar, a gratificação não é experimentada como vinda de um objeto no mundo externo, mas faz parte do narcisismo do bebê. Considero que essa questão não foi abordada sob o foco da *figurabilidade,* permanecendo em aberto. Botella e Botella referem-se à perda do objeto da satisfação alucinatória do desejo, para o qual o objeto externo ou real tem que servir como um substituto; e Freud sugeriu que a necessidade de autopreservação leva ao objeto que satisfaz as necessidades vitais. Ambos implicam uma capacidade inata dos órgãos dos sentidos em sentir prazer no contato com o mundo externo, o que está em desacordo com a ideia de um ego de prazer inicial que depende da "capacidade da mãe de mostrar o mundo de tal forma que a criança não se torna imediatamente ciente de que o objeto não foi criado por ela" (Anzieu-Premmereur, 2010, p. 209).

Atribuir a experiência de satisfação a um objeto no mundo externo é uma etapa do desenvolvimento que sucede ao narcisismo primário. A teoria do narcisismo primário e o pressuposto de um ego de prazer inicial têm presumido que o interior e o exterior ainda não estão distinguidos entre si, e Anzieu-Premmereur descreve o papel da mãe na manutenção desse estado solipsístico enquanto for necessário para o desenvolvimento. Ela mostra como o desenvolvimento inicial depende do prazer experimentado pelos órgãos dos sentidos no contato com objetos satisfatórios, sem a consciência da existência de um mundo externo.

A obra de Aulagnier, uma analista francesa que baseou sua teoria no tratamento de pacientes psicóticos, assinala de forma convincente que esse prazer não é inato, mas depende da experiência do bebê com um objeto cuidador que promove o que ela chamou de *erogenização* dos órgãos dos sentidos. Ela enfatiza que, inicialmente, a questão não diz respeito ao objeto ser experimentado como parte do mundo externo, mas se o prazer experimentado no contato com ele é suficiente para criar uma ligação emocional entre os dois. Freud e teóricos posteriores partiram do princípio que esse *prazer de órgão* é inato, mas Aulagnier descobriu que a ligação entre os sentidos e o mundo que deve gratificá-los está ausente em distúrbios graves, nos quais o funcionamento normal dos sentidos está seriamente comprometido.

Assim, Aulagnier explicou a origem de patologias graves como uma automutilação que resulta na separação do contato emocional – e do contato *psíquico,* subsequente – entre o bebê e a realidade externa, devido à falha na interação com o objeto, que não forneceu o prazer necessário para o desenvolvimento normal. Sob esse ponto de vista, a fase mais inicial não inclui *desprazer*; em vez disso, ela deve ser entendida como uma falha no desenvolvimento do vínculo ou, na opinião daqueles que defendem a utilidade do instinto de morte para a compreensão desses estados primitivos, na sua destruição.

De acordo com Aulagnier, "o desprazer tem como corolário, e como sinônimo, um desejo de autodestruição" (Castoriades-Aulagnier, 1975, p. 51). Ele evoca um ódio radical, presente desde o início, cuja função é anular a percepção de um estado de necessidade, pressuposto por uma atividade de representação, devido à sua ligação com o corpo. O desejo de não ter que desejar é um objetivo inerente ao próprio desejo. Nesse contexto, lembrei-me de uma admoestação estranha, na Bíblia, que pode ser explicada pelo esquema elaborado por Aulagnier: "E se o teu olho te faz tropeçar, arranca-o: é melhor para ti entrares no reino de Deus com um olho, do que, tendo dois olhos, seres lançado no fogo do inferno" (Bíblia do Rei James, Marcos 9: 47). Isto torna o olho responsável por aquilo que vê, e é condenado em função disso. O olho é sacrificado pela falta de diferenciação entre o órgão e o estímulo que incide sobre ele, mostrando como, nesse *modo de representação,* o negativo é expresso através da destruição do receptor. A erogenização de sensações através de experiências prazerosas permite que, eventualmente, a maioria dos indivíduos mantenha um nível de receptividade, uma abertura a experiências de frustração, o primeiro passo para apreender um "exterior". De acordo com Aulagnier, nas patologias mais graves, falta esse passo importante. Esse reconhecimento a convenceu de que nossas teorias devem ser alteradas para incluir o desenvolvimento da erogenização dos sentidos, antecedendo e subjacente ao processo primário descrito na literatura psicanalítica tradicional. Ela descreve a tarefa do *processus originaire* ["processo originário"] como resultante em um pictograma. Acredito que esse termo seja equivocado, devido à sua associação com imagens. A descrição de Aulagnier, no entanto, não deixa dúvidas de que o processo que ela está abordando consiste em um *modo de representação* que dita as regras pelas quais a experiência é registrada, e que envolve uma fusão entre os órgãos dos sentidos e os estímulos que incidem sobre estes. Deve ser visto como um modo básico de apreensão, cujo mau funcionamento ajuda a lançar luz sobre estados psicóticos.

Um breve resumo do *modo de representação* que Aulagnier descreve deixa claro que ele subjaz ao funcionamento mental, mas inicia antes da conscientização de um mundo externo. É, portanto, anterior, no desenvolvimento, ao trabalho que visa a *figurabilidade*, o qual é fundamental para a recriação das imagens sensoriais de experiências prévias de satisfação. Considero o pensamento de Aulagnier como um desafio à primazia atribuída à *figurabilidade*, porque questiona a existência de um sistema sensorial biológico no início da vida, um sistema que visa tornar as experiências sensíveis, que está preparado para fazer contato com o mundo externo, impelido pela perda do mundo alucinatório do sono. Em vez disso, Aulagnier usa a força primária da busca do prazer para explicar como o contato com o exterior vem a ocorrer. Ainda, esse contato não implica uma aceitação do mundo exterior: ela postula que o órgão que é estimulado é experimentado como tendo gerado esse prazer. *Sob essa perspectiva, o órgão do sentido e a fonte de estimulação são inseparáveis, não há o fora, e o mundo é experimentado como gerado pelo sistema que o representa. Ignora a dualidade pela qual ele é composto* (Oliner, 1988b, p. 293).

Aulagnier propõe um *modo de representação* regido pelo processo originário, em que são inicialmente erogenizados aqueles órgãos dos sentidos que eventualmente servem ao princípio do prazer. O processo originário é considerado como a base do funcionamento do indivíduo ao longo da vida, pois é subjacente aos processos primário e secundário e os precede. Onde o contato com o objeto não resulta em prazer, o instinto de morte, que visa abolir as excitações, leva à restauração do "sono anterior, um 'antes' inteligível em que tudo era silêncio" (Castoriades-Aulagnier, 1975, p. 51). Assim, de acordo com Aulagnier

> [...] *no campo da psicose esse pano de fundo representativo pode, por vezes, ocupar a frente do palco. Não que o pictograma invada a consciência, mas o trabalho do processo secundário que, à sua maneira continua a lutar e tenta defender-se contra essa violação, vê a sua tarefa invertida. Não mais será uma questão de decifrar o sentido do mundo e dos sentimentos que, supostamente, estão em conformidade com os encontros a partir do qual eles surgem, mas trata-se de uma tentativa desesperada de tornar perceptíveis e passíveis de serem expressas em palavras vivências que derivam de uma representação na qual o mundo é apenas um reflexo de um corpo que se rejeita ao se autodevorar e se automutilar (Castoriades- -Aulagnier, 1975, p. 29).*

Assim, o processo originário, que precede todos os outros processos mentais, os quais são construídos sobre ele, constitui para Aulagnier um *modo de representação*, ainda que este não seja evidente no funcionamento maduro. Seu fracasso em estabelecer um contato prazeroso com o mundo também não é acessível à introspecção, uma vez que se baseia na destruição de certas funções, que potencialmente poderiam levar ao contato que está ausente.

Graus de restrições psíquicas

Outros autores, examinando distúrbios menos radicais, descreveram outras manifestações de uma relação desorganizada entre a realidade individual e a externa. Michel Fain (1971), um analista francês conhecido por seu interesse na origem da patologia psicossomática, sugere que o prazer é a fonte da existência psíquica, de modo que a falta de prazer impede que uma experiência psíquica seja gerada. Ele se opõe à noção kleiniana de que aquilo que não é bom é mau, o que significa que é parte da psique, ao passo que ele está convencido de que o que não é bom é (des)organizado e, portanto, inexistente. De acordo com este padrão defeituoso, aqueles cujas personalidades são (des)organizadas, respondem somaticamente a experiências que, em indivíduos mais saudáveis, provocariam uma resposta psíquica.

Meltzer (1991), ao abordar a experiência do trauma, sugere que a experiência não pode ser esquecida; no entanto, não pode se tornar integrada de tal maneira que o "Eu", em processo de amadurecimento, se veja como uma pessoa que passou por certos acontecimentos e foi modificado por eles. Como a memória encapsulada dessa realidade é desprovida de um significado pessoal, os eventos acontecem, e estão entre os descritos por Meltzer como não "disponíveis para a evolução de uma nova ideia": em vez disso, eles constituem "eventos em que a atenção à experiência estava tão dividida... que os processos inconscientes eram impedidos de operar" (Meltzer, 1991, p. 60). Acredito que a alusão de Meltzer à clivagem refira-se ao que, por vezes, também pode ser chamado de isolamento entre a sintonia total com a realidade e o senso de *self*. Loewald fala de níveis de integração, em que certas experiências ficam cindidas do nível mais maduro da personalidade. Para Green, certas experiências não são elaboradas ou conhecidas pelo trabalho da alucinação negativa. Cada um desses autores aborda o problema do destino das calamidades suportadas por uma pessoa que não estão disponíveis para a consciência, apenas estando presentes como fatos sem qualquer relação emocional com a pessoa, que lembra que "aquilo aconteceu".

Conclusão

A exploração da natureza dos traços mnêmicos deixados pela experiência do trauma, enfocando o seu *modo de representação*, convenceu-me de que esses traços são mais bem compreendidos através de sua ligação emocional com os sentidos. Essa ligação se manifesta através de *enactments* visando uma repetição da experiência traumatizante original. Frequentemente, a precisão com que a experiência anterior é repetida é surpreendente, apontando para atividades dos traços mnêmicos de eventos que não estão conscientes ou que são lembrados como fatos, desconectados de seu significado emocional. Para explicar esse fenômeno, Botella e Botella mostraram a fecundidade de um retorno à noção inicial de Freud de *figurabilidade*, discutida como *Darstellbarkeit* em *A Interpretação dos Sonhos*. Freud descreveu esse *modo de representação* em referência ao trabalho onírico, resultando uma experiência repleta de detalhes sensoriais que são essenciais para a forma dos sonhos. Isso ajuda a entender como os eventos traumatizantes são recriados de acordo com o mesmo modo de representação que as imagens do sonho, e porque existe uma necessidade constante de realizá-los, a fim de integrá-los.

Loewald qualificou esses pressupostos ao acrescentar que esse *modo de representação* não pode ser tomado como um "dado" biológico, como se esses eventos fossem reproduzidos da forma em que foram vivenciados. Ressaltou o papel da constante atividade reprodutiva da psique, à qual todas as experiências estão sujeitas. E Aulagnier acrescentou que a inclinação a representar não pode ser tomada como certa. Sua teoria leva em consideração o papel desempenhado pelo ambiente, nessas funções, desde o nascimento. Assim, a tentativa de *figurar* uma experiência, envolvendo a gratificação por uma fonte que não seja o *self*, pressupõe que o contato com a realidade externa foi suficientemente positivo e gratificante para fazer do uso dos órgãos dos sentidos uma experiência agradável. Estudos sobre o trauma revelaram uma série de defesas contra essa atividade dos sentidos buscando experimentar prazer. A frustração pode levar ao rompimento do vínculo emocional entre a experiência e o *self* consciente. Mas, apesar da gravidade de algumas das condições que resultam da utilização predominante dessas defesas, elas não causam a automutilação e a fragmentação radical encontradas na psicose e descritas por Piera Aulagnier. Ela propôs a existência de um *modo de representação* sujeito a um processo originário, que consiste na erogenização dos órgãos dos sentidos. Assim, o processo originário rege as primeiras vivências, em que a experiência sensorial e o objeto que a propicia são experimentados como um só, e a satisfação ou frustração como sendo autoengendradas. Com essa fusão entre os sentidos e sua gratificação, não existe ainda um sistema sensorial distinto dos objetos que o estimulam. O prazer leva à representação desse estado primitivo, enquanto a frustração se anula, abolindo também os sentidos que poderiam experimentar um estado negativo. Assim, a falta de satisfação mais primitiva conduz à automutilação.

De acordo com Aulagnier, o processo originário precisa ter gerado a gratificação necessária para que o desenvolvimento prossiga na aceitação da necessidade de representar. Essa é a base sobre a qual o processo primário e a neurose são construídos, e constitui o mais interessante ponto de vista a partir do qual entender a maioria das questões relacionadas ao trauma e sua *figurabilidade*. No processo originário, a relação com o mundo externo está seriamente comprometida, na medida em que ela não é diferenciada do indivíduo que a experimenta. No caso do trauma, a relação com o mundo externo e a diferenciação do indivíduo em relação a ele é, em geral, mais firmemente mantida. No entanto, a culpa do sobrevivente, a propensão das vítimas a se considerarem responsáveis pelo destino que sofreram, partilha pelo menos algum aspecto do mundo autogerado descrito como parte do processo originário.

Os analistas tendem a atribuir a culpa à satisfação de desejos proibidos inerentes ao trauma. É igualmente provável que sobreviver a um trauma leve a sentimentos de triunfo e a uma *regressão à onipotência*. A causa do trauma com frequência não é colocada claramente fora das fronteiras do indivíduo, mas este em geral não é afetado por uma fragmentação total da personalidade, como ocorre na psicose. No entanto, a onipotência infantil tende a persistir. Não está ligada ao fato de ter suportado uma calamidade, mas de tê-la sobrevivido. Isso, creio, faz com que seja importante não apenas entender o destino dos traços mnêmicos do trauma. Há que também esclarecer com as "vítimas" se elas se veem como tal ou como heróis que encontraram a chave para a sobrevivência e se culpam por sua incapacidade de se saírem melhor, virando, assim, contra si mesmos a agressão que a experiência gerou.

PARTE III
EXPLORAÇÕES CLÍNICAS

8. Pulsão, representação e as demandas da representação

Marilia Aisenstein

O *setting* (ou enquadre) e o estabelecimento da regra fundamental coloca o paciente em uma situação inusitada, em que só o uso de palavras é permitido. Essa proibição repete metaforicamente o tabu do incesto e a regra fundamental exige que o paciente transfira toda a sua produção psíquica para o discurso. Ele é *solicitado a dizer livremente tudo o que vem à sua mente.* Ele irá transferir, desde o início – isto é, ele vai expressar através de linguagem – um conflito afetivo e libidinal anterior, que se infiltra e impregna o presente e o conteúdo atual de seu discurso. Então, a linguagem é o meio usado para expressar desejos de satisfações instintivas, de elucidação, de renovação e de mudança, a todos os quais se opõe a compulsão à repetição.

No Colóquio Psicanalítico de Aix-en-Provence, em 1983, André Green falou de "um processo de dupla transferência, ou seja, uma transferência do psíquico sobre a fala e uma transferência do

238 PULSÃO, REPRESENTAÇÃO E AS DEMANDAS DA REPRESENTAÇÃO

discurso sobre o objeto" (Green, 1983a, p. 132). Parece-me que esta dissecção do fenômeno é importante por si só. Naquela época, o objetivo era contradizer o projeto de Lacan. Não entrarei nessa discussão aqui, nem em suas ramificações mais profundas, que interessam mais aos linguistas do que ao clínico. No entanto, a implicação fundamental dessa dissecção é mostrar claramente a conversão do aparelho psíquico em linguagem, que por sua vez, é o veículo de possibilidades metafóricas infinitas. É justamente nessa variedade infinita que a compulsão à repetição pode ser frustrada: em *Curar do mal do amor*, J. C. Rolland (1998) dedica dois capítulos a essas perguntas: *"De sonhos a piadas, a feitura da linguagem"* e *"Compulsão à repetição, compulsão à representação"*.[1]

Como Green e Rolland também demonstram, cada um de maneira diferente, estou convencida de que a linguagem tem a sua própria auto-organização e talento: a primeira visa dominar o que é dito, enquanto o segundo pode ocasionar a derrota de tal maestria. O tratamento psicanalítico é a "cura pela fala", mas a definição e a regra da associação livre dependem da implantação da fala, bem como de sua desestabilização. Isso pode nos levar a uma discussão sobre piadas e poesia, mas o que me interessa aqui é a representação [*Vorstellung*]. "A conversão do aparelho psíquico em um aparelho de linguagem", conforme Green (1983a, p. 132) escreve, envolve *a mutação da pulsão em representação; é uma de suas exigências*. A psique é constituída de pulsões e o trabalho psíquico pertence à pulsão, ao passo que o trabalho da linguagem envolve colocar representações [*SE*: "ideias"] em palavras. *Tanto a pulsão como a linguagem são sempre dirigidas a (e, sobretudo, só são possíveis em relação a)* um objeto – neste caso, o psicanalista.

Em seu livro, Jean-Claude Rolland até mesmo se refere a uma pulsão de representar. Deixem-me citá-lo:

O novo equilíbrio de poder introduzido pela regressão transferencial ao conflito psíquico, e a renúncia pulsional necessariamente envolvida na realização de uma análise, levam-nos a supor que a compulsão à repetição, que rege o desejo inconsciente ou a demanda das pulsões, é substituída na análise por uma compulsão a representar, onde a primeira se desenvolve, elabora, satisfaz-se in effigie, sublima-se. As regras da análise... confinam o conflito psíquico à cena do discurso e, consequentemente, à comunicação com o analista, porque, se a transferência é realmente o motor da análise, também é sua cena exclusiva: toda atividade psíquica do analisando está concentrada lá momentaneamente, assim como a atividade psíquica do sonhador está concentrada no trabalho onírico (Rolland, 1998, p. 235).

Transferência, linguagem, representação e suas demandas

Colocar as coisas em palavras ou usar a linguagem necessariamente envolve uma atividade de representação [*Vorstellung*; Standard Edition: "apresentação"][2] – uma atividade fundamental da mente humana e a base da teoria freudiana. A relação entre representação e pensamento foi discutida por Freud, já em 1911, em "Formulações sobre os Dois Princípios do Funcionamento Mental" (1911b), onde ele descreve a suspensão da descarga motora como *dependente do processo de pensar que é desenvolvido a partir da apresentação de ideias* ["*activité de représentation*"] (p. 221). Em suma, falar das "demandas de representação" significa procurar definir as condições gerais necessárias para a sua existência e para seu valor funcional e econômico. Em minha opinião, *a primeira*

240 PULSÃO, REPRESENTAÇÃO E AS DEMANDAS DA REPRESENTAÇÃO

demanda de representação é aquela que é colocada pelo corpo, da qual se pode dizer que é uma demanda de tradução dirigida à mente. Em certos casos, esta não irá reconhecê-la, e a pulsão então encontrará recusa contundente, será intraduzível e degradada. Mas, além disso, a mente também está sujeita a demandas da linguagem: o trabalho psíquico deve ser convertido e transferido para a linguagem, deve concentrar-se sobre e na linguagem, mas a que preço? Sob essas condições, o discurso torna-se extremamente desalentador, banido de representações, mecânico ou operacional; ele cita, enumera, designa sem representar [*Darstellen*, figurar]. Como não sou germanista, tampouco suficientemente versada em questões relacionadas às vicissitudes da tradução, escolhi falar aqui da representação psicodramática [*mise en scène*] e de "figurabilidade", seguindo os argumentos apresentados por César e Sara Botella (2001c), no prefácio da segunda edição de seu livro, *A figurabilidade psíquica*. Figurabilidade parece-me simplesmente um termo menos abstrato do que representatividade.

No curso das análises "clássicas", a atividade da associação livre facilita um modo regressivo de funcionamento compartilhado por ambos os protagonistas, sendo uma condição da "atenção uniformemente flutuante". As representações (ou conteúdos ideacionais) circulam livremente ao longo das cadeias associativas dando lugar à "figurabilidade" [*Darstellbarkeit*; *SE*: "representabilidade"]. É uma questão, como Freud disse, de transformar o inconsciente em pré-consciente. Mas, o que acontece nos outros, os "casos difíceis", quando não há associação livre, regressão, representação ou conteúdo ideacional disponível, quando somos simplesmente confrontados com a força e o irrepresentável?

Defendo que as únicas ferramentas passíveis de uso são aquelas do afeto ou da ansiedade, às quais a transferência nos dá acesso, mesmo além do princípio do prazer, da contratransferência, ou pelo menos o que pode ser conhecido dela, incluindo aquilo a que o casal Botella se refere como "o trabalho de figurabilidade do psicanalista". Este emerge em condições extremas, de uma forma inesperada. O que está envolvido é algo

> *Equivalente ao trabalho onírico, resultando numa forma particular de pensamento; a capacidade emergente do analista, traçando novas ligações em campos simultâneos e em múltiplos níveis da sessão, irá produzir uma inteligibilidade quase alucinatória das ligações entre os efeitos perceptíveis do discurso do paciente, a transferência e a contratransferência, e também uma grande quantidade de material perceptivo presente que abrange desde a percepção sensorial até resíduos de sessões anteriores (Botella & Botella, 2001c, p. 84).*

Creio que esse tipo de trabalho nos escapa, mas aparece no contexto de um trabalho de contratransferência "no limite" [*à vif*], por assim dizer, no qual o analista é obrigado a ouvir o inaudível, a construir e inventar, onde o afeto está envolvido. Depois de dizer algumas palavras sobre minha concepção da abordagem psicanalítica de pacientes somáticos, darei um exemplo, referindo o caso de uma paciente com câncer de cólon.

Na Seção III de *A Filosofia da Natureza*, Hegel (1818) apresenta esta fórmula surpreendente: "uma pedra não cai doente". Sendo um organismo morto, cuja existência é apenas objetiva, a pedra não pode adoecer, uma vez que ela se anula em sua própria negação, ela é ou se decompõe. Difere do ser dotado de subjetividade, que a doença afeta em seu estar no mundo e em sua identidade.

242 PULSÃO, REPRESENTAÇÃO E AS DEMANDAS DA REPRESENTAÇÃO

Neste sentido, não há doenças psicossomáticas: o ser humano é, por definição, uma unidade somatopsíquica. A concepção da pulsão é o paradigma para isso. Em minha opinião, é uma aberração pensar em doença afetando apenas o soma. A questão das causalidades é mais complexa. Minha visão é que não existe algo como uma doença somática psicogenética. Seja grave ou benigna, uma doença é o resultado de um número infinito de fatores, hereditários, genéticos, biológicos, ambientais e psíquicos, mas ocorre em um determinado momento na vida de um sujeito.

A flexibilidade do programa genético humano é tal que sequer um câncer genético pode ser cronologicamente previsto. Nesse caso, o mundo de fantasia do sujeito, sua história psíquica e suas capacidades de elaboração mental, a meu ver, representam um papel na aceleração ou retardo dos processos envolvidos no aparecimento da doença. Agora, se um câncer de mama aparece com a idade de 35 ou aos 60 anos, faz dessa doença um evento de vida bastante diferente.

Parece evidente que os traumas precoces e certos tipos de depressão, conhecidos como "essenciais", facilitam a desorganização somática de um sujeito. Não vou tão longe a ponto de dizer que toda depressão essencial conduz ao estado de doença, nem considero a depressão essencial como um fator causal, como às vezes afirmam.

Pessoalmente, a questão da etiologia é de pouco interesse para mim – e de qualquer forma, muito menos interessante do que a economia dos processos de recuperação ou agravamento somático e sua relação com o funcionamento mental.

O neurobiólogo A. Prochiantz (1989) mostra claramente, em seu livro *A Construção do Cérebro,* que essa grande flexibilidade do programa genético humano faz do homem "um indivíduo extremo, e, ao mesmo tempo, o mais individual e o mais social dos animais" (p. 79), irredutível a um sistema de programação que não leve em consideração o afeto e a fantasia. Os males do soma estão entre os acontecimentos de uma vida; mas, apesar de serem parte dos nossos genes ou de nossa estrutura neuronal, os distúrbios ou prazeres do ser humano têm uma diversidade infinita e estão sujeitos a eventos aleatórios, precisamente porque estão submetidos a uma história que é sempre única.

Uma dessas histórias singulares é o caso de Makiko, em que a doença, inicialmente vivenciada como um golpe opaco do destino, se torna objeto de elaboração psíquica graças ao trabalho psicanalítico.

Encontrei esse nome no livro *Cavalos em Fuga* (1999), do autor japonês Yukio Mishima, o segundo volume de seu último trabalho. Makiko é uma jovem e bela mulher, filha de um general ligado aos círculos imperiais. Ela se divorciara por recusar-se a aceitar a submissão exigida às esposas. Então, volta a viver com seu pai e se torna a mentora de um grupo de jovens rebeldes prontos a cometer o ritual do *Seppuku*[3] em vez de aceitar a nova ordem social. É importante ter em mente, aqui, que o próprio Mishima cometeu suicídio depois de terminar a soberba tetralogia épica, *O Mar da Fertilidade* (1965-1970), escrevendo simplesmente que havia dito tudo o que tinha a dizer.

A pessoa a quem dei o nome de Makiko foi encaminhada a mim por um eminente colega, um psicossomaticista, o qual me contou que ela era japonesa, tinha câncer de cólon e era difícil ouvi-la. Ele atribuiu essa dificuldade à sua própria idade e à voz amortecida da jovem.

244 PULSÃO, REPRESENTAÇÃO E AS DEMANDAS DA REPRESENTAÇÃO

Assim que ela começou a falar comigo, fiquei realmente impressionada com o tom monótono de seu discurso. As palavras eram francesas, mas podia ouvir uma música japonesa gutural e enfática, realmente difícil de escutar, ainda que seu francês fosse excelente. Em momentos de atenção flutuante, podia ouvir sons japoneses e perdia o sentido de suas frases. Notei essa dificuldade em minha contratransferência, que Makiko me ajudou a entender ao me dizer, mais tarde, que ela havia perdido o "sentido das palavras" durante a sua depressão.

Não direi muito sobre as primeiras etapas desse trabalho psicanalítico realizado em Paris, primeiro em duas, e em seguida, três vezes por semana, face a face, exceto que foi difícil. Makiko veio porque havia aceitado o conselho de seu oncologista, do psicanalista de seu marido e do seu clínico. Mas ela própria não entendia como as palavras poderiam ajudar a curá-la. Deu-me muito pouca informação e eu tinha que as extrair dela, propondo temas de conversa. Nessa época, ela tinha 45 anos, mas parecia ter 28 ou 38; era pequena e frágil, o rosto de pele muito lisa; tinha uma aparência adolescente, vestindo calça jeans e camiseta.

A história que me contou permaneceu um mistério para mim por algum tempo e tinha muitas lacunas. Tendo estudado arte em Tóquio, deixara o Japão com a idade de 28, repentinamente, a fim de frequentar a *École du Louvre*. Ela não sabia nada de francês, mas falava inglês. Por que a França? Porque a pintura francesa a interessava mais, "por causa da perspectiva". Ela não sabia por que se sentira obrigada a deixar seu país, mas falava sobre isso como se tivesse sido uma necessidade interna e poderosa.

Quando perguntei a ela se 28 não era uma idade em que uma moça deveria se casar no Japão, ela pareceu muito interessada e disse: "Talvez eu não quisesse ser uma mulher, nem uma mãe japonesa. Nunca pensei sobre isso". Então ela veio para a França, conheceu seu futuro marido logo após chegar. Eles se entenderam imediatamente, apesar da barreira da língua: "pensavam igual em relação a tudo" e se comunicavam perfeitamente. Naquela época, ele fazia análise e Makiko achava que ele estava tendo conflitos com seus pais, embora ela própria pensasse que estes eram muito bons e achava estranho que alguém pudesse ficar bravo com "pessoas idosas".

Ela é pintora, mas estava tendo dificuldades naquele momento e tinha parado de ir ao ateliê. Estava trabalhando meio turno como vendedora, numa loja de artigos de luxo, o que lhe permitia ganhar algum dinheiro. Quando expressei minha surpresa em relação a essa escolha para uma mulher tão qualificada e trilíngue, ela respondeu que os japoneses não têm o mesmo senso de valores sociais que nós e que esse trabalho não era problema para ela, contanto que lhe permitisse pagar o aluguel de seu estúdio de arte. Pareceu-me que ela não estava investindo narcisicamente nesse "trabalho". E, no entanto, um dia, uma observação desagradável, mas trivial, de um colega mais velho – "Você não é uma vendedora muito boa" – lhe atirou em desespero e profunda desorganização. Pediu demissão no dia seguinte e entrou num estado depressivo que a todos parecia incompreensível. Durante essa sessão, ela soluçava e sua dor aumentava por lhe parecer, como ocorria naquele momento, que ela sentia algo incomunicável. Nem mesmo seu marido a havia entendido. Ela apelou para mim: "Madame, a *senhora* me compreende"? Eu estava perplexa e senti a necessidade de lhe responder, então disse: "Acho que é muito difícil para nós entendermos o que é um código de honra japonês". As palavras "código de honra" a emocionaram: ela claramente reconheceu algo nelas e me disse que seu pai era um Samurai, de uma família muito antiga e nobre que empobrecera, e que agora era

246 PULSÃO, REPRESENTAÇÃO E AS DEMANDAS DA REPRESENTAÇÃO

um corretor de seguros. Eles ainda tinham limitações financeiras em casa, porque ele não sabia como vender...

Makiko ficou chocada com o que tinha acabado de dizer e permaneceu em silêncio por um longo tempo.

Desse ponto em diante, ela passou a falar sobre sua família de uma forma que finalmente permitiu-me formar uma imagem mais ampla. Ela era filha única, sua mãe era coreana, de origem rural, descendente de uma linhagem de sacerdotes xintoístas.

Sempre que eu aludia à existência de um possível conflito – como os existentes entre o Japão e a Coréia (os japoneses são odiados pelos coreanos, que os consideram como pertencentes a uma cultura inferior), o Budismo e o Xintoísmo, samurais e as pessoas da área rural –, Makiko invariavelmente respondia que o Japão não era assim, que religiões diferentes coexistiam em respeito mútuo e as classes sociais, embora claramente marcadas, não exibiam atitudes de rejeição, desprezo ou rivalidade.

Fiquei impressionada com a repressão drástica de qualquer forma de conflito envolvendo afeto, e achei difícil de discernir entre a dimensão cultural e o que era de caráter pessoal.

Inicialmente, eu apenas a ouvia e depois comecei a contradizê--la, referindo-me à literatura japonesa, como a *O Conto de Genji*, e autores como Kawabata ou Ariyoshi, que ela conhecia e tinha recomeçado a ler em japonês. Tivemos, então, trocas muito interessantes, durante as quais ela veio a aceitar a ideia de que os sentimentos e estados emocionais, que ela não queria ver e se recusava a sentir, de fato existiam no Japão, "já que [foram] descritos na literatura".

Foi nesse contexto que viemos a falar sobre a doença e seus sonhos. Contou-me muito pouco sobre seu câncer e mostrava reticência sobre o aspecto psíquico de uma doença somática. Tinha passado por uma cirurgia e ainda estava em tratamento quimioterápico; no entanto, disse-me que fora durante sua depressão – seis meses após sua demissão –, que o diagnóstico havia sido feito. Tudo se dera muito repentinamente e ela tinha sentido dores terríveis no estômago, "como uma bomba". Após ter sido diagnosticada, sentiu-se imediatamente melhor – como se "o câncer me houvesse devolvido a dignidade e um senso de significado". Sugeri-lhe que a doença tinha lhe devolvido seu código de honra perdido.

Outra coisa mencionada de passagem foi que o marido (seu gêmeo/duplo) fora submetido a uma hospitalização prolongada para realizar uma operação de hérnia de disco durante os meses em que ela tinha ficado deprimida. Então, ela estava sozinha, sem trabalho, havia parado de pintar e chorava constantemente. O que descreveu para mim foi um episódio quase que melancólico.

Um dia, em função de um livro (*A Casa das Belas Adormecidas,* de Yasunari Kawabata, um romance em que homens vão dormir perto de belas meninas que eles não tocam – só para sonhar), Makiko disse: "Você me perguntou se eu sonhei, e eu disse que não; mas antes eu costumava sonhar muito". "Antes" havia sido há muito tempo, muito antes do câncer, ela não conseguia lembrar. Seus sonhos "eram vívidos e muito coloridos".

Quando ela veio à sessão seguinte, estava contente, pois fizera uma descoberta: "Estive pensando sobre sua pergunta. Parei de sonhar quando perdi a língua japonesa". Contou-me, então, como tinha conscientemente se forçado a pensar em francês.

Ela me explicou longamente, criteriosamente, que a descrição de uma imagem onírica numa narrativa é diferente em japonês, porque os caracteres e a maneira de escrever são diferentes. Agora

248 PULSÃO, REPRESENTAÇÃO E AS DEMANDAS DA REPRESENTAÇÃO

que ela só podia falar francês, não podia contar a si mesma seus sonhos e, portanto, eles desapareciam. "As palavras não evocam as mesmas imagens, nem as imagens as mesmas palavras".

Fiquei surpresa e admirada com esse momento de *insight* durante a qual ela parecia descrever com grande sutileza a regressão formal dos sonhos e a ambiguidade da relação em que uma apresentação de coisa é substituída por uma apresentação de palavras. Isso me possibilitou falar com ela sobre a vida onírica e a regressão, ou melhor, sobre a sua recusa em aceitar a regressão e a passividade – particularmente considerando que ela era uma pintora e não queria ser uma mulher japonesa.

Daquele ponto em diante, Makiko parecia diferente: ela apreciava as sessões, pensava nelas demoradamente, começou a vestir-se de forma mais feminina e passou a usar maquiagem. Tinha recomeçado a pintar e conversou comigo longamente sobre seus estudos de formas, cores e, principalmente, perspectiva, algo que parecia obcecá-la. O que ela dizia era mais vivo e expressivo. No entanto, algo permanecia opaco, causando-me certa ansiedade. Eu também estava intrigada por que era levada a pensar com frequência sobre a violência de um autor como Mishima, aparentemente tão distante do próprio texto dela.

Nessa conjuntura, Makiko, que parecia estar cada vez mais interessada no visual, estava indo muito ao cinema e frequentemente me contava sobre os filmes que tinha visto. Ao fazê-lo, retornou a imagem associativa de um sonho de infância, que não era realmente um sonho, mas uma visão desperta repetitiva que se forçava sobre ela, mas sem desprazer: *ela enfiava uma faca suavemente em seu estômago e virava a lâmina para cima.* Tive a impressão de que nos defrontávamos, aí, com material alucinatório, na ordem de uma regressão formal do pensamento, o que, sem a restrição do trabalho pré-consciente, pode levar a alucinações em não psicóticos. A hipercondensação desse "sonho" – penetração, estupro, uma cesariana e Seppuku, que "somente o Samurai está autorizado a cometer, mas não as mulheres ou os xintoístas" – ocupou várias sessões. Nesse período, também tive um sonho em que eu *caminhava por uma paisagem devastada, carregando uma menina asiática nos braços, envolta em ataduras, um pouco como as múmias de crianças egípcias que se pode ver no Museu do Cairo. Ela parecia uma boneca, mas estava bem viva.*

Esse sonho, misturado com a história de Makiko, protegida aqui por bandagens apertadas, me levou de volta a uma memória muito antiga da minha partida definitiva da Alexandria. Eu tinha 5 anos e, na loucura caótica do porto, estava aterrorizada com a ideia de perder minha boneca. Esse sonho reforçou a ideia que eu tinha de que, após cinco anos de trabalho analítico intensivo, ainda não tínhamos chegado perto dos traumas iniciais de minha paciente, e isso me deixou em um estado de certa ansiedade expectante.

Dois momentos significativos no processo

O verão se aproximava, e Makiko estava sentindo prazer em planejar uma viagem ao Japão, para onde nunca havia retornado. Eu havia assinalado o medo que ela tinha de voltar ao seu país. Ela me perguntou se eu iria ao meu país, pois sempre soubera, disse ela, que eu também era uma estrangeira. Como mostrei o meu espanto, ela acrescentou: "O Doutor Fain me disse: 'Vou encaminhá-la para uma colega que também é estrangeira como você, mas que sempre atendeu em Paris'".

Pouco tempo depois, ela mencionou, de passagem, o nome da cidade de Hiroshima. Eu fiquei literalmente espantada ao saber que essa era a cidade de seu pai e que ela vivera lá quando criança.

Totalmente chocada, lembrei-lhe que ela nascera em 1945, o ano da bomba atômica. Makiko então me explicou que, na verdade, ela havia nascido na Coréia, pois sua mãe fora estar com a própria mãe quando Makiko estava para nascer.

Não me alongarei sobre o desenrolar deste trabalho. Depois da bomba que as palavras "Hiroshima, mas é da cidade de meu pai" representaram para mim, os movimentos da análise foram ritmados por um retorno em massa de afetos violentos ligados às terríveis imagens da infância que tinham sido silenciadas até então – não reprimidas, mas esvaziadas de seu conteúdo emocional, congeladas. Ela pediu uma terceira sessão. Eu finalmente fui capaz de dar algum sentido à sua sublimação: a perspectiva na pintura acabou sendo o contrário de um aniquilamento por liquefação instantânea. Makiko descreveu longamente e com detalhes infinitos um banco de pedra, preservado no pátio de sua escola, que tinha sido reduzido à lava e a uma mancha no chão.

Essas descrições de sua cidade devastada pela bomba atômica evocaram em mim uma carta de Freud a Jung, em que ele explica que uma representação [*Vorstellung*, SE: "ideia ou apresentação"] separada do seu afeto torna-se novamente uma percepção, sendo depois acompanhada, no paranoico, por uma convicção da realidade. Essa era, então, a natureza das narrativas de Makiko, uma mulher que fora obrigada a fugir e a estudar perspectiva, a fim de escapar da agressão perceptual dessas imagens, as quais ela começou a me relatar como se estivesse tentando me convencer.

Muito trabalho analítico importante, ligando múltiplas cadeias associativas, permitiu-nos correlacionar a bomba, o câncer de cólon, o choque de seus primeiros ciclos menstruais, o ritual do *Seppuku* reservado ao Samurai e o fato de ela nunca haver pensado em ter um filho.

A imagem de um pai que havia transgredido o código do Samurai, talvez por amor a uma mulher estrangeira depreciada, permitiu-lhe vivenciar sentimentos de culpa em relação a essa mãe e deu um significado maior à sua recusa em identificar-se com uma "mulher japonesa", mas também com uma mulher coreana.

Ela então relembrou os terríveis atos de violência realizados pelos japoneses contra os coreanos no início do século.

Para concluir, vou apenas citar algumas palavras de Makiko, ditas na véspera de sua viagem, palavras que me surpreenderam e me fizeram refletir sobre a emergência de uma verdadeira transferência: "Eu olhei para um mapa e fiquei feliz de ver que Atenas é exatamente a meio caminho entre a França e o Japão", palavras surpreendentes na boca de uma mulher tão precisa. Embora o cálculo fosse totalmente falso, essas palavras pareciam definir muito exatamente a distância adequada que tínhamos encontrado entre o Japão, a Coreia, um país estrangeiro, mas perto demais, e a França, tão longe. Hoje penso que o encaminhamento de Michel Fain para mim também foi condensado nisso: "Vou encaminhar você a uma mulher estrangeira como você, que trabalha em Paris há muito tempo", o que também significara, "ela é como você, entre duas culturas e dois códigos".

A menção a Atenas, Paris e Hiroshima como equidistantes pareceu-me fazer parte dos "erros devido à transferência". Marcou, na minha visão, a criação de possibilidades regressivas no núcleo de uma organização psíquica em que a recusa à regressão estava ligada à não elaboração traumática de tendências e satisfações passivas. O trabalho realizado em torno da regressão formal dos sonhos posteriores às sessões parece-me ter sido central.

A abordagem psicossomática que adoto está fundamentada na linha essencialmente econômica da Escola de Paris, sob uma

252 PULSÃO, REPRESENTAÇÃO E AS DEMANDAS DA REPRESENTAÇÃO

perspectiva mais interessada nos movimentos psíquicos do que no simbolismo dos conteúdos. Contudo, a questão do simbolismo surge aqui: o câncer está em seu estômago; ela teve fantasias de seu cólon explodindo, mas "nem mesmo pensara em ser mãe"; sonhou com *Seppuku*; e ligamos a bomba de seu câncer a Hiroshima. Toda a problemática de Makiko pode ser vista sob o ângulo do significado do sintoma somático, pré-inscrito no corpo. No entanto, isso implicaria equiparar a doença a uma forma de histeria – uma teoria atraente, mas que não me convence, porque significaria atribuir sintomas conversivos a doenças orgânicas. Para mim, o significado é crucial, mas pode surgir de forma retroativa, dentro e através do trabalho de análise, permitindo, assim, a reintegração do evento somático nas cadeias associativas, e sua elaboração psíquica.

Este material pode ser lido à luz de muitas abordagens teóricas, mas o que me interessa é o prisma "afeto e transferência, figurabilidade".

Makiko parecia funcionar "operativamente": não havia associações em seu discurso, o que poderia construir um movimento regressivo; nenhuma incursão ao passado; nenhum afeto ou mesmo qualquer ansiedade em relação à evolução da doença. Ela não acreditava que "as palavras poderiam ajudá-la". Eu podia sentir a existência de uma experiência traumática precoce intocada, que ela não havia submetido a medidas de autotratamento (nenhum traço de caráter marcante de anorexia ou adições, por exemplo); o que é forcluído só pode retornar através da transferência.

Ela era japonesa, e eu me perguntava sobre o aspecto cultural de sua contenção. Como sou uma ávida leitora de romances japoneses, usei meu conhecimento dessa literatura para me convencer, e depois a ela, sobre a repressão drástica que ela exercitava. Ela não havia esquecido nem reprimido. Mas, as memórias não emergiam – uma vez desligadas de afetos não catexizados –, permanecendo como que congeladas. Ela havia fugido do Japão e da língua japonesa impulsivamente, movida por uma ideia estranha, "a busca de perspectiva". Sua depressão parecia estar ligada a uma súbita identificação com um pai idealizado e que perdera sua grandeza, uma identificação que na época ainda estava opaca para ela. O câncer se desenvolveu cronologicamente, mas eu não iria tão longe a ponto de dizer que a depressão era um fator causal. Ela veio me ver "sob prescrição", mas investiu em mim maciçamente. Essa transferência estava além do princípio do prazer: é o que denomino "compulsão transferencial", uma atração fundamental à repetição.

Vou referir a uma transferência mais elaborada apenas a partir do momento do "código de honra japonês", onde a textura da transferência adquiriu uma coloração paternal, mas parecia pertencer mais às palavras "código de honra do Samurai" do que ao objeto. Além disso, não era marcada por qualquer ambivalência. Notei que por um longo tempo eu própria havia esquecido da mãe, de quem eu tinha dificuldade em formar uma imagem. Não fui ler romances coreanos, por exemplo; eu estava intrigada e ansiosa; não havia atenção flutuante, mas sim uma contratransferência "no limite", por assim dizer, profundamente afetada, que procurava ouvir o inaudível, construir e inventar. É assim que entendo o meu sonho, no qual incluo Makiko numa lembrança traumática da minha primeira infância – um sonho que funciona como uma ansiedade sinal e me diz: ela está melhorando, mas ainda estamos muito longe das questões essenciais.

Durante anos, Makiko ocultou de mim o fato de que ela sabia que eu era uma estrangeira na França, e acho que esse segredo permitiu que ela se identificasse comigo por meio da ideia de que é

254 PULSÃO, REPRESENTAÇÃO E AS DEMANDAS DA REPRESENTAÇÃO

possível partir sem renunciar ou repudiar. O momento em que ela começou a ler em japonês parece-me crucial, pois isso significava ela aceitar retomar contato com suas emoções e compartilhá-las comigo através da literatura. Houve, no entanto, um intermediário, na forma dos personagens de Kawabata, Aryoshi e Mishima, e por um longo tempo ela foi incapaz de compartilhar suas emoções comigo diretamente.

O desabrochar dos afetos ocorreu após o surgimento do nome "Hiroshima", mais de cinco anos após o início de nosso trabalho, em um momento em que havia um relativo levantamento da repressão e eu própria estava em estado de alerta. Foi logo depois disso que ela me disse que havia olhado atentamente para o mapa do mundo e percebido "que Atenas é exatamente a meio caminho entre Paris e o Japão", o que entendi como o prelúdio de uma reorganização psíquica verdadeira.

Para concluir

Em *La Nuit, le Jour* [A Noite, o Dia], D. Braunschweig e M. Fain (1975) descreveram a identificação histérica precoce do bebê com sua mãe como o protótipo da inscrição de um traço de memória inconsciente que contém as palavras e o trabalho pré-consciente da mãe.

Gostaria de propor, mais simplesmente, em minhas próprias palavras, a ideia de uma criança que está momentaneamente abandonada por seu objeto, em perigo de angústia, identificada com a busca erótica de sua mãe. Ela procura... busca precocemente representações de sua mãe, em sua mãe. Ela já está buscando representações.

Notas

1. NR: *"Du rêve au mot d'esprit, la Fabrique de la langue"* e *"Compulsion de répétition, compulsion de représentation"*.

2. NR: Sobre a tradução de *Vorstellung* na ESB, ver NR na página 20; aqui, respeita-se o termo utilizado pela autora.

3. NR: *Seppuku,* literalmente "cortar o ventre": ritual suicida japonês por esventramento reservado aos samurais. Vulgarmente conhecido no ocidente por *haraquiri.*

9. A descoberta do guarda-chuva

Jacques André

Às vezes, a análise traz resultados tangíveis. Mas, por ser uma viagem longa, porque leva muito tempo, só raramente acontece de realmente sentirmos tais resultados. A análise tem uma meta ambiciosa – permitir a mudança exatamente nas áreas onde a psique permanece mais obstinadamente imóvel: em nossas maneiras de amar e odiar. Felizmente para ambos os protagonistas, existem paradas ao longo do caminho – mudanças pequenas, embora não tão pequenas quanto possam parecer: por exemplo, o desaparecimento ou a transformação de uma peculiaridade perturbadora que pode tornar a vida muito difícil, mãos que já não precisam ser lavadas a cada cinco minutos, ostras repentinamente deliciosas depois de terem sido por muito tempo consideradas "nojentas", uma ereção que quebra todos os recordes de duração, uma saia finalmente, em vez do velho par de jeans, com um sorriso em vez de um pensamento de culpa, tomar o metrô novamente depois de anos de caminhada, sem ter (muito) medo de que os homens irão assaltar e estuprar se o trem parar num túnel, dormir sem

258 A DESCOBERTA DO GUARDA-CHUVA

comprimidos, sonhos que eram esquecidos e puderam ser sonhados, uma palavra impronunciável que de repente volta aos lábios, nadar em águas profundas sem medo, deixar de acreditar que é preciso chorar muito para ser amado.

Às vezes, uma pequena mudança, daquelas que podem nem ter sido notadas, pode ser o sinal de uma profunda transformação. Lise percebeu que a análise tinha lhe ensinado uma coisa: a usar guarda-chuva. Já não se aventurava sob uma chuva torrencial sem ele, aquele pedacinho de telhado que ela havia negligenciado, desconhecido até agora. Na superfície parece simples, no entanto essa simplicidade é inversamente proporcional à complexidade da construção implícita. Alguns homens são desajeitados com guarda-chuvas, mas esse não era o problema de Lise: sua vitória não era sobre a inabilidade, mas sobre a indiferença. Nem todo mundo é atingido pela chuva; pode estar chovendo torrencialmente, mas isso não significa necessariamente que a própria pele ou ego-pele ficará molhada. Freud tomou emprestada uma das definições de ego de Federn: uma "criatura fronteiriça". A palavra inglesa "borderline" descreve essa situação de forma muito precisa: a indefinição de fronteiras entre o ego e o mundo exterior, o ego e os outros. A psicanálise, nesses casos, torna-se uma questão de território. O paciente tenta se defender da melhor maneira que pode – pode lutar contra a intrusão através da persecutoriedade; contra a separação através do vício; pode construir uma parede de vidro, uma intransponível divisão invisível entre si e o mundo a sua volta – mas, ao mesmo tempo, a estabilidade e a estrutura do setting psicanalítico estarão mapeando o que havia sido pisoteado ou que talvez nunca tenha sequer existido. Antes do guarda-chuva, Lise tinha feito outra descoberta: "Esta", disse ela, falando do lugar que ela veio a habitar várias vezes, várias sessões por semana, "esta é a minha primeira 'casa'". O que se segue é um paradoxo: uma vez que o ego tenha conseguido definir seu próprio território com algum grau de certeza e veracidade, uma vez que ele finalmente tenha encontrado um lugar seco e construído uma casa, é então que ele descobre o medo da chuva.

A psicanálise tem uma dívida com os pacientes *borderline* por uma descoberta surpreendente: todas as formas de vida psíquica, mesmo a mais básica, resultam da psicogênese. Não há algo tal como a natureza humana, do ponto de vista psicanalítico. Não que nada seja inato, mas não há nada humano que não esteja submetido às vicissitudes das relações intersubjetivas iniciais. "Não existe essa coisa chamada bebê – somente uma dupla amamentadora", de acordo com Winnicott. Esse encontro fundamental com a vida psíquica de um adulto causa estragos em cada desenvolvimento. Winnicott realmente construiu uma espécie de modelo "natural" do desenvolvimento, com base nas condições concebidas em termos como mãe suficientemente boa, manejo, *holding*, continuidade do ser, e assim por diante. Este modelo não foi baseado na observação de bebês, mas – extraordinariamente – em uma construção decorrente de regressões profundas induzidas pela transferência, em pacientes *borderline*. A teoria de Winnicott constrói uma natureza diante da falta da mesma.

Sabemos agora que bebês recém-nascidos, longe de serem como ovos em suas cascas, trancados em si mesmos, como a teoria do narcisismo primário postulava, são extremamente sensíveis ao impacto do ambiente desde a mais tenra idade. Isso, no entanto, não aumenta a autonomia do bebê, mas em vez disso, torna-o inteiramente dependente da resposta do meio ambiente. A ideia freudiana do desamparo primordial é ainda mais convincente. As crianças psicóticas nos mostram, mais impressionantemente do que adultos *borderline*, que ser humano significa ser vulnerável à violência psíquica do ambiente. A criança babando ou encoprética "demonstra", *ao contrário,* que os esfíncteres orais ou anais – os

260 A DESCOBERTA DO GUARDA-CHUVA

músculos que separam o interior do exterior – funcionam como resultado da psicogênese, e que podem, às vezes, falhar.

Em seu artigo sobre "A negação" (1925h), Freud considera o ato de cuspir como o protótipo do "não" e da distinção entre dentro e fora. A criança que baba nos mostra que nem todo mundo é capaz de "cuspir": o esfíncter oral deve estar psiquicamente formado. Freud não menciona a dimensão intersubjetiva dessas ações básicas: cuspir é uma relação – sempre se cospe algo em alguém. "Cuspir" é o protótipo da negação, ou é, ao contrário, condicionado pela aquisição, na fase pré-verbal, do gesto psíquico de recusa? Como sempre acontece nas tentativas de compreender as origens, encontramo-nos diante do enigma do ovo e da galinha.

Num outro nível, os pacientes ditos "psicossomáticos", aqueles cujos problemas são dirigidos contra as principais funções do corpo (circulação sanguínea, respiração, digestão, envelope da pele), também mostram, a seu próprio modo, que nossas "ações" corporais mais elementares sofrem o impacto da violência da vida psíquica. Nem todo mundo sabe como comer, respirar, defecar, dormir, e assim por diante. Essas funções são a própria base sobre a qual se dá a interação inicial do bebê, e onde ocorre a sua comunicação com o seu ambiente humano. Como Jean Laplanche salientou, estas trocas são necessariamente "comprometidas" pelo inconsciente do adulto (Laplanche, 2007). A "mãe dedicada comum" é apenas uma possibilidade: outra é a mãe que "claramente toma a criança como um substituto de um objeto sexual" (Freud), ou a toma como... a lista é infinita e pode seguir diferentes caminhos: erótico, narcisista, mortal, e assim por adiante. Essa forma primitiva de comunicação é mais bem ilustrada pelo bebê anoréxico. Eis aqui um ser humano recém-nascido que leva quase ao pé da letra a teoria psicanalítica. Ele também sabe, graças a seu sintoma, se não graças à teoria, que não há diferença entre comer e incorporar, entre ingestão e introjeção, entre metabolização e identificação. Sabe que o leite que está sendo forçado para dentro dele é um veneno de ansiedade, paixão ou ódio. E em sua lógica louca, paradoxal, ele está tentando restabelecer a necessidade acima da pulsão, recusando-se à ingestão, pela recusa de intrusão. A adulta anoréxica também nos diz, a seu próprio modo, que a psique é corporal, e que ela sabe disso muito bem. Por outro lado, um ego saudável, com certo grau de plasticidade nas suas identificações (plasticidade não significa labilidade), não conhece mais (significando que reprimiu) a operação somática com a qual a psique era inicialmente fundida. Isso me faz recordar uma colocação surpreendente feita por uma adolescente anoréxica: "O problema não está em comer. O que eu não tolero é metabolizar".

Nossa discussão "sobre o trabalho de figurabilidade e o movimento desde estados mentais não representados em direção aos representados" obriga-nos a definir alguns dos termos mais básicos da teoria psicanalítica, e temos que nos limitar a algumas indicações relativas às palavras psique, representação e figurabilidade.

Onde começa e onde termina o significado da psique? A definição mais prejudicial seria aquela que limita a vida psíquica à vida mental, repetindo a clivagem obsessiva entre mente e corpo. Existe algo mais "psíquico" do que o sistema digestivo de um bebê anoréxico ou a "prisão de ventre" do funcionamento intestinal do neurótico obsessivo? Ao mesmo tempo, não podemos aceitar a abordagem totalitária da Groddeck que, como o Absoluto de Schelling, elimina todas as distinções, todas as diferenças entre psíquico e somático. Não podemos tomar o menor problema físico como a manifestação da presença perturbadora da psique. Mesmo que nada seja simples. Considere o pâncreas, por exemplo. Um indivíduo saudável nem sabe onde é; mas, se o câncer nele se aloja, o pâncreas se torna o centro desse novo mundo – como uma cárie no molar do poeta –, porque ele se comunica através da dor e porque é o

262 A DESCOBERTA DO GUARDA-CHUVA

objeto de atenção única. A extensão do território da psique varia de pessoa a pessoa e em cada indivíduo. Não vejo qualquer razão para deixar fora do reino da vida psíquica as "doenças psicossomáticas" – males, como a hipertensão arterial, que desafiam tanto cardiologistas como psicanalistas. O cardiologista é destituído de seus indicadores orgânicos usuais, ao passo que o psicanalista encontra alguém que não faz sentido, que apresenta sem representar. Não adianta dizer a esses pacientes que poderiam estar sentindo "o coração pesado". Essa forma de vida psíquica corresponde ao que Joyce McDougall chama de "comunicação silenciosa" (McDougall, 1989) – uma comunicação graças à qual esses pacientes, por vezes, acabam encontrando um psicanalista. Na psicanálise, a psique nos faz manter juntos dois extremos: por um lado, a dificuldade respiratória (não orgânica) e, por outro, a Crítica da Razão Pura. Numa extremidade, um sintoma que não tem significado ou o perdeu e, na outra, uma obra-prima de secundarização. E no meio dessas, uma quase infinidade de produções intermediárias.

A oposição entre a representação e a não representação produz outro tipo de problema. Sem mencionar um problema linguístico: o termo de Freud, *Vorstellung*, não inclui o "re", que em francês e inglês[1] carrega o peso da repetição... e de inúmeros debates. O guarda-chuva de Lise, no breve exemplo clínico recém-citado, é uma representação. Uma representação adquirida, acolhida, talvez inventada, resultante da dinâmica da análise e da transferência. Sua história, seu nascimento, não podem ser rastreados com qualquer tipo de certeza, mas podemos supor que foi possível graças a uma elaboração de tocar. O duplo significado da palavra é bem-vindo, uma vez que designa tanto um dos sentidos, aquele que pertence à pele, como um estado emocional de afeto. O envelope auxiliar do guarda-chuva, um duplo à prova d'água e representação da pele, começou a existir somente porque Lise foi tocada pela experiência da transferência, através do ódio, da tristeza ou da aflição amorosa.

A oposição entre representação e não representação tem um valor prático: permite-nos distinguir produções psíquicas de acordo com seu grau de elaboração, sem considerarmos exclusivamente a diferença entre o verbal e o não verbal. No entanto, é discutível se essa oposição deve ser substancializada. Pessoalmente, acredito que nada que seja psíquico – independente de quão primitivo, "impensável" ou corporal possa ser – escape à representação. A ansiedade mais gritante, mais nua, mais sem objetivo, equivale ao que uma mina de ouro é para uma joia elaborada. A assim chamada hipertensão "psicossomática" não tem sentido, não pode ser representada de acordo com o senso comum, mas a sua brutalidade somática mostra claramente que ela se opõe a qualquer tentativa de atribuição de significado, que não significa nada, que se recusa a olhar para o abismo da vida psíquica, apesar do fato de que pode depender disso a recuperação ou um ataque cardíaco fatal – uma oposição ou recusa "objetiva", sem sujeito, sem intencionalidade. A doença psicossomática, "somatose" (e tudo o que é associado a ela, o "pensamento operatório"[2] etc.) reflete a luta contra a violência da vida psíquica. A agonia primitiva pode ser impensável, mas não deixa de ser o sinal, a representação de um estado de angústia, sua única forma possível de expressão. Tais sinais são mais misteriosos, mais opacos do que um texto que não foi decifrado, mas ainda assim são sinais.

O valor descritivo da oposição entre afeto e representação é confirmado diariamente pela prática psicanalítica, e não só com a histeria. Mas, mais uma vez, deveria essa oposição ser substancializada, numa abordagem hermenêutica que opõe força e significado? Freud foi o primeiro a colocar a representação no centro de sua definição do afeto – desprazer para um sistema, prazer para o outro –, para não mencionar os pares mais elaborados, como amor e ódio. O significado provoca afeto, e a representação acompanha. O afeto nunca é apenas uma questão de quantidade: há sempre uma qualidade que o traz para a dimensão mais geral da representação; o puramente econômico é uma ficção.

Vamos terminar nossa revisão crítica sobre o estado da representação com a questão da pulsão. Em francês, a palavra *pulsion*, uma tradução do alemão *Trieb*, é uma noção estritamente psicanalítica, uma metáfora da violência da vida psíquica. Entre todos os conceitos psicanalíticos, este é provavelmente o mais ameaçado pela substancialização – em outras palavras, pela metafísica. A pulsão não é uma noção biológica – se assim fosse, os biólogos também a usariam. O fato de que as pulsões usem todos os recursos energéticos do corpo biológico não implica que sua fonte seja biológica. A fonte da pulsão está no corpo, mas esse corpo, como aquele do bebê anoréxico, carrega a marca, os traços da fantasia, e estes não podem ser separados do encontro intersubjetivo com o inconsciente dos adultos. A ideia, em psicanálise, da pulsão como uma força biológica buscando delegação ou representação na psique é, obviamente, herdada da antiga dualidade corpo/alma em sua forma mais metafísica e ingênua.

Algumas palavras sobre figurabilidade. A palavra é emprestada de Freud, uma tradução questionável de *Darstellbarkeit*. Esse termo descreve uma das operações do trabalho onírico, a de "colocar em imagens", destacando a especificidade visual dos sonhos. Evidentemente, aqui, o termo "figurabilidade" tem um sentido muito mais amplo, o fato de dar forma a elementos que até o momento escaparam à representação, sem referir-se especificamente ao elemento visual. Minha crítica à noção de "não representado" faz com que me seja difícil concordar com esse ponto de vista, tanto à formulação como ao conteúdo. O termo "plasticidade" talvez fosse mais apropriado do que "figurabilidade" para designar essa transformação, metabolização, "expansão da psique". A palavra refere-se à produção, criação, de novas formas. Na obra de Freud, o termo "plasticidade" está diretamente ligado à pulsão sexual, sua capacidade de mudar objetos, bem como objetivos. Na verdade, uma coisa é dizer que algo que até agora escapara, encontrou seu caminho para a representação, mas a próxima pergunta é: qual é a força por trás dessa transformação? Como pode tal transformação ocorrer sem a energia de Eros e, em primeiro lugar e principalmente, do Eros transferencial? As pulsões sexuais – oral, anal, genital, escópica, epistemofílica etc. – são como uma "rede de canais intercomunicantes" (Freud): se um canal está obstruído, outras passagens podem ser encontradas. Sem plasticidade, não pode haver trabalho de luto, reescrita da história, "descoberta/criação" do objeto, elaboração de trauma. Sem a capacidade de deslocar – um legado de sexualidade infantil – não haveria transferências, esse material maleável da psicanálise. O trabalho de transformação que leva a novas formas de representação pode muito bem se aplicar ao material que não é sexual (mas traumático, caótico, letal, vital etc.); no entanto, o trabalho em si, sua energia, sua plasticidade, devem, necessariamente, ser alimentados pelo investimento libidinal.

De volta à Lise. Sua "descoberta" do guarda-chuva é talvez uma ilustração mundana de como o toque, o fato de ser tocado – pode ser incorporado a uma representação e indissoluvelmente ligado às fronteiras do ego. Mas o guarda-chuva já é um resultado, o resultado de um longo processo de transformação psíquica, tornada possível através da transferência. Gostaria de fornecer mais alguns detalhes sobre esse processo.

"Enquanto eu continuar falando, posso pensar que você não está lá". Lise fala o tempo todo, não fazendo pausas. Envolve-se em suas próprias palavras, o corpo sutil da linguagem como uma pele. Certa "antipatia" por mim tornou possível, para ela, começar uma análise. Antipatia não é ódio: este último destrói, enquanto a primeira só afasta. O ódio é confrontado com a existência

266 A DESCOBERTA DO GUARDA-CHUVA

indestrutível do outro, o insulto da alteridade, ou o narcisismo de uma diferença demasiadamente pequena; ao passo que a antipatia mantém à distância, de modo a ser intocável. O ódio confere ao objeto uma existência absoluta, ao passo que a aversão o neutraliza.

No entanto, não é possível abolir todo o contato no espaço interno, reservado, do tratamento analítico. Dizer "até logo" necessariamente alude ao contexto: ao fato de que a sessão acabou, que depois de ter perdido o outro de vista, estamos novamente face a face e que, enquanto nos despedimos trocamos olhares, que estão se separando, e que apesar de tudo, nunca podemos ter certeza de que nos encontraremos novamente. Lise baseia-se nos recursos da prosódia, soltando um leve e despreocupado "até logo", completamente alheio ao conteúdo da sessão, exceto como um modo de apagar aquilo que aconteceu.

Precauções como essas servem como um lembrete do risco permanente de que a linguagem pode voltar ao que Rousseau acreditava ser a sua origem, a expressão da paixão. Lise se cobre com uma membrana muito fina e paradoxal de palavras – na verdade, a fantasia do ego-pele se encaixa nela como uma luva. Citando Rousseau: "Suponha alguém numa situação de dor perfeitamente conhecida – vendo a pessoa aflita, dificilmente vos comovereis até o pranto; dai-lhe, porém, tempo para dizer-vos tudo que sente e logo vos desmanchareis em lágrimas. Assim as cenas de tragédia conseguem efeito" (Rousseau, 1986). O efeito e toque da paixão não são o "outro" da linguagem, mas a sua energia secreta. "Só de falar": por trás dessa restrição reside excesso; a frase, sob o pretexto de abstinência da ação, denota determinação. Há um perigo constante de ser tocado precisamente por aquilo que esperamos manter seguramente à distância. Todos nós experimentamos isso, Lise mais sensivelmente do que outros. A carne de uma palavra é o suficiente para fazê-la estremecer, com os cabelos em pé. *"Touché"* não é uma expressão figurativa: é para ser tomada literalmente.

A linguagem é permeada por afeto, e para evitar todos os riscos, ainda há a possibilidade do silêncio. Mas isso é ainda pior, o peso do silêncio torna a presença do *Nebenmensch*, "o próximo" sentado atrás dela, intolerável. É melhor falar; e se um afeto ameaçar surgir, ela perde uma sessão ou permite que ele emerja, mas não durante a sessão, somente depois que houver uma distância suficiente entre nós... "Eu odeio o cara".

Seu corpo começou a expressar suas primeiras doenças: a reminiscência de uma erupção, mas, principalmente, dificuldade de respirar. O ar é o ambiente. Estamos inevitavelmente em contato com ele, e a respiração é uma troca necessária. A vida da alma, *psukhê*, é também o sopro da vida; viver e respirar, morrer e expirar são sinônimos; o primeiro choro do bebê marca o seu nascimento, a sua existência, o seu encontro com o exterior, e nosso último suspiro significa morte. É uma visão e tanto assistir a baleias pai e mãe – uma espécie que tem espírito de família – ensinarem seu recém-nascido a respirar, orientando-o para a superfície e para baixo novamente; realmente a respiração do ar é uma operação complexa para as baleias. Aprender a viver começa com aprender a respirar. Muito mais tarde, Lise considerou a análise como ela estar grávida de seu próprio *self*.

Ela está com uma amiga mais velha. O sonho é apenas uma imagem, apenas uma cena, as palavras saem muito rápido, tentando me fazer ver. O sonho é uma sensação passageira. Os sentimentos não são claros, um beijo nos lábios... o sonho é um beijo sentido, não propriamente visto. Ele está infundido com ansiedade, depois com excitação, quando o sonho retorna.

268 A DESCOBERTA DO GUARDA-CHUVA

Qual é a condição da figurabilidade, da apresentabilidade [*Darstellbarkeit*] dos sonhos? É uma restrição externa, o único caminho inconsciente que as representações podem abrir através da névoa de pensamentos sonolentos? Ou está relacionado intrinsecamente à natureza visual da representação de coisa? Essa questão foi levantada por J. B. Pontalis (1988); escolhi explorar o primeiro caminho, que nos leva além (ou aquém?) do visual.

A pele está por todo o nosso corpo, todos os nossos membros e órgãos podem sentir, ser tocados. "Por que a minha pele não deveria ser capaz de pensar? Por que meu corpo inteiro não deveria ser capaz de pensar?", pensou Mademoiselle de Lespinasse, nos dias do Iluminismo e da Carta sobre os Cegos. Por que a construção do nosso sistema de representação deveria se basear apenas em um dos cinco sentidos, a visão? Como Santo Agostinho apontou, por que os olhos deveriam dominar, assumir todas as formas da experiência sensível, inevitavelmente traduzidas em termos de visão: "Veja como soa, veja como cheira".

A imagem do beijo de Lise parece secundária, talvez até mesmo a secundarização de uma representação-sensação mais elementar, originada no toque. Mas a próxima pergunta é: o que nos toca, nos move – em outras palavras, o que chamamos de "afeto" –, é o "outro" da representação, ou seria o que é empurrado para fora da representação, uma vez que o visual estabeleceu sua primazia? Com Lise, o poder do afeto – ainda mais poderoso, já que a sua dominação é exercida *in absentia*, a uma distância – parece ser um indicador de uma vida de representação baseada no toque, em todo caso, no seu paradigma. Se assim for, nada nos impede de imaginar um sistema de representação cujo tom, cujo tato, se originaria no toque; um sistema com seus próprios modos de percepção sensível, a partir deste ponto de vista, ou melhor, deste ponto de toque; e, por que não, as suas próprias traduções visuais, estéticas, sua própria arte – talvez as pinturas mais cruas de Francis Bacon, onde a pele e tela são uma – seus próprios sonhos, aqueles com praticamente nenhuma separação entre latente e manifesto, em que eles se tocam.

A influência do *Quattrocento* italiano na estética de Freud, e da Idade Clássica em sua ideia de representação, pode ser parcialmente responsável pelo estabelecimento, como um fato da natureza, a natureza do inconsciente, de algo que é, de fato, apenas uma de suas formas – uma forma intimamente ligada ao ponto de partida teórico da psicanálise, a histeria, com a sua preferência pelo visual. De modo mais geral, a psicanálise, e sua paixão por revelar, unem-se ao conluio entre a visão e a ciência que remonta pelo menos a Parmênides: "O ser é o que se mostra na percepção pura, intuitiva, e somente esse ver descobre o ser" (Heidegger, 2003, p. 169). Aqui e ali, no entanto, Freud espalhou alguns obstáculos, sem se deter sobre eles. Nos *Três Ensaios* (1905d), ele escreveu que o ver "em última análise, deriva do tocar".

"É a própria montanha que, lá distante, se mostra ao pintor; é a ela que ele interroga com o olhar".[3] Será que realmente vemos alguma coisa, temos o desejo de ver alguma coisa, se o corpo não foi primeiramente escondido, velado, se não tiver sido previamente invisível? De tocar a ver, a cena primária tornou-se um estágio proscênio, e a genitalidade confundida com sexualidade. O assunto, como Corinne Énaudeau escreve, "afasta-se do objeto e se torna um olhar, uma testemunha, aqui, da cena ocorrendo lá, uma cena que é em si dividida, distribuída sobre dois objetos, a mãe e aquele estranho que ela deseja" (Énaudeau, 1998). O triângulo visual da representação copia o triângulo edípico, enquanto o complexo abre a perspectiva.

Freud sugere, em uma fórmula impressionante, que ver significa ver o pênis, vê-lo quando ele não está lá, quando está invisível (o

270 A DESCOBERTA DO GUARDA-CHUVA

órgão sexual da mãe não é apenas uma curiosidade, entre outras, "a história do olho" é sua história). Neste caso, pode-se considerar que o primado do visual na construção da representação se junta com a primazia do falo na hierarquia de significados, em um esforço para introduzir ordem e distância em um mundo dominado por formas menos indiretas, das quais tocar – tocar é imediatamente tocado – é a mais elementar. No entanto, tocar, como ver, é regido por códigos. Apertar as mãos não significa necessariamente tocar: não há intimidade aí. Considere este paciente, um homem, *vir*, que em cada sessão esmaga meus dedos na sua pegada de jogador de rúgbi, ainda que não toque na minha mão enquanto a aperta. Não consigo lembrar como esse ritual surgiu, mas Lise e eu apertaríamos as mãos depois da sessão, quando chegasse a hora de dizer "até logo", e só então. Exceto um dia, quando eu estendi a minha mão ao abrir a porta para deixá-la entrar.

Touchée... Em algumas circunstâncias, um gesto que brota da contratransferência pode beirar a profanação. O "tabu do toque" é um pleonasmo, uma vez que a palavra "tabu", trazida pelo Capitão Cook de suas viagens, quer dizer "não tocar". A psique sendo estendida sobre toda a superfície da análise, a estranheza do *setting*, inventado a partir do zero por Freud, pode aparecer de repente, quando um pormenor torna-se o quadro inteiro. Somente muito mais tarde Lise poderia falar desse momento de vacilação, tanto os dela quanto os da análise, quando os protagonistas saíram de sua área habitual de definição, e ela não podia mais dizer: "Eu posso continuar pensando que você não está lá". "Há algo no toque da carne com a carne que anula, que faz um corte afiado, atravessando os intrincados canais tortuosos da ordenação decorosa, que os inimigos, bem como os amantes conhecem, porque ambos os fazem" – essas linhas, escritas por Faulkner em *Absalão! Absalão! –*, são a descrição mais forte que conheço do que Diderot expressa do ponto de vista de um filósofo: o toque é o sentido da presença. Não presença "pura"... Não estou tentando, por minha vez, substancializar a oposição entre presença e representação: meu objetivo é introduzir algumas nuances de significado reveladas pela transferência, que vão desde o "como se" até o *"enactment"* do inconsciente.

Sempre que eu cometia um erro ou ficava aquém, de alguma forma, Lise falaria das minhas "mancadas". É um paradoxo fundamental que a dinâmica da análise pode depender da sua ocorrência e das suas consequências. Quem pode considerar seriamente uma "técnica" baseada em erros e falhas? Dominar essa técnica seria abolir o seu próprio princípio, a prática seria descer a uma forma de *seducere*, de sedução. Erros, falhas, toques, não têm autor, e só como tal, como vindos do inconsciente, eles podem ser de utilidade para análise. Ela estava falando sobre seu pai, um homem cuja neutralidade era tão neutra quanto benevolente. Impossível obter uma reação, independentemente do mal que ela fizesse, ele nunca diria um não. Comentei sobre suas palavras, de um modo que pensei que era inofensivo – de fato, as melhores interpretações são, provavelmente, aquelas que não são intencionais – eu disse: "Ok, chega agora, para com isso."[4] Admito que foi uma formulação incomum, não realmente delicada; mas as minhas palavras, as palavras que ela esperara em vão ouvir de seu pai, foram não mais que a repetição das suas próprias, com uma pequena diferença, a entonação – as crianças são mais sensíveis à entonação do que ao significado – e a transposição de suas próprias palavras em estilo direto. Tomando as minhas palavras fora do contexto, isolando-as de sua fonte, ela experimentou o incidente *in praesentia*. O que se seguiu alternou-se entre um sentimento estranho [*unheimlich*], devido a ter sido tocada por meu uso da forma íntima "tu", e o prazer de ter me feito escorregar.

Quando o afeto determina a dinâmica do tratamento, o toque é muito mais do que um pano de fundo: é uma referência essencial.

272 A DESCOBERTA DO GUARDA-CHUVA

Isso pode não ser uma verdade universal, mas pelo menos é a minha convicção. "Surpreenda-me, me toque, me rasgue em pedaços; faça-me estremecer, chorar, tremer, faça-me ficar com raiva, você vai me devolver meus olhos, mais tarde, se puder" (Diderot, 1996, p. 498).

Notas

1. NR: Sobre a tradução de *Vorstellung* na ESB, ver NR na página 20; aqui, respeita-se o termo utilizado pela autora.

2. "Pensamento operatório" [*pensée opératoire*] é um termo cunhado por Michel de M'Uzan e Pierre Marty (Marty & de M'Uzan, 1963; Marty, de M'Uzan, & David, 1963) para descrever uma forma de funcionamento psíquico centrado em informação factual prática e dominado por preocupações ligadas à realidade externa. Esse tipo de pensamento não deixa espaço para a imaginação, a fantasia e o trabalho de simbolização.

3. Maurice Merleau-Ponty olhando para a montanha Sainte-Victoire pelos olhos de Cézanne's (Merleau-Ponty, 1964, p. 166).

4. NR: "*Bon, y'en um marre, arrete un peu.*"

10. Em busca da simbolização: o trabalho de sonho do analista*

Roosevelt M. S. Cassorla

Bion (1962a, 1962b, 1992) propôs que a capacidade de pensar se desenvolve, inicialmente, quando as experiências emocionais sem significado (elementos beta) são transformadas, através de uma hipotética função materna (função-alfa), em elementos mentais (elementos alfa). Estes últimos, que são símbolos imagéticos (Langer, 1942), se conectam entre si, vinculam-se a palavras e, assim, têm o potencial de gerar novos e mais complexos derivados simbólicos, que representam a realidade ausente. Dessa forma são gerados novos significados emocionais para

---

* NR: Neste capítulo, diferentemente do restante do livro e respeitando a preferência do autor, *dream-work* é traduzido não como "trabalho onírico", mas como "trabalho de sonho"; "não-sonho" e "re-sonhar" são grafados com hífen.

274 EM BUSCA DA SIMBOLIZAÇÃO: O TRABALHO DE SONHO DO ANALISTA

as representações dessas experiências. Pouco a pouco, os bebês introjetam a função-alfa recebida de sua mãe – ou melhor, internalizam uma complexa relação intersubjetiva entre mãe e bebê (Brown, 2011), a qual sustenta e facilita o emergir de sua própria capacidade de sonhar e, portanto, de pensar. Essa transformação do que poderia ser chamado de "fatos biológicos" em *fatos mentais* está intimamente relacionada e dependente do processo de representação, e talvez seja idêntica a ele, constituindo os passos iniciais necessários para a criação de símbolos. É essa capacidade que dá sentido à realidade e nos torna humanos. Neste texto, gostaria de explorar algumas das vicissitudes desse processo sob uma perspectiva pós-bioniana.

Elementos alfa são pictogramas afetivos (Barros, 2000) que dão figurabilidade à experiência emocional, representando-a em imagens expressivas e evocativas. Eles pressionam a mente a ampliar seus instrumentos de representação. Expandindo o conceito de Freud (1900a) sobre o trabalho de sonho, Bion assinalou que o ser humano sonha as experiências emocionais tanto através de sonhos diurnos como noturnos, propondo que esse trabalho constitui a origem e a essência do pensamento.[1] Bion ainda fez uma analogia entre a situação mãe-bebê e a sessão analítica, observando que, nesta última, as experiências emocionais são sonhadas em um campo intersubjetivo (Baranger & Baranger, 1961-1962), onde tudo o que ocorre com um membro da dupla analítica repercute no outro. As formas como os significados são gerados, ampliados ou atacados refletem a capacidade e as limitações do paciente em representar e simbolizar, e se revelam no trabalho da dupla. Nessa formulação, a criação de representações, como pensar e sonhar, pode ser autônoma em sua forma mais desenvolvida, mas se origina e frequentemente continua a ser um processo entre duas pessoas, isto é, intersubjetivo.

Quando paciente e analista trabalham em áreas da mente onde as representações são robustas e a simbolização é possível, emergem no campo cenas, enredos e narrativas com forte pregnância visual. Ambos os membros da dupla podem imaginar, em suas mentes, o que está sendo comunicado. O conjunto de cenas narradas pelo paciente reflete transformações de seus próprios sonhos sonhados durante a sessão. Essas transformações são influenciadas pela presença do analista, já que, implícita ou explicitamente, ele está incluído no enredo.

As experiências emocionais assim sonhadas são comunicadas ao analista através de símbolos, principalmente verbais, e identificações projetivas normais.[2] O analista, utilizando sua capacidade de *rêverie*, se deixa penetrar pelos sonhos do paciente. Dessa forma, entra em contato com defesas que mascaram e deformam o significado de conflitos edípicos. Ao chamar atenção para as defesas, o analista pode, então, transformar o sonho do paciente em um novo sonho, ampliando seu significado. Em outras palavras, frente a um paciente que é capaz de sonhar, o analista re-sonha o sonho de seu paciente e, em seguida, re(a)presenta aspectos daquele sonho ao paciente, sob a forma de uma interpretação.

O sonho do analista, contado ao paciente por meio de interpretações, é acolhido por este e se conecta à sua própria rede simbólica. Assim, o sonho do analista é re-sonhado pelo paciente. Esse novo sonho do paciente é contado ao analista que, em seguida, pode acolher e re-sonhar o sonho do paciente, e assim por diante. Esse processo de elaboração, que denominei *sonhos-a-dois*, amplia a capacidade de pensar e o trabalho da dupla analítica. Está relacionado ao que Ogden (1994a) chama de terceiro analítico, um produto dos dois membros da dupla analítica que mantém uma relação dialética com os sonhos de cada um deles.

276 EM BUSCA DA SIMBOLIZAÇÃO: O TRABALHO DE SONHO DO ANALISTA

É importante salientar que, ainda que o sonho do analista seja parte do *sonho-a-dois*, é um sonho próprio. Quando o analista conta esse sonho para o paciente, é como se ele estivesse dizendo: "Seu sonho me levou a ter um sonho. Esse sonho é produto de meu funcionamento mental (apesar de ter sido influenciado pelo seu sonho), e agora eu posso dividi-lo com você, na esperança que ele amplie o significado do seu sonho" (Meltzer, 1983). Neste modelo, além da capacidade analítica do analista, a *pessoa real* do analista adquire grande importância (Levine & Friedman, 2000).

A área simbólica que permite que os *sonhos-a-dois* tomem o campo analítico corresponde ao que Bion (1957) chamou de parte não psicótica da personalidade. Ela coexiste, em todos os seres humanos, com uma área não simbólica, chamada parte psicótica da personalidade.[3]

Não-sonhos

Quando o campo analítico é tomado por áreas não simbólicas, onde o trabalho-de-sonho-alfa do paciente ou da dupla está enfraquecido, o analista pode ter dificuldade para imaginar, isto é, visualizar em sua mente ou associar às imagens do paciente. Em tais casos, as imagens, quando surgem, são estáticas e não evocam ligações com a rede simbólica do analista. O paciente repete inúmeras vezes a descrição de cenas e enredos, sem que seu significado se amplie ou se torne mais claro. Outras vezes, há cenas que podem parecer simbólicas, mas aquilo que pode parecer símbolo perdeu sua função expressiva. O analista percebe que o paciente está pensando de uma forma concreta e não será capaz de criar ou compreender metáforas (Barros & Barros, 2011).

Nessas áreas não simbólicas, os elementos beta não são suficientemente transformados em alfa, ou os significados resultantes de uma primeira transformação alfa não são mantidos. Neste último caso, os significados degradam (reversão ou inversão da função-alfa), produzindo elementos com pouco ou sem significado que, em vez de serem usados para sustentar o pensamento, somente são adequados para a descarga através de atos, somatização, ou o que Bion (1965) chamou "transformações em alucinose". Estas tomam a forma de alucinações sensoriais ou distúrbios do pensamento, tais como crenças arrogantes, fanatismo, onisciência e ideias delirantes. O campo analítico é tomado por descargas de elementos beta, símbolos deformados ou deteriorados e restos de funções mentais. Tais detritos podem englobar ou serem englobados por restos de símbolos e objetos concretos, constituindo objetos bizarros (Bion, 1957).

Denomino *não-sonhos* o conjunto de fenômenos descritos anteriormente. Essa nomenclatura chama a atenção para o comprometimento da capacidade de sonhar da dupla analítica. Como os não-sonhos não estão adequadamente ligados à rede simbólica do pensamento, eles são experienciados pelo paciente como corpos estranhos e eliminados através de identificação projetiva. Essas identificações projetivas podem, no entanto, "penetrar" no analista e estimular seu trabalho de sonho alfa. Quando isso acontece, o analista, usando sua *rêverie*, pode transformar os não-sonhos em sonhos e, dessa forma, atribuir-lhes um significado. Se esse significado conduzir a uma interpretação que ainda não possa ser suportada pelo paciente, o sonho do analista pode ser revertido para um não sonho. O analista continua tentando sonhar o não sonho de novas maneiras, tendo diferentes graus de sucesso.

Durante a tentativa de sonhar um não-sonho, o analista pode descobrir que nenhuma imagem criativa vem à mente. Neste caso, ele deve permanecer em um estado mental receptivo até que espontaneamente surjam símbolos imagéticos que possam ser verbalizados. Esse processo pode levar bastante tempo. No entanto, quando ocorre, os símbolos verbais estimulam a ligação, dentro da mente do analista, com outros símbolos sensoriais, imagéticos ou verbais, assim ampliando os significados existentes e abrindo para novos significados e conexões simbólicas em um desenvolvimento contínuo da capacidade de pensar.

Este modelo enfatiza a subjetividade de cada analista, que deve usar sua capacidade de criar imagens com base em suas experiências pessoais. Ou seja, o analista deve contar com sua intuição e desenvolver sua imaginação, mas as imagens, relacionadas à sua capacidade de *rêverie*, devem surgir espontaneamente. Para que isso ocorra, o analista deve suportar o caos e a frustração de não saber, até que algo tome forma naturalmente. Sabemos que, frente ao não saber, procuramos preencher o que está faltando através do que já sabemos (algo que remete ao passado) ou do que esperamos que venha a acontecer (algo referente ao futuro). O analista deve fazer um esforço ativo para combater essas tendências. Com a prática, esse esforço ativo tende a se tornar automático e liga a regra fundamental de Freud da atenção flutuante às recomendações de Bion (1970), segundo as quais o analista deve estar "sem memória, sem desejo, sem intenção de compreender". Se essas condições não estiverem presentes, as intervenções do analista refletirão seus próprios não-sonhos (defensivos) que obstruem, em vez de apoiar, o desenvolvimento da rede simbólica de pensamento do paciente.

Os fatos técnicos descritos anteriormente salientam a importância de diversos processos que fazem parte da *rêverie* do analista, tais como fantasias conscientes e inconscientes, devaneios, cenas organizadas visualmente, flashes visuais e regressão formal. Estes aspectos são importantes para a identificação do reprimido e seu retorno (Freud, 1915e; Isaacs, 1948). Mas outros processos também estão envolvidos, tais como a função-alfa do analista, que permite uma transformação em imagens do conteúdo resultante de várias projeções do paciente, incluindo impressões sensoriais brutas, elementos beta, símbolos deteriorados e outros "fatos" que nunca foram simbolizados. Para efetuar tais transformações, o analista deve ser capaz de alcançar um estado mental que irá capacitá-lo a se identificar transitoriamente com ou *tornar-se o paciente* – uma situação que Bion (1970) chamou de *at-one-ment*.[4]

Paulo e a bizarra caneta do analista

Paulo, 35 anos, conta que vivia desde sempre num mundo aterrorizante. Nesse mundo, vivia apavorado porque sentia que algo terrível, indefinido, estava prestes a acontecer. No entanto, não tinha a menor consciência de que vivia dessa forma porque, para ele, a vida era assim, e tinha certeza que todas as pessoas se sentiam da mesma forma. Hoje ele usa o termo "pânico" para esse terror anteriormente sem nome. Ainda que nos últimos anos tenha desenvolvido certa capacidade de tomar distância para observar o mundo, mantém um funcionamento psicótico considerável, onde vive da forma descrita.

Em determinada sessão, que faz sentando-se em frente ao analista, conta que havia recebido um brinde pelo correio, uma caneta, junto com uma carta solicitando contribuição financeira para uma entidade religiosa. Jogou fora a carta, porque a entidade pertencia a uma religião diferente da sua.

A partir desse momento, a caneta se transformou em algo ameaçador, e ele sabia que tinha que se livrar dela. Foi tomado por um pensamento obsessivo remoendo uma lista de pessoas a quem poderia dar a caneta: um vizinho, um primo, sua empregada doméstica, determinado colega de trabalho etc. Conta que são pessoas invejosas, que têm inveja dele, e imagina que, dando-lhes o presente, a inveja poderia ser aplacada. Mas, não consegue decidir se quer ou não dar a caneta, e, em caso positivo, para quem dar. Esses pensamentos machucam sua cabeça, que parece que vai explodir. Ele imagina seu crânio se abrindo, seu cérebro escorrendo, como em um filme que vira em que um criminoso levara um tiro no olho.

Ao ouvir esse relato, o analista imagina a cena do cérebro escorrendo e sente um misto de horror e prazer. O analista percebe que a inveja de Paulo o incomoda e desperta raiva. Pensa que a caneta seria um presente carregado de inveja. Mas sabe que de nada serviria dizer isso a Paulo, nesse momento, exceto para descarregar seu próprio desejo de retaliar.

O analista se surpreende perguntando a Paulo se ele não havia pensado em se livrar da caneta, deixando-a com o analista. Paulo responde que não tinha considerado essa possibilidade, pois o analista poderia deixar a caneta sobre a mesa e isso o faria sentir-se ameaçado. Nesse momento, Paulo está olhando para outra caneta, a do analista, que está sobre a mesa. Seu olhar é desconfiado. O analista lhe pergunta o que está vendo, e Paulo responde que aquela caneta adquiriu uma textura diferente e ele a vê crescendo. Ela está ficando muito grande e preenchendo todo o seu campo de visão, e isso o está deixando muito assustado. Afasta a cadeira da mesa e pede que o analista guarde a caneta. Vendo o seu desespero, o analista obedece.

O analista diz a Paulo que sua caneta, sobre a mesa, tornara-se afetivamente similar à que ele recebera como brinde. O clima parece perigoso e o analista continua falando, cuidadosamente, olhando para Paulo no intuito de avaliar como ele sente suas palavras. O analista sugere que ambas as canetas foram contaminadas por emoções ruins, e que por isso se tornaram perigosas. Por isso Paulo se sente ameaçado.

Paulo diz que é muito bom ouvir o que o analista diz, que indica que o analista o entendera. Mas ele se pergunta por que a caneta parece perigosa para ele. O analista se sente bem por ter despertado alguma responsabilidade e curiosidade em Paulo. Mas, ao mesmo tempo, o analista desconfia de sua reação. Tem receio que Paulo esteja apenas tentando agradá-lo.

A situação descrita anteriormente mostra como a realidade interna se liga à realidade externa, constituindo aglomerados que se manifestam como objetos bizarros. Podemos supor que a caneta veio a representar, através de restos deteriorados de símbolos e equações simbólicas, um complexo conjunto de experiências emocionais relacionadas à culpa, ódio, inveja, voracidade, sexo etc., aglomeradas visualmente.[5] Essas experiências são estilhaçadas, juntamente com partes da mente, e esses complexos se ligam a objetos, pessoas, partes do corpo e ao analista. Os *objetos bizarros buscam descarga e, ao mesmo tempo, sonhadores que as contenham, transformem e simbolizem.*

A grande quantidade de interpretações que veio à mente do analista, em seguida, lhe soou como intelectualizada e envolvia explicações teóricas sobre o ocorrido. Isso levou o analista a concluir que a sua capacidade de sonhar estava prejudicada. Assim, ele se manteve em silêncio.

Paulo, então, conta que no bairro onde morava, na infância, as crianças da escola tinham inveja dele porque sua família tinha melhores condições financeiras e morava numa casa melhor. No entanto, a partir de relatos anteriores, o analista havia criado em sua mente uma imagem da casa de Paulo caindo aos pedaços, pobre, suja e construída em nível inferior às demais casas. Essa imagem, que quase não lhe era consciente, resultava da sua tentativa de representar em imagens experiências emocionais relacionadas à deterioração, destrutividade e inferioridade, à vida num mundo *interno* empobrecido e decadente. Tal imagem era oposta ao que Paulo estava descrevendo agora, mas indicava a forma através da qual inconscientemente comunicava sua realidade psíquica. O analista sabe, também, que essas imagens estão relacionadas a experiências de sua própria vida, da vizinhança onde o analista vivera sua infância.

As lembranças e associações de Paulo pareciam indicativas de algum trabalho de sonho. Com esse pressuposto em mente, o analista comunica a Paulo sua hipótese de que ele havia jogado fora a carta que viera com a caneta por ela lembrar-lhe dessa situação – a inveja que poderia surgir em pessoas mais pobres que precisam de ajuda e as quais ele considerava como sendo diferentes de si mesmo. Mas o analista não se sente à vontade, ainda, para localizar os sentimentos de inveja dentro de Paulo ou entre Paulo e ele mesmo.

Em seguida, Paulo diz que tem medo de morrer. O analista lhe diz que Paulo sentiu-se ameaçado ao ouvir, do analista, sobre sentimentos de inveja. Paulo responde que "todos vamos morrer um dia". O analista sente que essa resposta "mata" a sua intervenção e diz a Paulo que ele, analista, também vai morrer.

Nesse momento, Paulo está olhando para o analista, sorrindo, e lhe diz ironicamente que o analista vai morrer primeiro, antes dele, porque é mais velho. O analista sente um arrepio percorrê-lo.

Antes que o analista se recuperasse, Paulo anuncia que está na hora de terminar a sessão e se levanta. O analista lhe diz que ainda tinham cinco minutos, já que haviam atrasado o início da sessão. Paulo responde que está acostumado a que as pessoas se aproveitem dele, e como sempre sai perdendo, decidira sair antes que o analista o mandasse embora. O analista lhe diz que, se ele ficar os cinco minutos, ambos poderão aproveitar e ninguém sairia perdendo. Paulo, surpreso, diz que nunca havia pensado nisso.

O analista sente que, nesse momento, algum avanço pode ter ocorrido, mas receia que ele seja desfeito rapidamente. Sabe, também, que tivera medo de mostrar a Paulo como ele atacava o analista e o terror de ser retaliado, o que possivelmente o estimulara a querer interromper a sessão (Mais tarde, o analista também se perguntaria se seu comentário de que ele, analista, também morreria, não era uma resposta retaliatória à "morte" de sua intervenção, cuja consequência fora o rompimento momentâneo da conexão entre paciente e analista). O analista tem dúvidas se sua "covardia" reflete controle por parte das identificações projetivas massivas de Paulo (*não-sonho-a-dois*) ou se ela indica a necessidade de dar à dupla analítica tempo suficiente para digerir os fatos de forma que eles não traumatizem (tempo do trabalho de sonho). Tem esperança que o segundo fator predomine.

Na sessão seguinte, Paulo conta que, no dia anterior, percebeu-se olhando para sua esposa de uma forma diferente. Chegara na sua casa, após a sessão, e a esposa o recebera como sempre, mas nunca havia notado como ela era carinhosa e atenciosa com ele, e como ela o cuidava. Relembra que sempre achou que sua esposa estava com ele por interesse, e nunca realmente se sentira amado, até ontem. Acrescenta que ele mesmo nunca soube o que era amor. Nesse momento, Paulo está emocionado. O analista sente que sua emoção é genuína, mas observa que, em uma área paralela, continua algo desconfiado. Em seguida, Paulo descreve situações traumáticas vivenciadas na infância, as quais ele mesmo vincula à sua incapacidade de confiar e amar. O analista acompanha os fatos e pode incluir-se no enredo. A sessão se desenvolve predominantemente como *sonhos-a-dois*. Ao terminar a sessão, Paulo olha para a caneta, ainda sobre a mesa, e diz que hoje ela é "apenas uma caneta".

284   EM BUSCA DA SIMBOLIZAÇÃO: O TRABALHO DE SONHO DO ANALISTA

Esta vinheta mostra como se manifesta, no campo analítico, um mundo aterrorizante povoado por objetos bizarros. Como, nessa área, Paulo confunde objeto e *self*, ele também se torna terrorista. O analista é incluído nesse mundo. Este, ao mesmo tempo em que vivencia o terror, tem que dar-lhe significado. Em algum momento, Paulo pode observar o mundo como diferente de si mesmo. Os mecanismos da posição depressiva se revelam, e vemos Paulo tentando fazer algum tipo de reparação. Mas a reversão para o pensamento paranoide ou psicótico está sempre ameaçando.[6]

O momento descrito anteriormente certamente deve ter sido fruto de muito trabalho mental e o analista desconfia de sua permanência, porque já vivera situações semelhantes que foram revertidas. Haverá que sonhar e re-sonhar as situações traumáticas muitas e muitas vezes, o que é indicativo da necessidade de um trabalho elaborativo que se faz aos poucos. É importante notar o quanto dessa elaboração ocorre dentro da mente do analista. Esse é o principal local onde agrupamentos de elementos beta fragmentados e não simbolizados, e fragilmente ou parcialmente simbolizados, são transformados, de modo que as áreas traumatizadas possam ser figuradas, integradas a outros elementos psíquicos e, dessa forma, serem significadas.

Não-sonhos-a-dois

Não-sonhos podem ser projetados massivamente dentro do analista e atacar sua capacidade de pensar e sonhar. Essa identificação projetiva pode tornar-se cada vez mais intensa e violenta, criando circunstâncias análogas a situações primordiais em que o objeto primário, incapaz de conter esses afetos, os manda de volta para o bebê, induzindo estados de terror e "terror sem nome". A possível incapacidade da mãe – e do analista – pode ser reforçada por destrutividade e inveja primária que transformam os sonhos e não-sonhos do analista em não-sonhos ainda mais aterrorizantes (Bion, 1962a).

Não-sonhos projetados pelo paciente podem invadir a mente do analista como "vírus" que atacam o funcionamento de sua rede simbólica. O analista, confuso e recrutado pelos aspectos projetados do paciente, pode não conseguir perceber o que está acontecendo. O campo analítico pode ser tomado por *não-sonhos-a-dois* – isto é, conluios inconscientes em que a capacidade de sonhar de ambos os membros da dupla analítica está prejudicada.

O comportamento relacionado à projeção de não-sonhos pode ser repetido compulsiva e inconscientemente pelo paciente e ser acompanhado de fenômenos abertamente psicóticos. Tais processos não devem ser considerados como uma simples evacuação de elementos sem sentido. Mesmo quando transformações verbais e imagéticas não são identificadas, o campo analítico pode ser dominado por comportamentos que indicam *outros tipos* de representação simbólica. Tais *atos mentais* ou *gestos psíquicos* (Sapisochin, 2007) repetem o que não pode ser verbalizado (Freud, 1914g).

Esses fatores tendem a envolver o analista e a levá-lo a participar em forma complementar. O campo analítico é tomado por configurações primitivas dramatizadas por ambos os membros da dupla, sem que tenham consciência disso. A dramatização inclui diferentes formas de expressão que se manifestam através de gestos, atos, sons, cheiros, modos de construir a linguagem, tons e timbres de voz, e assim por diante. Essa expressão pode ser extremamente sutil em suas manifestações visíveis e muito potente em sua capacidade de envolvimento emocional. Uma vez que o analista não tem consciência do que está envolvido no comportamento dramatizado do paciente, ele só pode sonhar depois de se tornar consciente do que está acontecendo – isto é, *a posteriori* [*Nachträglich, après coup*]. Antes que as coisas se tornem conscientes, *avant coup*, já existe certo nível de trabalho de elaboração

286 EM BUSCA DA SIMBOLIZAÇÃO: O TRABALHO DE SONHO DO ANALISTA

onírica inconsciente em curso, o que permite ao paciente e ao analista tornarem-se conscientes do golpe [o *coup*].

O texto de Ana

Quando Ana termina a sessão, entrega ao seu analista um texto que irá apresentar num congresso de saúde mental. Durante a sessão, Ana dividira com o analista sua satisfação por ter tido o trabalho aceito e a gratidão pelo trabalho analítico.

Ao estender as mãos para receber o texto, o analista se surpreende. Suas mãos não se abrem, e seu dedo indicador assinala uma mesa um pouco distante. Ao mesmo tempo, pede que Ana deixe o texto sobre aquela mesa. Instantaneamente se sente constrangido. Tem certeza que seu ato e seu tom de voz revelaram sua rejeição a receber o texto.

O analista não tem clareza sobre os motivos de seu ato. A primeira ideia que lhe vem à mente é que "já tem muitos textos para ler". Percebe que essa tentativa de dar significado ao ato é falsa, porque é seu hábito não aceitar textos de pacientes, sugerindo que eles sejam lidos durante a sessão.

Seu ato se revelava, portanto, como uma formação de compromisso entre o desejo de receber o texto e de rejeitá-lo. O analista prefere não pensar mais no assunto, confiando que seus sonhos inconscientes esclarecerão seu significado. No entanto, está triste e culpado, com receio de ter provocado sofrimento em Ana.

Na sessão seguinte, Ana conta um sonho noturno. As imagens, fatos e associações relatados parecem desconectados, e o analista se sente incomodado pela falta de sentido. Em determinado momento, percebe que o sonho representava exatamente o que estava vivenciando: incompreensão, frustração, abandono e raiva. Sabe que fatores internos próprios foram mobilizados pelo clima emocional. Nesse momento se lembra da *experiência* do final da sessão anterior. As associações de Ana, sobre uma amiga que tem artrose e não consegue abrir as mãos, facilitam que a dupla se debruce sobre as consequências da experiência relacionada à entrega (e quase recusa) do texto.

O estudo *posterior* da situação, incluindo o que ocorrera antes e após o ato, permitiu entrar em contato com os seguintes fatos. Ana se colocava no mundo como uma pessoa simpática, delicada e sensível que expressava, sutilmente, fragilidade e insegurança. Essas características estimulavam, nas pessoas, uma simpatia similar à que se sente frente a um bebê gentil desamparado. A vida de Ana era repleta de vínculos desse tipo. O objeto cuidador era idealizado inicialmente. Mas, frente às inevitáveis frustrações, Ana se sentia desamparada. O vínculo idealizado se transformava em persecutório, mas o ódio de Ana era rapidamente atenuado quando conseguia um novo objeto cuidador. E ela tinha facilidade em atraí-lo.

Na relação analítica trabalhava-se em várias áreas, ao mesmo tempo. Na área simbólica, cuja manifestação predominava, Ana trazia seus sonhos edípicos de aceitação, rejeição e ciúmes, e o analista os re-sonhava, constituindo-se sonhos-a-dois. A área de não--sonho indicava a existência de certezas idealizadas que encobriam ansiedades persecutórias. Essas áreas eram intuídas pelo analista, mas o acesso de Ana a elas era mais difícil.

Ao mesmo tempo, o analista era recrutado a comportamentos dos quais ele não se dava conta. Posteriormente ele verificará que se identificava com o lado necessitado de Ana, e que essa identificação inconsciente fazia com que a cuidasse e reassegurasse, sem estar consciente de que o fazia. Esses cuidados, extremamente sutis, eram efetuados através do tom acolhedor da voz, da escolha das intervenções, de uma compreensão complacente e de certa vacilação em interpretar fatos penosos da realidade. Ana e o analista haviam constituído, nessa área, uma relação fusional, *self* e objeto indiscriminados.

Nessa área, a capacidade de sonhar da dupla estava comprometida e o observador externo perceberia que estava ocorrendo um conluio de idealização e reasseguramentos mútuos. Esse enredo repetitivo de não-sonhos-a-dois, que chamo *enactment crônico*, simula sonhos traumáticos, embora haja diferenças. A repetição compulsiva não é consciente e a ansiedade está tamponada.

Ao não receber o texto, o analista modifica o enredo. O desejo de Ana, de que o analista lesse e comentasse o trabalho, é frustrado. Inconscientemente, o analista se recusa a ser um prolongamento do *self* de Ana. O *enactment crônico* se desfaz, e o trabalho de sonho é retomado. Chamo *enactment agudo* ao conjunto de atos de Ana e do analista que permitiram perceber o conluio e que, ao mesmo tempo, desfazem o *enactment crônico*. O *enactment agudo* revela, "ao vivo", um mix de descargas e trabalho de sonho ocorrendo ao mesmo tempo.

Posteriormente, o analista tomará consciência que se sentira constrangido e culpado, porque intuíra que a ruptura do conluio dual poderia ser traumática para Ana, ao obrigá-la a entrar em contato com a realidade triangular. *Après coup*, isto é, *após o enactment agudo*, a dupla analítica pode perceber que a idealização mútua encobria um temor de desamparo, ao qual se reagiria com ódio e violência. Essa tomada de consciência torna o processo analítico mais produtivo, e no seu decorrer traumas poderão ser *lembrados e re-sonhados* (aquela parte dos traumas que havia sido simbolizada, mas reprimida), *re--construídos e sonhados* (aquela parte que havia sido transformada em não-sonhos psicóticos) e *construídos e sonhados* na relação (aquela parte da mente primordial que nunca seria lembrada).

Propus, em outros trabalhos (Cassorla, 2001, 2005, 2008, 2009, 2012), que durante o *enactment crônico*, em áreas paralelas ao conluio, ocorrem trocas inconscientes entre os membros da dupla analítica que permitem contato com áreas traumáticas. O analista, utilizando implicitamente sua função-alfa, tece áreas traumatizadas simbolizando-as inconscientemente. Quando a dupla intui que se constituiu rede simbólica suficiente, ensaia contato com a realidade triangular. Esse contato é traumático, mas um trauma atenuado porque já ocorreu certa simbolização implícita. Esse trauma atenuado, *enactment agudo*, vivenciado como golpe [*coup*], continuará a ser sonhado *aprés-coup*. Caso a rede simbólica não seja suficiente, o esboço de *enactment agudo* é revertido para *enactment crônico*, sem que a dupla se dê conta do que aconteceu. Essa situação ocorre constantemente durante o processo analítico.

Em pacientes como Ana, encontramos configurações similares às organizações patológicas (Steiner, 1993) oscilando entre organizações pele fina e pele grossa (Rosenfeld, 1987). O analista é induzido a envolver-se em conluios idealizados quando predomina a organização pele fina, em conluios de agressão mútua, quando predomina pele grossa. Quando os conluios se desfazem, graças à função-alfa implícita, entra-se em contato com a realidade. Mas, se esse contato não for suportável, o conluio dual é retomado. Esse processo continua pelo tempo que for necessário, até que a realidade triangular possa ser mais bem tolerada.

Sonhos ↔ não-sonhos

Existe um gradiente entre áreas de sonho e não-sonho, similar ao espectro das cores. Os pontos desse continuum revelam a capacidade de simbolização e representação, tanto a que ocorre dentro da mente do paciente como em sua manifestação no campo formado pelas mentes de paciente e analista. Em um extremo estão as áreas de simbolização praticamente total, construídas a partir de capacidades robustas de representação. Em seguida, áreas onde os símbolos têm menor capacidade de significação e de conexão. Após, os símbolos que se degeneraram em graus variados. Finalmente, ligações frágeis que estão sob constante ataque e que determinam áreas onde a simbolização é precária ou inexistente, com predominância de áreas não simbolizadas (ver, por exemplo, Korbivcher, 2005). Permeando esse continuum temos áreas de equações simbólicas (Segal, 1957), onde símbolo e simbolizado se confundem, e áreas com simbolização aparente, mas onde a capacidade de abstração do paciente é limitada.

Organizações rígidas (Brown, 2005) com elementos beta aparentemente inteligíveis (Sandler, 1997), podem simular sonhos, mas são *falsos sonhos* (Cassorla, 2009) que podem mascarar não-sonhos. Símbolos deformados ou fraturados misturam-se com funções mentais cindidas e dão origem a objetos bizarros. Elementos desse continuum podem expressar-se simultaneamente. Alguns podem esconder outros ou, ainda, mesclar-se. O quadro resultante é complexo e frequentemente confuso, se nos encontramos ou nos movemos de áreas estruturadas, mais ou menos simbolizadas, para áreas psicóticas e traumatizadas, pouco estruturadas, em que lidamos com variados graus de deficiência da representação imagética, ou ela está ausente.

Às vezes, o analista percebe que certos sonhos escondem áreas de potenciais *não-sonhos*, de forma a evitar que essas áreas se tornem manifestas. Sonhos e *não-sonhos* podem mesclar-se ou rapidamente alternar-se. Descargas em ato acompanham-se ou não por imagens. (As descargas que se manifestam em atos não devem ser confundidas com atos que resultam de premeditação e pensamento.) As imagens podem ter diferentes graus de clareza, bizarrices, estranheza, permanência, rigidez ou conexão, sendo vivenciadas como fazendo parte do mundo interno do paciente, do mundo externo (como alucinações), ou ambos. Além disso, não-sonhos eventualmente manifestam-se através da ausência, impressão de *nada*, ou imagens de vazio. Neste último caso, o analista inicialmente talvez não seja capaz de compreender o seu significado, embora possa lhe ocorrer um esboço de sonho com imagens de algo como desertos ou espaços vazios.

Se o nosso vértice de observação é a capacidade de simbolizar, podemos identificar outros aspectos do *continuum:* descargas, não-símbolos, signos, quase-símbolos, equações simbólicas (Segal, 1957), símbolos estáticos com dificuldades de conexão, símbolos com certo grau de ligação, mas que perderam sua capacidade de expressão (Barros & Barros, 2011), tentativas de simbolização por meio de gestos psíquicos e símbolos que estão ligados entre si com diferentes graus de criatividade. Esse espectro ampliado, que varia de não-símbolos à rede simbólica, é uma via de mão dupla ao longo da qual há tanto avanços como retrocessos. Algumas categorias podem encobrir outras ou várias delas podem manifestar-se simultaneamente.

Dito de outra forma, as consequências de traumas, identificáveis na relação analítica, são variadas e abrangem uma ampla gama decorrente de sua "intensidade" e "extensão". Num extremo do espectro vemos áreas de representação não baseadas em imagem, ou a representação de espaços vazios. Podem refletir uma fratura ou quebra na estrutura psíquica, resultando em uma zona de dor psíquica que não é figurável. Seriam percebidos resíduos de áreas adjacentes ao trauma que tenta ser revivido, tanto para controlar como para elaborar o trauma. Pareceria haver um tipo de estrutura simbólica em torno do espaço vazio que pode, *a posteriori*, dar-lhe algum sentido

(Levy, 2005), ou formar uma tela beta rígida com essa mesma função (Brown, 2005). O núcleo traumático não revela nada, ou, melhor dizendo, indica a existência de um vazio (Lutenberg, 2007b; Winnicott, 1963c), um *blank* (Green, 1983c), ou um buraco negro (Grotstein, 1990a, 1990b; Guignard, 1997; Imbasciati, 2006).

Frente a essas áreas, o analista terá que suportar sua identificação transitória com áreas de não existência (Botella & Botella, 2001c), que colocam em xeque sua capacidade de *rêverie*. O analista deverá sonhar supressões, vazios e os restos de marcas que são uma parte da mente mais primordial (Green, 1998) e usar retalhos, em suas construções, que visam preencher essas áreas (Freud, 1937d). A *aposta pulsional* (Marucco, 2007) pareceria ser o mais importante sob essas circunstâncias, e o analista deve criar imagens em sua mente que possam dar sentido ao vazio. Quando estas emergem, pode-se ver que elas não são simplesmente o produto de identificações, nem são construções. O analista surpreende-se muitas vezes ao ver que ele utilizou aspectos de sua própria mente, mesmo não estando ciente de alguns deles.[7]

Acredito que não-sonhos de áreas psicóticas sempre incluem elementos que correspondem ao vazio traumático e a áreas irrepresentáveis da mente primordial. Eles se ocultam e se tornam evidentes entre os escombros psicóticos e através de rupturas experimentadas contratransferencialmente. Pode-se pensar que, quando o analista transforma tais não-sonhos psicóticos em sonhos, ele também está implicitamente fazendo o mesmo com o vazio. Portanto, ele sonha não só em função da identificação projetiva, resultante dos elementos beta dos não-sonhos psicóticos, mas também em função de outros tipos de identificações mais primitivas (algumas das quais propostas por Sandler, 1993, e por Franco Filho, 2000).

O modelo palimpsesto pode ser de ajuda aqui. Sonhos encobrem áreas de não-sonhos, traumas sonhados encobrem outros traumas, que encobrem outros que são transmitidos intergeracionalmente, e assim por diante. Se essas hipóteses estiverem corretas, poderíamos certamente expandir nosso raciocínio para incluir sonhos simbólicos e veríamos que um analista que re-sonha um sonho de seu paciente em um sonho-a-dois, também está implicitamente sonhando em áreas não simbólicas ou vazias. Em outras palavras, a função-alfa do analista explícita ou implicitamente trabalha ao mesmo tempo em todas as áreas do funcionamento ou não funcionamento mental, mesmo naquelas que não surgem de forma explícita no campo analítico.

Notas

1. Inicialmente, Bion (1992) usou o termo trabalho-de-sonho-alfa (*dream-work-alpha*), depois abreviou para função-alfa.

2. Bion (1962b) ampliou a ideia de Klein de identificação projetiva, considerando-a um meio de comunicação afetiva.

3. Vários autores – entre os quais Meltzer (1983, 1986), Ferro (1999, 2002a, 2002b, 2009), Ogden (1994a, 2004), Grotstein (2000, 2007, 2009a, 2009b), Sandler (2009), e Brown (2011) – trabalharam essas ideias (ver Cassorla, 2009).

4. Essa ideia remete à noção de regressão formal, ou regrediência, que tem sido estudada pelos Botella (Botella & Botella, 2001c). O (a) analista torna-se o "duplo" do paciente. Green (1998, 2002) também utiliza o modelo do sonho para discutir o *setting*. Esses autores, bem como Marucco (2007), nos proporcionaram extensas discussões sobre a metapsicologia da representação.

5. A partir de uma perspectiva, a da contratransferência no sentido estrito, alguns dos comentários do analista sobre a caneta podem ser vistos como intrusivos ou indicativos de desejo ou contra-agressão do analista. No entanto, a partir da perspectiva da pressão de sonhos interrompidos e não-sonhos buscando figurabilidade, no contexto do aspecto intersubjetivo da relação analítica, aquela via particular se mostra útil para atualizar o conflito, dando-lhe uma forma

294 EM BUSCA DA SIMBOLIZAÇÃO: O TRABALHO DE SONHO DO ANALISTA

que ainda não fora delineada e oferecendo à dupla uma oportunidade de expressar o conflito através da ação, reconhecê-lo e, em seguida, elaborá-lo.

6. Mas não devemos confundir a reversão defensiva, envolvendo uma PS rígida, com a oscilação adequada entre PS ↔ D, a qual é parte do processo de pensamento (Bion, 1962a).

7. O analista sente pressão para representar devido ao pavor da não representação. Os Botella (2001c) também discutem o trauma como negatividade que "suele estar presente bajo la forma de la normalidad del afecto, del carácter, de la inhibición, pero totalmente ausente en las asociaciones y en el juego tranferencia-contratransferencia..." [...] "Su existencia sólo puede sospecharse a través de ciertos trastornos, "accidentes" del pensamiento, que prueban la presencia de una perturbación debida a una no representación y no al contenido del acontecimiento" (p. 165).

11. O inconsciente inacessível e a *rêverie* como um caminho de figurabilidade

Giuseppe Civitarese

O tratamento de pacientes com sérias dificuldades de simbolização é um enigma. Como podemos encontrar uma maneira de nos comunicarmos com alguém cuja função de representação está seriamente comprometida, de tal forma que não é capaz de dar um significado pessoal à sua experiência? Como podemos começar a construir algumas linhas a partir de experiências, independentemente de quão pequenas sejam, de compartilhar emoções e depois tecê-las com e para o paciente num tecido de pensamentos? Como pode o tratamento prosseguir, se reparar déficits na simbolização e na representação depende de relações intersubjetivas e o paciente evita tenazmente todo tipo de contato? É minha convicção que uma conexão emocional só pode nascer da vivência – ou melhor, do sofrimento – das mesmas coisas, a partir de um momento de conexão intersubjetiva entre dois sujeitos distintos. Mas o que deve ser feito quando o paciente – e, por vezes, também o analista – não têm à sua disposição qualquer linguagem com a qual construir essa conexão?

Essas dificuldades são muito evidentes em pacientes manifestamente psicóticos, mas neste capítulo eu lido com outra categoria de pacientes que podem ser muito difíceis de tratar: pacientes neuróticos que possuem barreiras autistas ou núcleos autistas (S. Klein, 1980; Tustin, 1986). Esses pacientes não apresentam os sintomas graves dos casos mais sérios, e suas funções cognitivas estão geralmente bem preservadas em algumas áreas. No entanto, eles representam um desafio por sofrerem de uma deficiência em sua capacidade de pensar, originada em traumas que estão arquivados no assim chamado "inconsciente inacessível". Embora limitada, essa deficiência é significativa o suficiente para determinar situações sutis de impasse na análise.

Bion (1997) sustentou que, além dos estados mentais consciente e inconsciente, há uma terceira categoria psíquica, que ele chama de "inacessível". Essa categoria mental, que nunca foi psiquicamente representada ou consciente, ele relaciona principalmente com a vida intrauterina e um hipotético tipo de forma primitiva de identificação projetiva. No entanto, a noção de um inconsciente não reprimido, não representável, vai muito além das "especulações imaginativas" de Bion sobre a natureza da vida fetal no útero e a persistência de vestígios embrionários de medos "talâmicos" ou "subtalâmicos" na mente do adulto. Estava implícito em Freud (1915e, 1923b) e, de fato, o seu significado pode se estender a todas as formas de memória procedural, implícita ou não declarativa que atualmente estão sendo discutidas na psicanálise contemporânea.

Sabemos, agora, que as memórias implícitas e explícitas são armazenadas em diferentes estruturas neuroanatômicas, subcorticais e corticais, respectivamente. A primeira é a única memória "disponível" nos primeiros dois anos de vida. Isso significa que os traços mnêmicos mais arcaicos, incluindo os relacionados aos primeiros traumas, só podem ser registrados de uma forma não representacional. Proponho usar o termo de Bion, "inconsciente inacessível", para referir de maneira geral a todos esses sistemas de memória básica e primitiva. Meu objetivo é destacar tanto a ideia de uma possível continuidade entre a vida fetal e pós-fetal (Bion, 1976) como, sobretudo, a ligação – sugerida pelo termo que ele emprega – entre os traumas que, segundo a nossa hipótese, foram inscritos nessa memória/inconsciente inacessível, e os pacientes inacessíveis que são difíceis de atingir.

Como esses traços mnêmicos não podem ser verbalizados nem jamais tornarem-se conscientes (na forma de memórias que possam ser representadas e recordadas como "pensamentos"), surge a pergunta relativa a como evocá-los dentro do *setting* analítico, para que seja possível ajudar nossos pacientes a elaborá-los. Mancia (2003), seguindo Freud, observou que alguns traços desses eventos muito remotos podem ser encontrados em sonhos e, claro, na transferência. Mas, o que fazer quando o paciente não sonha, ou não parece haver qualquer transferência? O que podemos fazer em contextos em que, em vez de comentar sobre o filme que está sendo exibido e trabalhar com seu enredo, primeiro precisamos reparar o próprio dispositivo que projeta imagens na tela da mente – ou seja, a função-alfa do paciente?

Parto da suposição que os déficits de representação relacionados a traumas pré-verbais, que geram núcleos autísticos ou psicóticos na personalidade do paciente, "forçam seu caminho" em direção a um estágio de "pré-representabilidade" via identificação projetiva,

298 O INCONSCIENTE INACESSÍVEL E A *RÊVERIE* COMO UM CAMINHO...

ação e *enactment*. Em particular, acredito que eles falam "semioticamente": diferentemente das memórias reprimidas comuns, eles podem surgir quase que exclusivamente sob a forma de perturbações no *setting*.[1] Tais distúrbios comumente envolvem *enactment* e formas de ação, mas também se apresentam eventualmente como um sentimento geral de vazio e de privação, de pobreza no discurso ou de relativa incapacidade para pensar ou expressar emoções. Tais pacientes às vezes parecem congelados e trancados.

Mas isto talvez seja apenas metade da história. Depois de um tempo, na medida em que irrompe o terror escondido atrás de núcleos autistas, esse vazio pode se reverter em uma abundância de emoções, transbordando e inundando analista e paciente. Quando isso ocorre, o que será decisivo é a capacidade de continência e *rêverie* do analista. Se essa se mostrar suficiente, tais tensões tem a possibilidade de se enraizar na subjetividade do analista e se traduzir em imagens particularmente vivas (uma ocorrência, no entanto, que não é uma condição *sine qua non*). É a especificidade e a natureza distintiva dessas imagens que me leva a conjecturar que elas são acionadas por projeções das inscrições de traumas precoces impregnados no inconsciente inacessível. Acredito, ainda, que essa vivacidade transmite a violência particular das emoções concomitantes e, ao mesmo tempo, dá testemunho da genuína qualidade onírica da *rêverie* do analista – ou seja, que estas imagens falam com a autenticidade e a veracidade do inconsciente.

É interessante traçar um paralelo entre essas *rêveries* do analista e a descrição de Freud (1937d) de *überdeutlich*, ou memórias ultra-claras quase-alucinatórias, que os pacientes podem ter em resposta a uma construção.[2] Em minha experiência, a *rêverie* do analista relacionada a núcleos autistas na mente de pacientes adultos – e também a elementos psicóticos – caracteriza-se por certa qualidade sensorial "alucinatória" poderosa. A hipótese de trabalho deste capítulo é que a *rêverie* do analista, conforme conceituado na teoria do campo analítico (Civitarese, 2008), representa não apenas uma possível ferramenta crucial para acessar essas áreas negativas da mente, mas também uma oportunidade de produzir uma transformação no paciente.

Através de uma vinheta clínica detalhada, demonstro como, do ponto de vista de uma teoria pós-bioniana do campo analítico, a *rêverie* do analista pode gradualmente levar à figurabilidade (Botella & Botella, 2005) no paciente. Além disso, quanto mais sensorial for a qualidade desta *rêverie*, maior será o grau de pensabilidade alcançado pelo paciente em relação aos traumas originários em estágios não verbais. *Rêverie* é o lugar onde se sobrepõem a parcialmente obstruída capacidade de sonhar do paciente e o espaço onírico do analista (possivelmente mais disponível): é aí que a análise realmente *ocorre*. Portanto, a intervenção central do analista, nesse contexto, não é tanto uma interpretação (ou seja, uma decodificação ou colocação em palavras), ainda que, sob o ponto de vista da teoria psicanalítica clássica, ela poderia ser descrita como uma interpretação *na* transferência. Talvez seja mais útil, porém, notar que ela também reflete a elaboração interna e muitas vezes silenciosa, espontânea, da emoção projetada do paciente e da própria emoção do analista induzida pelas projeções do paciente, o que nos pressiona em direção às fantasias e/ou *enactments* de supostos básicos – isto é, uma fantasia inconsciente bipessoal.

Ao invés de *refletir* como um espelho, o analista deve tentar *ser reflexivo* – através da introdução de *sua própria mente como uma função ou lócus do campo analítico* – e *tentar detectar as suas dimensões inconscientes*. Na verdade, a *rêverie* pode ser considerada como equivalente ao sentimento um tanto estranho por meio do qual, à medida que o inconsciente vem à superfície, podemos senti-lo como algo situado não "embaixo" ou "atrás" (como se em

300 O INCONSCIENTE INACESSÍVEL E A *RÊVERIE* COMO UM CAMINHO...

uma espécie de sala de armazenamento/reservatório/saco/recipiente), mas *dentro* da consciência. É através da criação de uma conexão profunda (somatopsíquica) com o paciente que o analista pode ajudá-lo a expandir tanto a área de "pensabilidade", como a de seu próprio recipiente psíquico (isto é, o processo de tessitura de fios emocionais que vai possibilitar sustentar conteúdos psíquicos flutuantes), com continente e contido entendidos como estando em uma relação dialética entre si, comparável à dinâmica reversível figura/solo.

Transformadores redutores

Alguns pacientes que se protegem construindo barreiras autistas usam, por vezes, um mecanismo semelhante ao que Meltzer, Bremner, Hoxter, Weddell e Wittenberg (1975) chamaram "desmantelamento". Quando isso ocorre, os seus sentidos seguem diferentes caminhos perceptivos e não trabalham mais de forma coordenada. Em tais momentos, os pacientes podem, por exemplo, focar exclusivamente o som puro das palavras que proferem, em vez de seu significado – como o personagem da peça de Beckett, Krapp, que se perde na repetição interminável da palavra "spool", arrastando o som "u" numa inquietação sensual e prazerosa. Ao fazê-lo, chegam a um estado em que há evitação do pensamento e suspensão da atenção, hiperanexando-a em alguma forma de autoestimulação sensorial. Ao escotomizar sua experiência, eles se retiram da realidade, fazem o objeto desaparecer e exorcizam o seu terror de separação e perda.

A capacidade de coordenar os sentidos não está totalmente desenvolvida no nascimento, sendo fortalecida pela introjeção de uma relação positiva com o cuidador e pelo processo de integração somatopsíquica que se segue. Quando os sentidos são desmantelados, esses pacientes retiram-se para uma sensação ilusória de continuidade de seu *self*, ainda não confrontada com a consciência de separação do Outro – uma experiência que lhes provocaria uma insuportável sensação de pavor. Assim, eles fazem uma tentativa de escapar ao fascínio hipnótico pelo objeto, uma entidade que poderia, por um lado, restaurar os fragmentos dispersos de seu ego, mas que, por outro lado, é percebida como um monstro perigoso capaz de engoli-los ou engolfá-los.

Tais pacientes quase nunca trazem sonhos em suas sessões, tendendo a repetir as mesmas histórias de sua vida cotidiana de modo interminável e monótono. Eles drenam as palavras de seus significados, transformando-as em meros elementos sensoriais – tons maçantes, vazios, desprovidos de significado afetivo. Devido à sua extrema fragilidade, as tentativas de introduzir algo novo em suas paisagens mentais áridas podem ser experimentadas como dolorosas. Somente permitem emoções numa escala liliputiana, percebendo a proximidade como uma ameaça. Parecem perdidos numa realidade bidimensional, num mundo cinzento, sem histórias ou personagens (e quando, ocasionalmente, falam de personagens, estes não são atraentes). O palco de suas mentes parece vazio. Confrontado com essas desoladas cenas, o sentimento predominante do analista é o de realizar uma análise sombria, desesperançada, desprovida das imagens vivas que nos estimulam. É como se toda emoção estivesse sendo sugada para um buraco negro.

Como os buracos negros, os núcleos autistas criam zonas em torno de si que resistem ao contato e ao intercâmbio. Aqui, a luz aprisionada são as emoções, e as radiações que refletem e revelam a existência dos núcleos autistas são as turbulências produzidas *no analista*. Essas turbulências – que invariavelmente ocorrem nos momentos em que um novo equilíbrio está prestes a ser estabelecido – permitem-nos ver as coisas. No entanto, elas diferem das turbulências que surgem no tratamento de transtornos *borderline* ou

302 O INCONSCIENTE INACESSÍVEL E A *RÊVERIE* COMO UM CAMINHO...

psicóticos: na verdade, elas parecem ser quase o oposto. Aqui, tudo o que acontece é caracterizado pela negatividade: "Nada" parece estar acontecendo. E, no entanto, apesar disso, o analista passa a sentir uma tensão forte, quase insuportável. As sessões podem se tornar permeadas por uma sensação de estagnação ou morte. Enquanto a mente do analista é fortemente solicitada como continente, é como se estivéssemos contribuindo para a catástrofe do colapso do tempo, ou como se um edifício subitamente implodisse devido a um aumento abrupto da pressão em sua superfície. Qual instrumento, então, deveria ser usado para tornar visíveis as terríveis forças agindo sobre a superfície da psique? Como podemos reduzi-las a um nível suportável? A resposta é que, de alguma forma, o analista deve experimentar (sofrer) esse colapso e, através de sua *rêverie*, tentar transformar essa negatividade em imagens e pensamentos, restaurando a continuidade, a temporalidade e o significado.

Nas áreas autísticas da mente, a pressão que estou tentando descrever está relacionada com a natureza tentadora e perigosa do objeto. O sujeito se desespera por existir no desejo do outro e, assim, ser reconhecido e se tornar vivo. É por esta razão que, apesar de as relações serem vitais para o paciente, ele recusa sempre que elas são ofertadas. O sofrimento interno é extremamente intenso, mas bem escondido. É comparável a um estado de agonia ou quase morte, o qual o paciente pouco sente, pelo menos inicialmente, e que o analista percebe como tédio, inutilidade e sensações de claustrofobia. O analista pode estar atormentado com dúvidas, com medo de encontrar-se preso, vazio e sem recursos, lutando para manter a compostura, para ficar calmo, vivo ou alerta. O tempo nunca passa. Ele para – derrete-se, como o relógio no famoso quadro de Dali.

Porém, mesmo esses sentimentos podem ser percebidos como uma tradução e representação da ameaça indistinta, mas esmagadora, que incomoda o paciente – o qual, por assim dizer, detecta a presença paralisante de Godzilla sem vê-lo, porque o monstro é enorme e paira sobre ele. Essas experiências também são potencialmente ameaçadoras para o analista, que precisa resistir à tentação de fechar-se, como uma imagem especular, em seu próprio estado de autismo: desligar sua atenção, zerar a tensão e retirar-se para seus próprios pensamentos, de forma a sobreviver.

Portanto, é exigida do analista muita paciência e o conhecimento de que as transformações – se elas ocorrerem – podem ser dolorosas e, por longos períodos, quase imperceptíveis. O analista precisa estar em contato constante e muito próximo com esses pacientes, no sentido de sustentar, melhorar e fortalecer seu frágil narcisismo, ao mesmo tempo respeitando sua necessidade autoprotetora de estase, para evitar o excesso de estimulação. Assim, a hipersensibilidade de tais pacientes, protegida pela blindagem do funcionamento autístico, é melhor abordada quando o analista se esforça meticulosamente para detectar os mínimos sinais de movimento, onde tudo parece estar parado, em busca de elementos de crescimento onde parece haver apenas bloqueio no desenvolvimento – dando esperança e confiança, mesmo quando o ceticismo pareceria a atitude mais sensata.

À medida que o analista expõe o paciente à sua própria capacidade de tolerar frustração, à sua "fé" de que é possível dar às coisas um significado e ao seu "método de pensar", ele lhe oferece a possibilidade de internalizar a experiência transformacional. Ferro (2006) utiliza a imagem de "tensão" para descrever a intervenção do analista em estados autísticos. Se a tensão de uma interpretação for demasiado elevada, pode infundir uma tensão insustentável no campo relacional, correndo o risco de que esse campo entre em colapso. A ocorrência disso implica o analista não ter conseguido usar um "transformador redutor" adequado para reduzir a intensidade e o impacto de sua intervenção.

Consequentemente, é sempre necessário ativar o "dispositivo de segurança" de um segundo olhar (Baranger & Baranger, 1961-1962) ou de um "monitor" interno para tentar captar, a cada momento, os sinais do campo e as pistas do seu sofrimento. A tensão deve ser inversamente proporcional ao grau de deficiência da função-alfa do paciente ou da capacidade de seu aparelho de pensar (e sonhar). Às vezes, como em situações de traumas macivos, o problema é um influxo sensorial excessivo que pode sobrecarregar a capacidade de aceitação e transformação até mesmo de uma mente suficientemente desenvolvida.

Menos desesperadora do que a imagem de um "buraco negro", e com mais abertura para um potencial movimento positivo, a metáfora da tensão aponta para o diferencial ativado pelo analista cada vez que ele oferece sua opinião sobre o que está ocorrendo. Os pontos de vista de dois sujeitos diferentes jamais se sobrepõem completamente. Se, no entanto, eles são semelhantes o suficiente, uma interação fecunda de identidade e diferença pode ocorrer (sem dúvida, em termos de desenvolvimento psíquico, a diferença não é menos importante do que a sintonia emocional). Paciente e analista podem compartilhar uma experiência emocional, e a mente do paciente – como continente – pode tornar-se mais elástica e se expandir.

A puma

Atendo A., uma menina quieta e melancólica, uma vez por semana, face a face. Ela sempre chega na hora. Coloca sua bolsa no chão e se senta com a coluna ereta na poltrona, a cabeça ligeiramente inclinada para o lado, com um olhar tímido e evasivo em seu rosto. Em seguida, permanece em silêncio por quarenta e cinco minutos. A cada vez, fico imediatamente dominado por uma sensação de opressão. O tempo parece ficar parado. Talvez A. necessite desacelerar, até que ela pare o tempo de uma vez. Talvez ela tenha passado com demasiada frequência por situações traumatizantes, eventos que a fizeram sentir-se não realmente viva e sem qualquer controle sobre as coisas. Sua babá, a quem A. considerava sua verdadeira mãe, morrera quando ela tinha 9 anos de idade. Poderia esse fato também representar a reabertura de uma ferida mais antiga?

Gradualmente, como quando desligamos o som da TV e nos tornamos mais conscientes de pequenos detalhes aos quais antes estávamos indiferentes, percebo que estou prestando mais atenção às minhas próprias sensações e ao que está entrando em meu campo visual. Estou ficando mais em sintonia com o meu próprio corpo e minha postura, como se A. quisesse chamar a minha atenção para esses níveis primitivos de (não) integração somatopsíquica; como se ela própria precisasse entreter uma relação puramente fusional e sensorial no ventre seguro do *setting*. Vem à minha memória a distinção de Winnicott (1945) entre as necessidades do id e as necessidades do ego, e penso que talvez, aqui, as palavras somente seriam adequadas se estivessem em sintonia com as últimas, caso contrário, poderiam ser danosas.

A. parece estar muito longe, mas ao mesmo tempo ela está totalmente consciente de cada movimento meu. Durante cada sessão, tento entrar em contato com ela, mas sem sucesso. Resigno-me ao silêncio. Puro Beckett, digo para mim mesmo – mas, então, penso que realmente amo Beckett, e esse pensamento me faz considerar as possibilidades, oferecidas pela análise, de encenar mesmo as situações mais extremas. Torno-me mais esperançoso. Sei que apenas eu me sentir dessa forma é útil para ela; por vezes, ela própria conseguiu me dizer isso. Sentindo-me uma testemunha de seu sofrimento a faz sentir-se mais à vontade. Cada vez ela integra um pouco mais, graças ao espaço que reservo para ela, tanto fisicamente, na sala, como simbolicamente, em minha mente. Isso me ajuda a seguir o meu próprio fluxo de ideias, como se fosse um comentário sobre o que está acontecendo. É o negativo de um diálogo que ainda não pode existir, como no romance *O Senhor Máni*, de A. B. Yehoshua, onde o leitor só tem acesso ao que é dito por um dos dois interlocutores em uma conversa telefônica.

Ao seguir a minha corrente de pensamento, certa vez me encontrei fantasiando que eu estava em uma piscina com A., que ainda não sentia vontade de entrar na água. A imagem se transformou em uma linda praia da Sardenha, semelhante a um cenário tropical. Porém, lembrei que, no dia em que estivera lá, o mar estava infestado de águas-vivas – o que para mim é perturbador. Entendo que A. está desconfiada e paralisada pelo medo. Mas, então, começo a pensar que deve haver algo mais que ela pode ver e eu não. Talvez seja algo ainda mais aterrorizante do que águas-vivas. Penso naqueles que vão nadar onde existe apenas um recife de coral entre eles e os tubarões. Não me sentiria muito seguro nessas águas. Será que A. também "vê" ou sente tubarões? Talvez seu recife de coral tenha fendas que podem permitir a entrada de coisas terríveis, as presenças perturbadoras que vivem no fundo de seu inconsciente. As fendas abertas na "estética do ser" – a estrutura básica da personalidade fornecida pela mãe como um objeto transformacional (Bollas, 1978) – foram causadas por traumas sofridos em seus primeiros anos de vida, antes da construção do "ego" e, posteriormente, inscritas como esquemas sensoriomotores no inconsciente inacessível.

Então, associei com outro paciente, B., que foi passear de barco com amigos, durante um feriado, no período em que, depois de anos de solidão, ele estava novamente tentando construir uma relação emocional com uma mulher. Em seu retorno, B. me contou como eles costumavam mergulhar para ver os tubarões. Explicou que, quando eles faziam isso, os tubarões já não estavam mais agressivos, pois já haviam comido (!). Nós rimos por um longo período, tendo ambos entendido que ele temia às mulheres – na verdade, uma imago materna fortemente assustadora – mais do que aos próprios tubarões. Por meio dessa *rêverie*, percebo que transferi uma quantidade de emoções de uma cena (com B.) para outra (com A.), oferecendo um significado experimental a algo que, visto de fora, poderia parecer sem sentido, e talvez tenha colocado o relógio em movimento. Agora sou capaz de reformular a situação com A. nos seguintes termos: o problema é a forma de alimentar os tubarões ou domar os lobos (como São Francisco), a fim de torná-los menos perigosos. Mas, nessa fase inicial, ainda sei muito pouco sobre pumas.

Semanas e meses se passam. Um dia, a bolsa laranja que A. traz sempre à sessão me evoca Chapeuzinho Vermelho perdida na floresta. Suponho que, de certa forma, ela me veja tanto como a avó – a babá que a criou –, quanto como o lobo disfarçado de avó. Então, quando eu a acompanho até a porta, ela se vira, e eu imediatamente noto um desenho, em um dos lados de sua bolsa, e a palavra "puma"! Fico surpreso – mas começo a ver uma luz no fim do túnel. Digo a mim mesmo que, dentro dela, há algo primitivo, feroz, talvez com muita raiva. Aí vêm os tubarões, ou melhor, os lobos – não, os pumas! Para A., manter-se quieta e silenciosa pode ser uma forma de representar a si mesma, tanto mortificada por um olhar maternal frio e distante, como paralisada numa reação defensiva, como a de se "fingir de morta", quando confrontada com terror. Também pode ser uma maneira de segurar internamente as explosivas emoções-pumas.

A. comprime esses sentimentos até que eles fiquem totalmente "achatados", em seguida ela se enrola dentro de uma concha autística invisível, mas resistente. No entanto, desta vez talvez eu tenha encontrado um caminho em direção ao que ela tem tentado inconscientemente me dizer sobre o que está acontecendo! Dificuldades à parte, apesar de nosso silêncio quase total, estamos começando a escrever um roteiro, que já começa a ter um pequeno elenco. A "distribuição dos papeis" (Civitarese, 2013) já começou, enquanto tentamos encontrar atores suficientemente bons para representar o papel das (proto-)emoções que ainda não encontraram seu lugar na cena da análise. Considero esses "atores" não só como associações ou *rêveries minhas*, mas como *cocriações* no campo analítico pelo cruzamento de identificações projetivas recíprocas. Nesse exemplo, interpretei a ela o significado que eu atribuíra às figuras em sua bolsa, e ela *silenciosamente* aceitou jogar esse jogo! Dessa forma, ela passou a se comunicar comigo até mesmo *conscientemente*.

Algumas sessões depois, descubro que o outro lado de sua bolsa contém a imagem de dois coelhos se afagando, desenhados de forma infantil. Eles se juntam ao minúsculo par de pumas vermelhos, que são parte do famoso logotipo da marca de calçados esportivos, como "atores" na sua história em desenvolvimento. Estaria A. me mostrando que está lentamente conquistando pequenas quotas de ambivalência emocional: dois minúsculos pumas pardos, um em cada sapato, próximos a dois grandes coelhos brincalhões na bolsa?

É assim que a turbulência produzida pelo meu contato com A. começa a despertar minha função-alfa para começar a formular e estruturar um dispositivo psíquico que lhe permitirá representar (e possivelmente furar) a "bolha" de tristeza em que ela vive há tanto tempo. Através de uma narrativa que se desenvolve sem palavras, ela agora é capaz de colocar uma série de fragmentos de si mesma e de sua vida no palco que a análise lhe oferece. Assim, ela consegue expressar seu intenso desejo de se revelar, mesmo em completo silêncio. Quando essa necessidade é satisfeita por uma resposta adequada do objeto, é fortalecido o senso que temos de nós mesmos e da continuidade de nossa existência.

Em certo ponto, A. troca de bolsa. Desta vez, a escrita diz "*legami*", que em italiano significa tanto "relações" como "me amarre". Talvez dessa forma ela esteja expressando o medo e o anseio por uma ligação que, como se vê no filme de Almodóvar *Ata-me!* (*Legami*, em italiano), é um sequestro mútuo e uma referência a um mundo de Sade, de abjeção como repressão primária do corpo materno. Em seguida, surge outra bolsa nova, com design e colorido de camuflagem, que grita "luta, perigo, emboscada, esconderijo, guerrilha". Além disso, algum tempo depois noto que, nessa bolsa, a palavra "energia" foi escrita muitas vezes em letras minúsculas. Será que A. está me informando que sua energia está sendo roubada pela relativa desconexão entre inteligência e emoção? Uma energia que deve, no entanto, existir, ou então seria muito difícil explicar como ela consegue passar nos seus difíceis exames de matemática, na universidade?

Assim eu começo a desenhar mapas das emoções ativadas no campo analítico e, consequentemente, do mundo interno de A. Ao mesmo tempo, vejo que encontramos uma maneira de nos comunicar e dar uma forma às suas emoções, as quais A. é ainda incapaz de expressar em palavras. Então, às vezes eu digo a ela o que vem na minha mente. De fato, penso que, se o analista se sente livre, por vezes, para expressar dúvidas ou confessar que ele está incerto sobre como se comportar em relação a alguns fatos da análise, então o paciente pode entrar em um estado de ambiguidade, o que pode ser útil. Na verdade, com a introdução do analista em cena em um novo papel, através da autorrevelação é criado um terceiro, ou um espaço alternativo, favorecendo a autorreflexão e, assim, a subjetivação.

É claro que, do ponto de vista analítico, a autorrevelação não escapa ao paradigma do *setting* e do onírico na sessão. A este respeito, a autorrevelação pode ser introduzida e compreendida menos como a irrupção de fragmentos da vida do analista e mais como a entrada de um novo tipo, não convencional, de ator, muito consciente do seu papel e comprometido a divulgá-lo para o público. Do ponto de vista do campo, todas as referências a eventos da vida privada, passados ou presentes, feitas pelo paciente ou analista, são imediatamente virtualizadas, tornando-se personagens fictícios da análise ou *loci* no campo analítico.

O momento eventualmente chega quando começamos a falar de tudo que foi mencionado anteriormente, com tato e delicadeza. "Qual é a bolsa hoje? Aquela com os afagos ou com o combate"?, eu lhe pergunto. A. sorri. Em seguida, mais alguns passos, à medida que – por minha sugestão – começamos a falar sobre filmes e livros, discussões que aparentemente não levavam a lugar algum. Ela me diz que seu filme favorito é *Amélie*, a história de uma jovem garçonete em Montmartre, órfã de mãe, que encontra uma pequena caixa contendo lembranças de infância e brinquedos. Ela pede que seu vizinho, o vidraceiro, a ajude a encontrar o dono da caixa. Vendo o quão feliz ela o deixou, ela decide dedicar sua vida a "consertar" as coisas que estão erradas na vida das pessoas ao seu redor.

Num outro momento, A. me fala sobre seu livro favorito, *O Diabo dos Números*, de Enzensberger. É a história de Robert, um garoto de 10 anos que fica tendo pesadelos com a matemática. Mas, então, um mágico começa a aparecer em seus sonhos: um homenzinho de aparência engraçada que lentamente o ajuda a superar seu medo de matemática num curso de onze noites. O jogo da bolsa silenciosa se transformou no jogo do livro. Cada semana A. lia algo, uma história ou um capítulo de um romance, que depois discutíamos. Outro livro foi *A Solidão dos Números Primos*, de

Paolo Giordano. Para falar de si mesmo no romance, o narrador usa, como metáfora, números primos (divisíveis apenas por um ou por eles mesmos). Esses números aparecem, às vezes, em grupos de dois, embora sempre separados por outro número. Assim, eles são um par que nunca pode estar realmente junto. A escolha seguinte de A., também muito apropriada, foi *L'inventore dei Sogni* (O Inventor dos Sonhos), de Ian McEwan. Era exatamente para isso que meus esforços eram dirigidos: a criação de um espaço para sonhos. O menino protagonista do livro, Peter, tem vários sonhos: primeiro ele imagina um pó mágico que faz com que sua mãe, pai e irmã desapareçam; em segundo lugar, ele se vê dando ao valentão da escola uma espécie de interpretação, levando-o às lágrimas só com o uso de palavras, e fazendo-o sentir-se envergonhado de seus atos. Finalmente, Peter sonha que se transformou em um gato. Nesse ponto de seu relato, para minha surpresa e gratidão, A. vira-se e diz: "Tipo o que deve estar acontecendo aqui." Devido às minhas/nossas constantes tentativas de criar sonhos, parece que o puma está lentamente se transformando em um gato domesticado! O que quero dizer com isso é que emoções violentas, incontroláveis, estavam agora a ponto de se transformar em pensamentos. Continuo a escutar por novas imagens para surfar, provenientes de A. ou de mim mesmo, que poderiam – ou não – confirmar *après coup* que estávamos em contato.

O silêncio desempenhou um papel significativo no tratamento de A., e reaparecia mesmo após os momentos mais férteis. Era o isolante necessário que mantinha, durante cada sessão, as tensões ativadas a um nível tolerável. Diante do silêncio, eu só podia me manter atento às minhas próprias reações emocionais, ficar alerta e estar pronto para sonhar os sonhos interrompidos e não sonhados de A. (Ogden, 2004), consciente de que o analista não deve colocar demasiada pressão no intuito de empurrar o paciente para fora da concha autista. Por um lado, tal empurrão estaria negligenciando o reconhecimento do silêncio como um necessário dispositivo de proteção para "reduzir a tensão". Ou, por outro lado, refletiria a tentativa do analista de escapar ao contato com as partes mortas/deprimidas da mente da paciente, ou uma recusa em deixar-se ser tratado transferencialmente como o objeto interno deprimido/desesperado dela.

Tais momentos exigem que o analista preste muita atenção às suas próprias reações emocionais, às impressões físicas e às imagens que surgem em sua mente, presumindo que cada elemento, no fluxo das suas associações, representa um comentário privado, não verbal(izado), sobre o que está acontecendo. Em algumas ocasiões, elementos desse fluxo de consciência podem ser verbalizados; em outros, eles permanecem silenciosos, mas ativos, informando a *rêverie* em curso do analista.

O tratamento de A. ilustra que, para adquirir ou fortalecer a capacidade de representar, pode ser essencial inicialmente reviver as primeiras fases da vida, quando a sensorialidade era proeminente, e repetir o processo primitivo de reforçar o alojamento da psique no corpo, tal como descrito por Winnicott (1949). Com pacientes como A., que foram tão seriamente feridos, a tapeçaria da intersensorialidade/intercorporeidade, anônima, pré-reflexiva e pré-pessoal, representando a base do sujeito quando ainda não há real autoconsciência, muda de um pano de fundo pré-categórico – dotado de significado, ainda que obscuro – para figura. De fato, como discutido persuasivamente pelo filósofo francês Merleau-Ponty (em cujos escritos Willy e Madeleine Baranger buscaram inspiração para o desenvolvimento de sua noção de campo analítico), nessa fase sujeito e objeto não estão separados: ao contrário, estão numa relação dialética.

Sujeito e objeto não são entidades autônomas, definidas, puras presenças-ao-*self*, eles moldam um ao outro continuamente através de um processo fluido de transações reguladas pela "porosidade do corpo". Na verdade, eles são originários de um meio primordial, ao qual ambos pertencem. Nesse contexto arcaico, tocar também significa simultaneamente ser tocado. Nosso senso de mundo é mediado não só intelectualmente: também é informado pela experiência direta do corpo. Esse senso de realidade decorre da existência encarnada e já está desenvolvido – embora de forma rudimentar – antes mesmo que uma forma de autoconsciência seja estabelecida. Desse modo, Merleau-Ponty afirma: "Eu sou um campo, eu sou uma experiência" (1945, p. 473), isto é, um sistema de relações. Vale a pena ressaltar que, como o ego jamais estará completamente livre das restrições do ambiente que o rodeia e de situações específicas de vida, esse estágio primordial é destinado a estabelecer-se, como uma forma de experiência constante, também por toda a vida adulta.

É precisamente esse quadro relacional intersubjetivo que Melanie Klein se esforça para iluminar com suas observações obsessivas, dramáticas, sobre como o ego frágil do bebê não é uma entidade separada da forma que, mais adiante na vida, um "sujeito" será separado de um "objeto". De fato, segundo ela, esse ego inicial "incessantemente consome o seio a partir de dentro e o ejeta para o mundo externo, ao se construir-esvaziar, enquanto constrói-esvazia o Outro" (Kristeva, 2000, pp. 62-63). Por sua vez, Bion se aproxima do mesmo problema através da sua noção de "sistema protomental":

> *Visualizo o sistema protomental como um sistema em que o físico e o psicológico ou mental são indiferenciados. Trata-se de uma matriz donde originam-se os fenômenos que a princípio parecem – num nível*

314 O INCONSCIENTE INACESSÍVEL E A *RÊVERIE* COMO UM CAMINHO...

psicológico e à luz da investigação psicológica – serem sentimentos distintos, apenas frouxamente associados uns com os outros. É dessa matriz que as emoções próprias à suposição básica fluem para reforçar, infiltrar e, ocasionalmente, dominar a vida mental do grupo. Uma vez que se trata de um nível em que o físico e o mental são indiferenciados, é razoável que, quando a aflição originária dessa fonte se manifesta, ela possa manifestar-se tanto sob formas físicas quanto sob formas psicológicas (Bion, 1948, p. 102).

A observação de Bion é especialmente significativa na medida em que visa dar conta da noção de uma imagem (representação psíquica) "traduzindo" algo que é em si somático. Também esclarece como tal reversibilidade entre corpo e mente pode operar não só dentro de um indivíduo, mas também entre duas pessoas. Além disso, como explica Bion, devido à interação incessante e inconsciente entre analista e paciente, as *rêveries* do analista podem, às vezes, "traduzir" experiências traumáticas do paciente inscritas no inconsciente não reprimido – traumas que produzem um buraco no chão sensorial do ego. Em outras palavras, ele implicitamente argumenta que, da mesma forma que a confiabilidade do *setting* (e os elementos físicos e rítmicos que o tornam possível) pode aumentar a capacidade de pensar do paciente, o trabalho de figurabilidade realizado pelo analista pode curar as feridas do corpo--como-dispositivo-semiótico – ou seja, um corpo entendido como uma forma de linguagem/meio de gerar experiência, que é certamente prevalente no início da vida, mas que sempre caminhará de mãos dadas com a linguagem simbólica.

Nesse sentido, pode-se ainda levantar a hipótese de que, precisamente nessas circunstâncias em que o analista lida com "buracos negros" no inconsciente inacessível do paciente (verdadeiras feridas abertas que podem levá-lo à beira do colapso da não representação), a restauração de certo grau de figurabilidade pode constituir um elemento terapêutico crucial.

Seleção de elenco

Nas áreas autistas e psicóticas da mente, a questão principal que devemos abordar é a difícil tarefa de como traduzir os dados protossensoriais (elementos beta) da experiência em imagens. Grotstein (2007) chamou esse processo de "mentalização": a passagem de elementos beta para elementos alfa, em contraste com o estágio (do "pensamento"), em que elementos alfa são ordenados em uma sequência narrativa. Para criar um significado para o paciente e com o paciente, estaremos em uma posição de construí-lo, pictograma por pictograma, e assim desenvolver uma função de "figurabilidade básica", ao invés de tornar explícitos seus níveis mais complexos. Com efeito, é impossível a princípio para esses pacientes e díades analíticas "filmar" a realidade – em cenários favoráveis, depois de um longo tempo gravando filme de curta-metragem, isso pode tornar-se possível. Inicialmente, as imagens só podem ser feitas uma por vez: inicialmente elas ficarão fora de foco e em tons de cinza, depois mais claras e mais coloridas.

Foi o que tentei fazer com A., utilizando as noções de identificação projetiva, *rêverie*, além da oscilação entre capacidade negativa e fato selecionado. Eu me envolvi com ela, em primeiro lugar, permitindo que meu pensamento operasse de modo regressivo e, em seguida, "reconstruindo" a cena ficcional do *setting*, restaurando a sua natureza rigorosamente inclusiva. Assim, de modo lento, consegui "introduzir personagens" progressivamente no campo analítico. É fundamental ressaltar que, ao fazer isso, *não segui um procedimento pré-estabelecido ou mecânico*. Eu simplesmente "es-

316 O INCONSCIENTE INACESSÍVEL E A *RÊVERIE* COMO UM CAMINHO...

perava que eles aparecessem para escalá-los". Ou seja, em um estado de capacidade negativa, *rêverie* e atenção flutuante, coloquei minha fé na minha intuição analítica e espontaneidade, apenas verificando se cada "personagem" era adequado – tinha bastante talento, por exemplo – para desempenhar certo papel. Essa abordagem permitiu-me acessar as "lágrimas traumáticas" no tecido do inconsciente inacessível não reprimido do paciente.

Ao se trabalhar desse modo, como na arte, é importante unir habilidade e espontaneidade. Quando um "ator" aparece com uma queda especial para determinado papel, ele cria um efeito de verdade, que apenas certas imagens de sonho têm, graças a seu caráter de presença e vivacidade: uma qualidade de epifania que, fora dos sonhos, só é encontrada, na melhor das hipóteses, na arte que nos emociona. Nesse grato momento, todos os fatores que fazem parte da experiência estética podem ser encontrados: o efeito de uma agradável surpresa, o contexto de faz de conta ou brincadeira, um sentimento vibrante e quase imediato de expansão da experiência e de criação de significado.

No início da análise, as cenas com A. eram extremamente vazias. Exceto pelo personagem "vazio miserável", que dominava o palco, faltavam os outros personagens necessários para contar a história de nosso relacionamento, da análise e da sua vida. Nesse tipo de cena, a capacidade do analista de ser um bom diretor de elenco se faz necessária para induzir uma mudança no campo. Tensões maiores seriam intoleráveis, mas tensões mínimas podem ser introduzidas no diálogo, sob a forma de personagens, inconscientemente expressando o ponto de vista do paciente ou do analista. Ou, talvez, estejam trajados como papéis/emoções em busca de um autor, e a esses se oferece uma audição onde teriam que ler alguma coisa do roteiro, atuar a partir de seu próprio repertório, falar sobre eles mesmos, e assim por diante. Se a audição for bem-

-sucedida e o paciente adotar ou fazer uso do personagem que o analista oferece, então o ator está definitivamente selecionado.

Às vezes, porém, a seleção do elenco só pode ocorrer na mente do analista, onde a "estória" evolui, mesmo que nenhuma narrativa compartilhada seja *explicitamente* desenvolvida. De fato, se o analista estiver atento e receptivo, sua interioridade representará com sucesso um lugar dentro do campo analítico. Se algo acontecer lá, todos os outros elementos do campo também serão transformados. Ainda que o analista opte por omitir a interpretação, o novo personagem entra no campo analítico e no jogo de identificações projetivas cruzadas que o define. Se a escolha do personagem for boa, então o campo – a capacidade do par analítico de sonhar ou pensar – se expandirá.

Em meu trabalho com A., *minhas rêveries podem ser vistas como mudanças narrativas do campo emocional em que estávamos ambos imersos: o resultado da comunicação inconsciente contínua, invisível, entre analista e paciente.* As "transformações em sonho" (Ferro, 2006), das quais se originam os personagens que podem inicialmente ser percebidos como intrusos (às vezes, estes são objetos concretos no consultório do analista) ou parecerem vir exclusivamente dos pacientes, são, de fato, igualmente cocriadas. Godzilla, a água-viva, os tubarões, o "paciente idoso", os recifes de coral, as pumas nos tênis, os desenhos de coelho na bolsa, e assim por diante, são todas funções do espaço intermediário que geramos em conjunto, uma espécie de meio-termo ou meio caminho da região psíquica. Todos eles são "personagens" se envolvendo constantemente uns com os outros e expressando diferentes pontos de vista em um romance polifônico emergente. Pensar neles como produtos do campo emocional (interpsíquico) abre caminho para a imaginação (intrapsíquica) de A. Essa via também leva às suas emoções, quando aparecem o homem de vidro, o diabo

318 O INCONSCIENTE INACESSÍVEL E A *RÊVERIE* COMO UM CAMINHO...

da matemática, Amélie – todos "personagens" que *ela* apresentou verbalmente –, seguidos pelo gato e por Peter – uma criança que começa a sonhar! Também considero essa polifonia como uma autorrepresentação, não apenas como uma função emergente do campo, mas também como uma medida do progresso que *ela* conseguiu na análise e que reflete o seu potencial para avançar em seus estudos e viver um vínculo amoroso com um namorado.

Essas são imagens de contos de fadas que carregam significado – finalmente! – quando confrontadas com estados inacessíveis da mente. Elas eliminam o tédio e despertam sentimentos de admiração, interesse e alívio, porque nos fazem pensar que algo pode nascer no relacionamento. Elas aparecem como uma série de elementos dispersos que se organizam em uma configuração significativa e refletem a assimilação, pelo paciente, da capacidade de *rêverie* do analista e de sua postura analítica e método.

A análise, observada a partir desse ponto de vista, surge como um campo de transformações sempre em expansão, mais preocupada com o futuro do que com a reconstrução do passado. Ou, melhor ainda, foca-se no passado na medida em que ele continua a viver no presente, mesmo sob a forma de negatividade. As transformações psíquicas bem-sucedidas de beta para alfa sempre marcam a descoberta de invariantes na experiência de realidade do paciente – isto é, relações constantes e (subjetivamente) significativas entre os diferentes elementos pelos quais a realidade do paciente é formada.

As mudanças do Godzilla para a puma, e da puma para o gato, são todas transformações (a primeira sendo minha própria *rêverie* e, a segunda, uma imagem de A.). No entanto, todas elas também se originam da "indiscriminação primordial" entre o físico e o psíquico (bem como entre o sujeito e grupo), que, a partir de diferentes perspectivas, Bion, Ogden e Ferro denominaram de sistema protomental, terceiro analítico intersubjetivo e campo analítico, respectivamente. Cada mudança de beta para alfa marca um ponto onde dados psíquicos dispersos, confusos, indefinidos e ilimitados adquirem limites definidos, consistência e ordem: o espaço mental torna-se tridimensional. A relação beta/alfa dentro do campo analítico é lentamente reduzida. Assim, podemos perceber um aspecto de O (Bion, 1970) – "o nome daquilo que não tem som, cheiro e textura ... do que existe antes que nossos sentidos nos digam o que é" (Vitale, 2004, p. 73) – como uma realidade cognoscível, fenomenal. O pacote de protoemoções não transformadas, não representadas, a partir do qual se origina a dor mental é gradualmente desembrulhado. A psique do paciente é reintegrada ao corpo, e suas feridas param de sangrar. A barreira de contato é restaurada, juntamente com o funcionamento binocular (consciente/inconsciente) da função psicanalítica da personalidade – as sombras protegendo nossas retinas do brilho ofuscante do Real.

Notas

1. Se, de acordo com Winnicott (1947, p. 197), pensamos no *setting* como "o colo ou útero do analista", então eles podem aparecer nas sensações e ritmos desse "corpo".

2. "... um fenômeno surpreendente e, a princípio, incompreensível... Isso ocorreu tanto em sonhos, imediatamente depois que a construção foi apresentada, quanto em estados de vigília semelhantes a fantasias." (Freud, 1937d, p. 266).

12. O processo de representação na primeira infância

Christine Anzieu-Premmereur

Os analistas de crianças, no trabalho psicanalítico com bebês e crianças, se deparam com comportamentos, estados de ansiedade e síndromes que podem ser considerados como resultantes de uma falha no processo de simbolização inicial. Por exemplo, uma criança pode entrar em pânico e sentir angústia quando sua mãe sai da sala, pode não ser capaz de dormir, ficar aterrorizada com qualquer ruído ou correr ao redor da sala aleatoriamente, não conseguindo se concentrar em uma tarefa apropriada para a idade. Tais comportamentos eventualmente refletem uma capacidade de representar enfraquecida ou ausente, de forma que a criança busca descarregar a tensão via ação e comportamento, em vez de lidar com tal capacidade de forma mais produtiva, através do brincar e sonhar.

A criança à qual falta a capacidade de representar a mãe em sua mente quando esta não está fisicamente presente, não tem como

322 O PROCESSO DE REPRESENTAÇÃO NA PRIMEIRA INFÂNCIA

organizar sua angústia e ansiedade em sua ausência. Restará ao analista a tarefa de fomentar o processo de representação na criança, oferecendo-lhe a sua própria capacidade de representação por meio do uso da linguagem, especialmente da metáfora, do brincar e da criatividade.

Neste capítulo, inicialmente discuto as linhas gerais do desenvolvimento normal e patológico da representação na primeira infância. Em seguida, com a ajuda de exemplos clínicos, demonstro as formas pelas quais um analista de crianças pode promover esse importante processo de desenvolvimento, quando este se desorganiza. Ao integrar as ideias de Freud sobre autoerotismo e vida instintiva inicial aos conceitos de Klein, Winnicott e Bion, descrevo o processo de formação do *self* da criança em diferentes relações com a mãe, como este aparece em diferentes níveis de representação, progredindo desde uma posição simbiótica, em que a mãe é inicialmente um duplo do *self* da criança, para um desenvolvimento posterior, tornando-se um objeto diferenciado.

Representação na primeira infância

A habilidade de simbolizar baseia-se na capacidade de representação, que é, por sua vez, estimulada pelas relações de objeto primárias do bebê. Estas, por sua vez, dependem do apego com a mãe, construído através do prazer libidinal. A libido cria e mantém laços e vínculos. A experiência de ser sustentada pelo corpo da mãe e se comunicar com ela através dos sentidos, sustenta a construção de um objeto interno e da relação com ele. Quando esse objeto interno é contínuo o bastante e suficientemente forte, a criança pode tolerar a ausência da mãe, usando memórias de sensações prazerosas que foram associadas à sua presença.

A representação da mãe pela criança começa com a imitação, a introjeção e finalmente progride para a identificação. Na ausência da mãe, a criança utiliza suas próprias sensações para *configurar*[1] a presença da mãe – isto é, para recriar *figurativamente* sua experiência de estar com ela (realização alucinatória de desejo, de Freud). Ao fazê-lo, a criança desenvolve a capacidade de jogar com equivalências. Por exemplo, ela toca sua própria mão como se a mãe a estivesse tocando; em seguida, utiliza essa ação para simbolizar a presença da mãe ao tocar um objeto externo (Fain & Kreisler, 1981). O deslocamento e o uso de equivalências são funções pré--simbólicas que se apoiam na capacidade interna da criança de representação e a fortalecem.

Quando a mãe está presente, a representação das experiências da criança é efetuada através de uma integração de formas, modos sensoriais e figuras. São essas figuras que se tornarão disponíveis para a criança, para serem recriadas na ausência da mãe. Elas eventualmente serão associadas com a formação dos símbolos – isto é, com a formação de equivalências entre algo relacionado ao corpo da criança e algo relacionado a um objeto externo.

Portanto, para o bebê, a formação de representações mentais começa como um processo interacional que emerge de sensações internas associadas com sua experiência com a mãe. A mãe ajuda a conter essas sensações através de suas ações, e essas ações diminuem a ansiedade e a excitação e lhes confere significado. Nesse sentido, a interação mãe-bebê pode também ser vista como um processo intersubjetivo que ocorre entre duas mentes que não estão igualmente maduras. A sintonia afetiva parental regula a psique e as emoções da criança pequena, e a vulnerabilidade regulatória e desenvolvimental, bem como as necessidades do bebê, induzem respostas parentais facilitadoras. Esse trabalho inconsciente de compartilhar emoções é que fornece o suporte primário para o funcionamento psíquico e o crescimento emocional da criança, eventualmente estabelecendo as bases para o

324 O PROCESSO DE REPRESENTAÇÃO NA PRIMEIRA INFÂNCIA

desenvolvimento de sua capacidade para sonhar e pensar. Em circunstâncias normais (ou seja, não traumáticas), o bebê pode ser muito ativo nessa troca mútua, funcionando como um parceiro que inicia interações e modula emoções, apesar de ter uma psique menos desenvolvida.

Essa complexa relação entre pais e filho é internalizada pela criança como "mãe e bebê pensando em conjunto como um casal" (Brown, 2011, p. 73). Também ajuda a formar e apoiar o desenvolvimento do sistema perceptivo da criança, que gradualmente começará a fornecer uma dimensão e estrutura interna para a continência e organização das representações do bebê. À medida que esse desenvolvimento ocorre, a continência e a capacidade de transformar emoções são mediadas por interações com a mãe (objeto primário) através de diferentes canais sensoriais.

São as interações intermodais entre mãe e criança – tais como quando o tom de voz da mãe reflete o nível de excitação da criança, ou a qualidade do toque da mãe corresponde à intensidade nos seus olhos –, que ajudam a estabelecer o processo de formação de representações (*figuração*). Um bebê de 4 meses de idade irá juntar as suas duas mãos e tocar a si mesmo enquanto a mãe sorri para ele, mostrando sua conexão com ela. Ele, então, repetirá o mesmo padrão de unir suas mãos quando ela sai da sala, como uma forma de repetir a experiência de tê-la por perto. Uma criança pequena subirá na cadeira de sua mãe depois que ela deixa o ambiente, e em sua brincadeira vai fingir ser a mãe de uma boneca (Anzieu, 1985).

Ao integrar a presença materna e se identificar com a capacidade materna da mãe, a criança desenvolve um sistema de representações de si-mesmo-com-a-mãe. A criança associa qualidades e modos de sensações com as experiências de estar com ela, e desenvolve comportamentos que reforçam e a lembram do sentimento de "estar junto". Esses lembretes da mãe, em pensamento ou em ação, tornam-se substituições e emblemas de sua presença concreta. Sensações, imagens e eventualmente palavras, que podem ser claramente convocadas à mente no lugar da mãe, começam a funcionar em última análise como metáforas – evidências do desenvolvimento de uma capacidade criativa e simbólica que é construída a partir da capacidade da criança de formar e usar representações.

A qualidade da interação do cuidador com o bebê também será decisiva para o desenvolvimento inicial do seu autoerotismo. Este último, por sua vez, será crucial para a integração de um senso de *self* na criança e a eventual construção de uma subjetividade individual. Algumas crianças podem ter dificuldade para negociar essas etapas iniciais do desenvolvimento, devido ao temperamento, a questões sensoriais ou condições médicas que as tornam intolerantes a frustrações ou mais inclinadas a se retirar do contato com o cuidador. Pais deprimidos, traumatizados ou fisicamente doentes podem não ser capazes de sonhar ou brincar com seus filhos, e a resultante falha em dar significado ao comportamento do seu bebê pode prejudicar o desenvolvimento de sua capacidade de representação. Por exemplo, olhar um para o outro no ritmo certo, sorrir ou rir ao mesmo tempo ou sentir como se estivesse na mesma mente são todas experiências familiares de "estar junto" que apoiam a capacidade da criança para figuração. Uma falha de sintonia entre pais e bebês pode interferir no desenvolvimento dessa capacidade (Anzieu-Premmereur, 2009).

A ansiedade em relação a estranhos, em bebês de 9 meses de idade, pode ser vista como um sinal de que uma representação da mãe enquanto objeto externo se desenvolveu adequadamente. A intensidade das reações da criança nesse momento crítico mostra o quão frágil e descontínua pode ser essa representação.

Ser antes de representar

Parto do princípio que, nos primeiros momentos da vida psíquica, não há diferença entre sensações corporais, estímulos externos, afetos e percepções. O bebê não está "em relação com" a sua mãe, mas está em um estado de estar unido com a mãe, como um ego auxiliar que fornece suporte para as suas necessidades e ao seu senso de *self* que começa a emergir. Nesse primeiro estágio, o núcleo da vida psíquica está na criação de um coespaço em que as sensações, percepções e alucinações de experiências prazerosas passadas têm que ser confirmadas pelas ações do ambiente.[2] A questão quanto a essas experiências virem do mundo interno ou do externo ainda não faz sentido. Tudo isso ocorre antes da organização da capacidade de representação do bebê.

O processo de figuração começa na presença de um objeto humano externo e depende da qualidade do ajustamento dessa pessoa àquele bebê particular. Se esse ajustamento for "suficientemente bom", a frustração pode então permanecer adequada, em vez de ser desorganizadora; pode ainda ocorrer o trabalho de manter uma catexia em relação a um objeto interno, estando o objeto externo, e também a satisfação, ausentes – um processo do qual depende a formação de representações.

Se seguimos Winnicott (1951) em sua visão sobre o senso de *self* do bebê como dependente tanto da presença da mãe como da qualidade de suas interações, a capacidade de integrar o conhecimento sobre a parte "não-eu" do mundo surge após a integração de um senso seguro de *self*.

É necessário postular que, se o uso do objeto (transicional) pelo bebê se transforma em algo, então tem de ser o começo da formação, na mente ou na realidade psíquica pessoal do bebê, de uma imagem do objeto (mãe). Mas a representação mental do mundo interior é mantida significante, ou a imago no mundo interior é mantida viva, por meio do reforço concedido pela disponibilidade da mãe externa separada e concreta, juntamente com sua técnica de cuidado infantil (Winnicott, 1951, p. 95).

Quando as coisas vão bem, a criança acredita que ela é a fonte da satisfação que a mãe lhe dá, tem uma experiência de ser onipotente e pode desenvolver a confiança no objeto. Essa confiança é essencial, pois, sem ela, a desilusão inevitável pode ser traumática. À medida que a criança adquire a capacidade de distinguir "eu" de "não eu", as representações são criadas, e o mundo interno de fantasia pode ser separado da percepção da realidade. São essenciais aqui o elemento do tempo e do ajuste à tolerância do bebê à frustração, a fim de protegê-lo da perda da continuidade de ser. A propósito disso, Winnicott escreveu:

Talvez valha a pena tentar formular isso de maneira a que se conceda ao fator temporal o devido peso. O sentimento de que a mãe existe dura x minutos. Se a mãe ficar distante mais de x minutos, então a imago desaparece, e juntamente com ela, cessa a capacidade do bebê de utilizar o símbolo da união. O bebê fica aflito, mas essa aflição é logo corrigida, pois a mãe retorna em $x + y$ minutos. Mas em $x + y + z$ minutos o bebê ficou traumatizado. In $x + y + z$ minutos o retorno da mãe não corrige o estado alterado do bebê. O trauma implica que o bebê experimentou uma ruptura na continuidade

328 O PROCESSO DE REPRESENTAÇÃO NA PRIMEIRA INFÂNCIA

da vida, de modo que defesas primitivas agora se organizam contra a repetição da "ansiedade impensável" ou contra o retorno do estado confusional agudo próprio da desintegração da estrutura nascente do ego (Winnicott, 1967, pp. 97-98).

Estes últimos estados estão associados com agonias primitivas, que provocam ações defensivas – clivagem da subjetividade, identificação projetiva maciça, forclusão, e assim por diante –, que irão eventualmente interferir nas capacidades da criança, afetivas e cognitivas, de representação e simbolização (Rustin, 1989).

A capacidade de manter a mãe na mente e trazer de volta a lembrança de sua presença é transmitida principalmente por meio de atividades sensuais do corpo, as quais têm uma qualidade autoerótica e mantém em andamento o processo de alucinação (da sua existência e/ou presença). A capacidade de estar só, inicialmente na presença da mãe, requer um senso de "relação do ego"[3] com ela – a criança estar ligada à mãe como parte de um par intersubjetivo regulador do estado emocional, promotor do crescimento e produtor de homeostase. Essa conexão capacita a criança a brincar em silêncio na presença da mãe, a mantê-la na mente com o que Winnicott (1967) refere como "a capacidade de criar o mundo". Representar e criar são parte do mesmo processo.

Antes do desenvolvimento das capacidades de representação da criança, danos ao *self* devido à frustração traumática – seja devido a um nível muito baixo de tolerância ou por falha do ambiente em sua função de suporte –, podem sujeitar o bebê a agonias primitivas e a um senso insuficiente de "ser". Em resposta, a criança pode defensivamente apagar todos os traços da mãe, prejudicando ainda mais sua capacidade de representação. Os bebês que evitam olhar para suas mães são aqueles que, ao redor dos dois ou três anos, sofrerão ansiedades de separação desorganizadoras. Na confusão dessas crianças, a mãe ausente está morta para sempre.

Confrontados com o medo de desorganização, alguns bebês recorrem ativamente à clivagem como defesa. Podemos observar, em seu comportamento, momentos de bom equilíbrio libidinal e relações suficientemente boas com seus objetos, e também momentos de dissociação e medos associados a náuseas e vertigens, indicativos de uma fraqueza ou ausência de representação. Outros bebês responderão à fragilidade representacional e à ameaça de desorganização desenvolvendo um forte apego a objetos inanimados e evitando contato humano (Alvarez & Furguile, 1997).

À medida que as crianças pequenas emergem da necessidade de manter essas reações evitativas, torna-se palpável sua necessidade de apoio concreto para ajudá-las a literalmente manter seus pais na mente. Pode-se envolvê-las em tentativas de apoiar os processos de figuração: através da linguagem ou de jogos de presença e ausência; através da troca de brinquedos que rolam, falando sobre ser passivo ou ativo em face da ausência: "Esse carro rolando é para você, e agora é a minha vez, então ele vai para longe de você, vem na minha direção, e agora é minha vez de dizer adeus e esperar até ele voltar. Estou feliz que ele voltou, estou triste de mandá-lo para longe, estou com raiva". Brincadeiras como "Cadê? Achou!!!" e "Esconde-esconde" são os próximos passos nesse jogo, seguidos por material específico, como massa de modelar, bonecas e bichos de pelúcia, para fazer o papel, externamente, de todas as possíveis figuras de objetos bons e maus. Frequentemente passam-se semanas ou meses antes que a criança possa usar esses jogos e figuras para formar objetos transicionais, internalizá-los para formar representações, e, eventualmente, utilizá-los como

330   O PROCESSO DE REPRESENTAÇÃO NA PRIMEIRA INFÂNCIA

ferramentas em brincadeiras simbólicas (Anzieu-Premmereur & Cornillot, 2003).

Defesas iniciais e a falta de figuração

Desde muito cedo, os bebês ameaçados de serem sobrecarregados podem demonstrar comportamentos que, se considera, refletem mecanismos subjacentes de projeção, dissociação, idealização, identificação projetiva e clivagem (Grotstein, 1981). Melanie Klein (1952) sugere que essa atividade defensiva é mobilizada para proteger o ego de uma ansiedade desorganizadora.

Selma Fraiberg (1987) examinou as manifestações externas dessas defesas patológicas durante os primeiros 18 meses de vida. Evitação é a primeira e mais antiga das defesas, segundo a observação dela. Já aos três meses de idade alguns bebês não olham para sua mãe e raramente vocalizam ou sorriem para ela. Esses bebês demonstram estados de desamparo e desorganização, nos quais gritam intoleravelmente e não podem ser acalmados. O congelamento é uma segunda defesa, começando aos 5 meses de idade. A criança fica imóvel, não mostra nenhuma emoção e olha para o espaço por longos períodos de tempo.

Estes comportamentos patológicos iniciais podem ser entendidos como correlatos de processos dissociativos e de clivagem, estudados por Melanie Klein (Klein, 1952). Suas consequências para a capacidade de representação, em desenvolvimento na criança, são graves. O seguinte caso clínico ilustra o descarrilamento que pode ocorrer nesse processo fundamental do desenvolvimento.

Sam era um bebê de 2 meses de idade, cuja mãe teve uma severa depressão pós-parto. Ela amamentava durante a sessão, e Sam ativamente evitava seu olhar, man-

tendo seus olhos voltados para o teto. Essa evitação deixava sua mãe intensamente irritada, intensificando seus sentimentos persecutórios. Logo após seu nascimento, ela tinha começado a chorar e desenvolvido medos paranoides, enquanto Sam gritava durante horas, incapaz de ser acalmado por ela. Deprimida, ela era dura e rígida, segurando a criança com muita força e interagindo intrusivamente com ela.

Aos 3 meses, Sam estava interagindo com outros indivíduos como uma criança mais velha, mas ainda evitava ativamente o olhar de sua mãe. Ele não sorria. Eu ficava muito preocupada durante as sessões, embora sentisse uma boa conexão com ele – Sam ficava atento quando o olhava e conversava com ele. Tentava relacionar-me com ele com uma atenção flutuante suave, sorrindo para ele quando ele virava sua cabeça para mim, e relaxando a minha atenção quando ele se afastava de mim. Dizia a ele como era triste vê-lo com medo de sua mãe, que queria amá-lo. Era chocante o contraste entre a ativa ligação dele comigo – ou com o pai – e a evitação em relação à sua mãe. Mas a rejeição de Sam por sua mãe forçou-a a tentar conter sua depressão.

Um dia, ao olhar-se no espelho de casa, a mãe de Sam percebeu a severidade de sua expressão facial. Em seguida, durante uma sessão, ocorreu-lhe a ideia de que seu bebê poderia estar com medo de sua raiva. À medida que associou suas próprias lembranças infantis a essa descoberta, ela começou a relaxar. Mostrei-lhe que Sam estava olhando para ela e chupando o dedo. Pela primeira vez, eles tiveram uma troca agradável. Na sequência,

332 O PROCESSO DE REPRESENTAÇÃO NA PRIMEIRA INFÂNCIA

Sam começou a balbuciar.

Aos 2-3 anos, Sam era uma criança precoce, independente em suas brincadeiras. Porém, gritava de modo assustador e estridente cada vez que sua mãe saía da sala. Ela não podia deixá-lo nem por um minuto.

Ao longo da terapia vincular, Sam desenvolveu brincadeiras ativas e simbólicas, o que mostrava como ele havia ligado uma representação de uma mãe assustadora, com pouca sintonia, com a fantasia de uma mãe raivosa. Sua brincadeira envolvia alimentar a bonecas, sendo ele a própria mãe; uma boneca era a "mãe malvada" e outra era a "pobre mãe triste" que precisava ser alimentada por ele.

Sua mãe eventualmente veio a entender os gritos intoleráveis de Sam como um eco do seu sofrimento, como se ele estivesse espelhando seus efeitos negativos, levando ambos a uma espiral descendente em desespero mútuo. Mas ela não compreendia que, ao longo do seu primeiro ano de vida, seu filho não teve a experiência essencial de ter tranquilizadas a sua dor e todas as suas emoções desorganizadas e avassaladoras. Felizmente, ele havia ganhado alguma capacidade para autocontenção de seu pai e de uma enfermeira durante esse período, bem como da interação que desenvolvera com sua mãe através da transferência comigo durante a terapia. No entanto, o estresse da separação e sua presumida falta de capacidade de representar a mãe ausente perduraram por muito tempo.

O processo dialético entre continuidade e descontinuidade, entre ilusão e desilusão, abre espaço para a separação entre a criança e o mundo externo. Então, o trabalho de representação vincula a criança ao objeto e, ao mesmo tempo, mantém sua separação. Para que esse processo se desenrole, a origem desse vínculo deve ocorrer no nível de uma unidade primária indiferenciada com o objeto, que se torna a fonte do funcionamento transicional e a porta de entrada para a separação, sem o sentido de uma perda intolerável.

Klein (1952) descreveu como os medos paranoides e os introjetos persecutórios fazem parte da vida inconsciente da primeira infância. Mas, segundo a visão de Winnicott (1945) sobre a primeira etapa no desenvolvimento de um senso de *self*, há um período antes que as defesas paranoides possam ser criadas. Quando o *self* não existe enquanto separado, o senso de continuidade vem através da experiência de "estar com". O trauma precoce rompe essa experiência, e o *self* primitivo é despedaçado. Se essa desintegração não levar a uma nova integração, são perdidas a capacidade de integrar um sentido pleno de *self* e a dependência total na capacidade da mãe para continência e transformação por meio da representação das experiências emocionais. Algumas mães não podem tolerar seus próprios estados de desorganização, bem como os de seus bebês. Sua capacidade pré-consciente de transformar emoções perturbadas e fantasias inconscientes é truncada; a capacidade semelhante ao sonho associada à *rêverie* e à função-alfa de Bion, essencial para a continência materna, não está lá; a experiência traumática não pode ser transformada em imagens e palavras. A capacidade de imaginar e pensar ficará atrofiada, como será a capacidade para o pensamento simbólico.

Separação e ausência

O autoerotismo e suas infinitas possibilidades de brincar durante a recriação de memórias ajudam a ligar sensações e representações, facilitando o desenvolvimento de novos deslocamentos. Como primeiro passo de funcionamento autônomo, o

334 O PROCESSO DE REPRESENTAÇÃO NA PRIMEIRA INFÂNCIA

autoerotismo é apoiado pela identificação do bebê com a capacidade afetiva materna, um processo que auxilia a criança a sentir suas emoções como uma parte de si mesma. Na ausência da mãe, a criança se identifica com qualidades maternais da mãe, bem como com seu *self*. Isso permite à criança experimentar as suas sensações corporais, emoções e ações como pertencentes a ela própria, um primeiro passo necessário na representação destas. Concomitantemente, uma vez que as sensações corporais são experimentadas como pertencentes ao *self* do bebê, pode ser desencadeada a capacidade de entrar no desenvolvimento da sexualidade infantil (Fain, 1971).

Clara era uma menina linda de 19 meses de idade, que havia sido diagnosticada com uma doença do espectro autista. Seu desenvolvimento motor era atrasado, sua marcha era desequilibrada, ela ficava assustada com estranhos, não sorria e não emitia sons. Quando a vi pela primeira vez, não conseguia sair do lado de sua mãe e não conseguia olhar para mim.

Quando Clara entrou no meu consultório, eu a vi olhar para uma boneca russa, então decidi brincar com essa boneca. Enquanto eu falava com sua mãe, também falei com Clara sobre seu medo de estar em minha sala e de perder sua mãe. Ela concordou em tocar nas bonecas e em colocar um bebê minúsculo dentro de um recipiente. Fiquei espantada ao ver essa criança desorganizada capaz de brincar de uma forma simbólica. Na sessão seguinte, o mesmo tipo de brincadeira ajudou-a a sentir-se confortável no consultório. Ela começou a olhar furtivamente para mim e a sorrir para as bonecas. Por outro lado, a mãe permanecia distante e paralisada; Clara fi-

cou paralisada ao olhar para a sua mãe.
Durante essas consultas iniciais, uma tristeza permeava a sala, vinda da depressão e da ansiedade da mãe. Ela parecia preocupada pensando que Clara era deficiente. Estávamos em uma espécie de deserto libidinal, sempre no limite de nos entediarmos. Eu disse à mãe e à filha que elas estavam muito tristes para brincarem juntas ou olharem uma para outra. Clara aproximou-se muito do meu rosto, tocou meus óculos e me olhou rapidamente. Respondi que ela tinha tido medo do meu rosto estranho e dos meus óculos escuros.[4] Internamente, teorizei que ela estava investida em explorar o meu corpo e estava começando com a parte que poderia ser destacada, os óculos, da mesma forma que alguns bebês usam o cabelo de sua mãe. Um espaço intermediário agora existia. Então Clara brincou com os meus óculos, segurando-os firmemente na mão, como um primeiro objeto intermediário, ou como uma parte de mim da qual ela tinha se apropriado. Interpretei que estávamos todas bem juntas hoje, mamãe, Clara e eu.

No final da sessão, Clara começou a chorar e a gritar; não queria ir embora. Recortei um par de óculos em uma cartolina e dei a ela. Sua mãe colocou-os no rosto, Clara se acalmou e deixou a sessão. Pedi à mãe, se pudesse, para trazer os óculos de volta na próxima vez.

Na sessão seguinte, sugeri que Clara e a mãe se olhassem num espelho. Clara pôs os óculos, os tirou, em seguida pediu que a mãe os colocasse e pediu-me para ir com eles para frente do espelho. Pela primeira vez, pudemos olhar diretamente nos olhos umas das outras. Clara permaneceu

336 O PROCESSO DE REPRESENTAÇÃO NA PRIMEIRA INFÂNCIA

em silêncio, mas não mais parecia uma criança vazia, enjoada, instável. Ela estava viva. O nível geral de ansiedade na sala também diminuíra, e Clara introduziu uma nova brincadeira com bonecas e garrafas que envolvia sua mãe. Durante uma sessão pudemos cantar, juntas, uma canção de ninar. Quando Clara mostrou que podia dizer algumas palavras, memórias da infância retornaram à mãe. Sua rêverie foi recuperada e melhorou sua capacidade de sustentar, de conter e de manter uma ligação viva com sua filha. Isso ocorreu apesar do diagnóstico original seriamente limitador.

A falta de vitalidade inicial que caracterizava essa dupla – com um bebê que se revelou não sendo autista, mas que estava, em vez disso, manifestando defesas primitivas – foi associada a uma pobre capacidade de representação, tanto da criança como da mãe. Lentamente, com muito contato físico entre a analista e a paciente, a brincadeira se desenvolveu de forma agradável. O autoerotismo começou a aparecer, e as dificuldades alimentares (anorexia) de Clara, que tanto preocupavam sua mãe, desapareceram.

Inicialmente, meus sentimentos contratransferenciais foram invadidos por um sentimento de desânimo e perda de esperança. Cada vez que Clara e sua mãe vinham ao consultório, demonstrando a mesma falta de prazer libidinal e de iniciativa para brincadeiras, eu tinha vontade de desistir. Muitas semanas se passaram até que Clara fosse capaz de manter uma ligação comigo, como objeto, e recuperar um senso de continuidade. Sua capacidade de contentamento só apareceu quando ela se tornou capaz de brincar de esconde-esconde. Considerei que isso significava que, nesse momento, ela podia representar um objeto materno em sua mente e obtinha prazer ao encontrá-lo e reencontrá-lo. Quando foi capaz de antecipar o reencontro com o objeto, ela conseguiu lidar com a ansiedade ante estranhos. Sua representação de sua mãe estava se tornando mais sólida, embora a ansiedade de separação ainda ocorresse, ligada ao conflito entre a mãe boa (presente) e a má (ausente).

Todos esses desenvolvimentos ocorreram durante um período do tratamento em que só podíamos brincar entre a sala de espera e o meu consultório. (As suas primeiras palavras para mim foram "Não dentro".) Ao usar o espaço intermediário no corredor, brincamos de jogar bola uma à outra e, às vezes, de passar os óculos. Logo ela os colocou em sua boca, e o autoerotismo se desenvolveu; brincar com a boca revelou a renovação da força de ligação da sua libido. Ao novamente encontrar prazer, Clara pôde introjetar a qualidade de um objeto que estava apoiando seu narcisismo e, ao mesmo tempo, oferecendo uma oportunidade de separação de uma relação dual com a mãe. Com essa capacidade de criar a sensação da presença de um objeto a sustentando, ela foi capaz de entrar na minha sala. Na presença de sua mãe, a experiência de mim como uma estranha expôs sua fragilidade em manter uma representação de sua mãe como um objeto total que podia ser separado dela.

Aos 3 anos de idade, Clara apontou para a sua imagem no espelho e orgulhosamente disse: "Eu!" (Gergely & Watson, 1996). A essa altura, sua capacidade de sonhar ficou evidenciada pelo fato de ela relatar seus pesadelos, podendo até usar palavras para começar a entendê-los. O processo de representação era rico e estava bem estabelecido. Quando Clara tinha 5 anos, disse: "Quando eu era bebê, às vezes eu era um pouco morta."

338 O PROCESSO DE REPRESENTAÇÃO NA PRIMEIRA INFÂNCIA

Conclusão

Em virtude da sua presença e de intervenções em sintonia com seu bebê, a mãe suficientemente boa integra e reforça as memórias e sensações associadas com alívio de tensão, segurança e prazer e, finalmente, começa a nomear essas experiências e, assim, ajudar a ligá-las a palavras. Se a mãe está deprimida, traumatizada e incapaz de conter e sustentar seu filho, então seu toque, seu olhar e o contato com ela não irão refletir a experiência do bebê ou transformá-la. Ela não dará ao bebê a retroalimentação que ele precisa para integrar seus sentimentos e ligá-los a representações.

Através de reações defensivas hipomaníacas, algumas mães podem sobrecarregar seus filhos intrusivamente, ao passo que, em momentos depressivos, as mães podem empobrecer o processo de figuração, deixando o bebê vulnerável e em risco de desorganização. A capacidade de *rêverie* da mãe, associada à sua atividade pré-consciente é, portanto, essencial para o desenvolvimento intersubjetivo de representações pela criança e, finalmente, da capacidade de criar representações de forma autônoma. É a riqueza e a fluidez da capacidade da mãe de fazer associações entre emoções, representações e significados, e de ter uma narrativa das reações enigmáticas do seu bebê, que a ajudam a fornecer um escudo protetor para seu filho. Essa *rêverie* perceptiva e criativa coloca a mãe numa posição melhor para conter e transformar as sensações e emoções não organizadas do bebê. Ao fazer isso, a mãe é capaz de fornecer suporte para a capacidade de representação que a criança irá, gradualmente, desenvolver por si mesma.

Quando esses processos falham, estão excessivamente fragilizados ou comprometidos, a intervenção terapêutica pode ser útil. Quando tais intervenções são necessárias, é importante avaliar a capacidade de representação do bebê e da dupla mãe-bebê para a tomada da decisão clínica. Se a criança desenvolveu uma capacidade para figuração e uma estrutura mental que contém representações, então a intervenção analítica necessária pode ser implementada no nível do conteúdo das fantasias da criança e seus significados "*après coup*".

Por outro lado, quando defesas primitivas contra a autodesorganização, tais como a clivagem e as defesas autistas, comprometeram a capacidade da criança de figuração, um quadro teórico que permita ao clínico interpretar os problemas iniciais decorrentes de uma falha na capacidade de representação abre caminho para intervenções específicas na dupla mãe-bebê. Reciprocamente, ajudar os pais a se adaptar de modo mais flexível ao seu filho singular, pode facilitar a restauração de suas próprias capacidades de representar e de se identificar com o mundo interno da criança. Oferecer metáforas e brincadeiras para a criança promove a sensação de "estar junto" e ajuda a desenvolver representações da *presença* do objeto.

Se a capacidade de representação não se desenvolveu suficientemente, a totalidade do funcionamento psíquico pode estar danificada. Sob essa perspectiva, o papel do psicanalista é proporcionar à criança estrutura e continência, bem como cultivar a criatividade da própria criança, principalmente e inclusive a capacidade de figuração. Como tentei ilustrar, esse processo terapêutico pode ajudar a desmantelar as defesas primitivas que interferem no desenvolvimento fundamental. Essa intervenção deveria começar tão cedo quanto possível, caso contrário a criança corre o risco de ter sua vitalidade e sexualidade subdesenvolvidas, ambas cruciais para a criação de sua capacidade para a linguagem e para a simbolização.

Notas

1. Uso aqui a raiz "figurar", no duplo sentido de "trabalhar uma solução para um problema" e em referência ao termo técnico, "figuração" [*Darstellung*], que alude tanto ao ato de formar um pictograma (figura) para representar um estado de sentimento, como ao próprio pictograma.

340　O PROCESSO DE REPRESENTAÇÃO NA PRIMEIRA INFÂNCIA

2. Winnicott (1945) descreve a ilusão primária de ser gratificado. Esta consiste na crença na satisfação e na esperança de que o objeto será bom. Se essa ilusão não puder ser sustentada até que a satisfação possa ser realmente obtida, a criança entrará em desespero, precisando recorrer a mecanismos de defesa primitivos.

3. NR: *Ego-relatedness.*

4. As psicoterapias analíticas vinculares muitas vezes mostram quão rapidamente um bebê pode usar o espaço que está sendo oferecido para expressar suas questões na brincadeira com a figura da mãe, para encenar seus medos e necessidades de um objeto que possa ser confiável e uma fonte de investimento libidinal. Interpretar a transferência negativa torna mais fácil para as crianças o envolvimento nessas atividades. Quando uma mãe está muito deprimida e ansiosa e o analista elabora com ela seus problemas, a *criança* responde sentindo-se aliviada e começa a se mover de um estado defensivo congelado para uma atividade lúdica.

Referências

Abel, C. (1885). *Sprachwissenschaftliche Abhandlungen*. Leipzig: Wilhelm Friedrich.

Abram, J. (1997). *Language of Winnicott: A Dictionary of Winnicott's Use of Words*. London: Karnac.

Ahumada, J. (1994). Interpretation and creationism. *International Journal of Psychoanalysis, 75*: 695-707.

Aisenstein, M. (1993). Psychosomatic solution or somatic outcome: The man from Burma. *International Journal of Psychoanalysis, 74*: 371-382.

Aisenstein, M. (2006). The indissociable unity of psyche and soma: A view from the Paris Psychosomatic School. *International Journal of Psychoanalysis, 87*: 667-680.

Alexander, F., & French, T. M. (1946). *Psychoanalytic Therapy: Principles and Application*. New York: Ronald Press.

Alvarez, A., & Furgiule, P. (1997). Speculations on components in the infant's sense of agency. In: S. Reid (Ed.), *Developments in Infan Observation*. London: Routledge.

342 REFERÊNCIAS

André, J. (2010). *Les désordres du temps.* Petite Bibliothèque de Psychanalyse. Paris: Presses Universitaires de France.

Anzieu, D. (1985). *The Skin Ego.* New Haven, CT: Yale University Press, 1989.

Anzieu, D. (1986). Paradoxical transference: From paradoxical communication to negative therapeutic reaction. *Contemporary Psychoanalysis, 22*: 520-547.

Anzieu-Premmereur, C. (2009). The dead father figure and the symbolization process. In: L. Kalinich & S. Taylor, *The Dead Father: A Psychoanalytic Inquiry* (pp. 133-144). New York: Routledge.

Anzieu-Premmereur, C. (2010). Fondements maternels de la vie psychique. 71st Congress of French-speaking analysts. *Bulletin de la Société Psychanalitique de Paris: 98*: 193-238.

Anzieu-Premmereur, C., & Cornillot, M. (2003). *Pratiques psychanalytiques avec les bébés.* Paris: Dunod.

Apfelbaum, L. (2007). Limites du modèle traumatique. *Libres Cahiers pour la Psychanalyse, 16* (Autumn): 21-30.

Auerbach, E. (2003 [1938]). *Figura.* Paris: Macula.

Aulagnier, P. (1975). *La violence de l'interprétation. Du pictogramme à l'énoncé.* Paris: Presses Universitaires de France. [*The Violence of Interpretation: From Pictogram to Statement*, trans. A. Sheridan. London: Brunner-Routledge, 2001.]

Balint, M. (1968). *The Basic Fault: Therapeutic Aspects of Regression.* London: Tavistock Publications.

Baranger, M., & Baranger, W. (1961-62). The analytic situation as a dynamic field. *International Journal of Psychoanalysis, 89* (2008): 795-826. [reprinted from 1968 version]

Baranger, M., & Baranger, W. (2009). *The Work of Confluence: Listening and Interpreting in the Psychoanalytic Field.* London: Karnac.

Baranger, M., Baranger, W., & Mom, J. (1983). Process and non-process in analytic work. *International Journal of Psychoanalysis, 64*: 1-16.

Barros, E. M. R. (2000). Affect and pictographic image: The constitution of meaning in mental life. *International Journal of Psychoanalysis, 81*: 1087-1099.

Barros, E. M. R., & Barros, E. L. R. (2011). Reflections on the clinical implications of symbolism. *International Journal of Psychoanalysis, 92*: 879-901.

Beebe Tarantelli, C. (2003). Life within death: Towards a metapsychology of catastrophic trauma. *International Journal of Psychoanalysis, 84*: 915-928.

Bibring, E. (1954). Psychoanalysis and the dynamic psychotherapies. *Journal of the American Psychoanalytic Association, 2*: 745-770.

Binswanger, L. (1970). *Analyse existentielle et psychanalyse freudienne; discours, parcours et Freud.* Paris: Gallimard.

Bion, W. R. (1948). Experiences in groups: I. In: *Experiences in Groups and Other Papers.* London: Tavistock, 1961.

Bion, W. R. (1957). Differentiation of the psychotic from the non-psychotic personalities. *International Journal of Psychoanalysis, 38*: 266-275. In: *Second Thoughts: Selected Papers on Psycho-Analysis* (pp. 43-64). London: Heinemann, 1967.

Bion, W. R. (1959). Attacks on linking. In: *Second Thoughts: Selected Papers on Psycho-Analysis.* London: Heinemann, 1967.

344 REFERÊNCIAS

Bion, W. R. (1962a). *Learning from Experience*. London: Heinemann; New York: Basic Books.

Bion, W. R. (1962b). A theory of thinking. In: *Second Thoughts: Selected Papers on Psycho-Analysis* (pp. 110-119). London: Heinemann, 1967.

Bion, W. R. (1963). *Elements of Psycho-Analysis*. In: *Seven Servants: Four Works by Wilfred R. Bion* (pp. 1-110). New York: Jason Aronson, 1977.

Bion, W. R. (1965). *Transformations*. London: Heinemann.

Bion, W. R. (1970). *Attention and Interpretation*. London: Tavistock. Also in: *Seven Servants: Four Works by Wilfred R. Bion*. New York: Jason Aronson.

Bion, W. R. (1976). On a quotation from Freud. In: *Clinical Seminars and Four Papers*, ed. F. Bion. Oxford, UK: Fleetwood Press, 1987.

Bion, W. R. (1992). *Cogitations* (ed. F. Bion). London: Karnac.

Bion, W. R. (1997). *Taming Wild Thoughts*. London: Karnac.

Bion, W. R. (2005). *The Italian Seminars*. London: Karnac.

Bohleber, W. (2010). *Destructiveness, Intersubjectivity, and Trauma*. London: Karnac.

Bollas, C. (1978). The aesthetic moment and the search for transformation. *The Annual of Psychoanalysis, 6*: 385-394.

Botella, C., & Botella, S. (2001a). Figurabilité et régrédience. *Revue Française de Psychanalyse, 45* (4): 1149-1239.

Botella, C., & Botella, S. (2001b). La figurabilité. Rapport au Congrès de Langue Française Paris 2001. *Revue Française de Psychanalyse, 45* (4).

Botella, C., & Botella, S. (2001c). *La figurabilité psychique* (2nd edition). Paris: Lausanne: Delachaux et Nestlé. [*La figurabilidad psíquica*. Buenos Aires: Amorrortu, 2003.]

Botella, C., & Botella, S. (2005). *The Work of Psychic Figurability: Mental States without Representation*, trans. A. Weller, with M. Zerbib. Introduction by M. Parsons. The New Library of Psychoanalysis. London: Routledge.

Braunschweig, D., & Fain, M. (1975). *La Nuit, le Jour* [Night, Day]. Paris: Presses Universitaires de France.

Brown, L. J. (2005). The cognitive effects of trauma: Reversal of alpha function and the formation of a beta screen. *Psychoanalytic Quarterly, 74*: 397-420.

Brown, L. J. (2011). *Intersubjective Processes and the Unconscious: An Integration of Freudian, Kleinian and Bionian Perspectives*. The New Library of Psychoanalysis. New York: Routledge.

Brunswick, R. M. (1928). A supplement to Freud's "History of an Infantile Neurosis". In: M. Gardiner (Ed.), *The Wolf-Man by the Wolf-Man*. New York: Basic Books, 1971.

Brusset, B. (2006). Métapsychologie du lien et troisième topique. *Revue Française de Psychanalyse, 70* (5): 1213-1282.

Burlingham, M. J. (1989). *The Last Tiffany: A Biography of Dorothy Tiffany Burlingham*. New York: Atheneum.

Cassorla, R. M. S. (2001). Acute enactment as resource in disclosing a collusion between the analytical dyad. *International Journal of Psychoanalysis, 82*: 1155-1170.

Cassorla, R. M. S. (2005). From bastion to enactment: The "non--dream" in the theatre of analysis. *International Journal of Psychoanalysis, 86*: 699-719.

Cassorla, R. M. S. (2008). The analyst's implicit alpha-function, trauma and enactment in the analysis of borderline patients. *Internationa Journal of Psychoanalysis, 89* (1): 161-180.

Cassorla, R. M. S. (2009). Reflections on non-dreams-for-two, enactment and the analyst's implicit alpha-function. [Presented at Bion in Boston.] In: H. Levine & L. Brown (Eds.), *Growth and Turbulence in the Container/Contained*. Hove, UK, & New York: Brunner-Routledge, in press.

Cassorla, R. M. S. (2012). What happens before and after acute enactment? An exercise in clinical validation and the broadening of hypotheses. *International Journal of Psychoanalysis, 93*: 53-80.

Castoriades-Aulagnier, P. (1975). *La violence de l'interprétation*. Paris: Presses Universitaires de France.

Chasseguet-Smirgel, J. (1971). *Pour une psychanalyse de l'art et de la créativité*. Paris: Payot.

Civitarese, G. (2008). *The Intimate Room: Theory and Technique of the Analytic Field*. London: Routledge, 2010.

Civitarese, G. (2013). *The Violence of Emotions: Bion and Postbionian Psychoanalysis*. London: Routledge.

De Masi, F. (2000). The unconscious and psychosis. *International Journal of Psychoanalysis, 81*: 1-20.

Diderot, D. (1996). Essais sur la peinture. *Oeuvres, Vol. IV*. Paris: Robert Laffont.

Donnet, J. -L. (1999). Patients limites, situations limites. In: J. André et al. (Eds.), *Les états limites* (pp. 123-149). Paris: Presses Universitaires de France.

Donnet, J. -L., & Green, A. (1973). *L'enfant de ça*. Paris: Editions de Minuit.

Edelman, G. (1989). *The Remembered Present: A Biological Theory of Consciousness*. New York: Basic Books.

Eisler, R. (1930). *Kant-Lexikon* ["Presentation/Darstellung" entry]. French edition, Paris: Gallimard, 1994. Available at www.textlog.de/31975.html

Énaudeau, C. (1993). Le psychique en soi. *Nouvelle Revue de Psychanalyse, 48*: 37-59.

Énaudeau, C. (1994). L'exhibitio chez Kant. *Cahiers Philosophiques, 59* (June): 37-52.

Énaudeau, C. (1998). *Là-bas comme ici*. Paris: Gallimard.

Fain, M. (1971). The prelude to fantasmatic life. In: D. Birksted--Breen, S. Flanders, & A. Gibeault (Eds.), *Reading French Psychoanalysis*. London: Routledge, 2010.

Fain, M., & Kreisler, L. (1981). Genèse de la fonction représentative. In: *L'enfant et son corps* (304-333). Paris: Presses Universitaires de France.

Fairbairn, W. R. D. (1940). Schizoid factors in the personality. In: *Psychoanalytic Studies of the Personality*. London: Tavistock Publications, 1952.

Fédida, P. (2002). Le psychanalyste. Un état limite? In: J. André et al., (Eds.), *Transfert et états limites* (pp. 85-104). Paris: Presses Universitaires de France.

Feldman, M. (2009). *Doubt, Conviction and the Analytic Process: Selected Papers of Michael Feldman*. London & New York: Routledge.

Ferro, A. (1999). *Psychoanalysis as Therapy and Storytelling*. Hove: Routledge, 2006.

Ferro, A. (2002a). *In the Analyst's Consulting Room*. London: Routledge.

348 REFERÊNCIAS

Ferro, A. (2002b). *Seeds of Illness, Seeds of Recovery: The Genesis of Suffering and the Role of Psychoanalysis.* Hove: Routledge, 2005.

Ferro, A. (2006). *Mind Works: Technique and Creativity in Psychoanalysis.* London: Routledge, 2008.

Ferro, A. (2009). Transformations in dreaming and characters in the psychoanalytic field. *International Journal of Psychoanalysis, 90*: 209-230.

Fonagy, P., Gergely, G., Jurist, E., & Target, M. (2010). *Affect Regulation, Mentalization, and the Development of the Self.* New York: Other Press.

Fraiberg, S. (1987). Foreword. In: *Selected Writings.* Columbus, OH: Ohio State University Press.

Franco Filho, O. M. (2000). Quando o analista é alvo da magia de seu paciente: Considerações sobre a comunicação inconsciente de estado mental do paciente ao analista [When the analyst is the target for the magic of his patient: Thoughts about the unconscious communication of the patient's mental state]. *Revista Brasileira de Psicanálise, 34* (4): 687-709.

Freud, A. (1936). *The Ego and the Mechanisms of Defense.* London: Hogarth Press, 1954.

Freud, A. (1976). Changes in psychoanalytic practice and experience. *International Journal of Psychoanalysis, 57*: 257-260.

Freud, S. (1892–94). Preface and footnotes to the translation of Charcot's Tuesday Lectures. *S.E. 1.*

Freud, S. (1893f). Charcot. *S.E. 3.*

Freud, S. (1895d). *Studies on Hysteria. S.E. 2.*

Freud, S. (1896a). Heredity and the aetiology of the neuroses. *S.E. 3.*

Freud, S. (1899a). Screen memories. *S.E. 3*, pp. 311-322.

Freud, S. (1900a). *The Interpretation of Dreams. S.E. 4-5. Die Traumdeutung. GW* II/III.

Freud, S. (1900a/1991). *The Interpretation of Dreams.* The Penguin Freud Library, Vol. IV. Harmondsworth, UK: Penguin.

Freud, S. (1901a). On dreams. *S.E. 6*, pp. 631-686.

Freud, S. (1901b). *The Psychopathology of Everyday Life. S.E. 6*, pp. 1-310.

Freud, S. (1905a). On psychotherapy. *S.E. 7*, pp. 257-270.

Freud, S. (1905c). *Jokes and their Relation to the Unconscious. S.E. 8.*

Freud, S. (1905d). *Three Essays on the Theory of Sexuality. S.E. 7.*

Freud, S. (1905e). Fragment of an analysis of a case of hysteria. *S.E. 7.*

Freud, S. (1909a). Some general remarks on hysterical attacks. *S.E. 9.*

Freud, S. (1909b). Analysis of a phobia in a five-year-old boy. *S.E. 10.*

Freud, S. (1909d). Notes upon a case of obsessional neurosis. *S.E. 10.*

Freud, S. (1910e). The antithetical meaning of primal words. *S.E. 11.*

Freud, S. (1911/1974). Response to Adler on 1 February 1911. *Minutes of the Vienna Psychoanalytic Society, Vol. III.* Madison, CT: International Universities Press, 1974.

Freud, S. (1911b). Formulations on the two principles of mental functioning. *S.E. 12.*

Freud, S. (1912a). (1912-13). *Totem and Taboo. S.E. 13.*

Freud, S. (1912b). The dynamics of transference. *S.E. 12.*

Freud, S. (1912g). A note on the unconscious in psychoanalysis. *S.E. 12.*

350 REFERÊNCIAS

Freud, S. (1913i). The disposition to obsessional neurosis, *S.E. 12*.

Freud, S. (1913j). The claims of psycho-analysis to scientific interest. *S.E. 13*.

Freud, S. (1914c). On narcissism: An introduction. *S.E. 14*, pp. 67-104.

Freud, S. (1914d). On the history of the psycho-analytic movement. *S.E. 14*.

Freud, S. (1914g). Remembering, repeating and working-through. *S.E. 12*, pp. 145-156.

Freud, S. (1915). Papers on metapsychology. *S.E. 14*.

Freud, S. (1915c). Instincts and their vicissitudes. *S.E. 14*, pp. 111-140.

Freud, S. (1915e). The Unconscious. *S.E. 14*, pp. 159-216.

Freud, S. (1916–17). *Introductory Lectures on Psycho-Analysis. S.E. 15*.

Freud, S. (1917d [1915]). A metapsychological supplement to the theory of dreams. *S.E. 14*.

Freud, S. (1920b). A note on the prehistory of the technique of analysis. *S.E. 18*.

Freud, S. (1920g). *Beyond the Pleasure Principle. S.E. 18*, pp. 1-64

Freud, S. (1921c). *Group Psychology and the Analysis of the Ego. S.E. 18*.

Freud, S. (1923b). *The Ego and the Id. S.E. 19*, pp. 3-68.

Freud, S. (1925h). Negation. *S.E. 19*, pp. 235-242.

Freud, S. (1927e). Fetishism. *S.E. 21*.

Freud, S. (1932a). *New Introductory Lectures on Psychychoanalysis. S.E. 22*.

Freud, S. (1933b [1932]). Why war? *S.E. 22*.

Freud, S. (1937c). Analysis terminable and interminable. *S.E. 23.*

Freud, S. (1937d). Constructions in analysis. *S.E. 23*, pp. 255-270.

Freud, S. (1939a [1937-39]). *Moses and Monotheism. S.E. 23.*

Freud, S. (1940a [1938]). *An Outline of Psycho-Analysis. S.E. 23.*

Freud, S. (1940b [1938]). Some elementary lessons in psycho--analysis. *S.E. 23.*

Freud, S. (1950a [1887-1902]). A project for a scientific psychology. *S.E. 1*, pp. 281-397.

Freud, S., & Andreas-Salomé, L. (1972). *Sigmund Freud and Lou Andreas-Salomé Letters.* London: The Hogarth Press & The Institute of Psycho-Analysis.

Freud, S., & Fliess, W. (1896). Letter to Fliess, 6 December 1896. In: J. M. Masson, *The Complete Letters of Sigmund Freud to Wilhelm Fliess,* Cambridge, MA: Harvard University Press, 1985.

Gardiner, M. (Ed.) (1971). *The Wolf-Man by the Wolf-Man.* New York: Basic Books.

Gergely, G., & Watson, J .S. (1996). The social biofeedback theory of parental affect-mirroring. *International Journal of Psychoanalysis, 77*: 1181-1212.

Gibeault, A. (2010). Phantasy and representation. In: D. Birksted-Breen, S. Flanders, & A. Gibeault (Eds.), *Reading French Psychoanalysis* (pp. 268-285). London: Routledge.

Green, A. (1975). The analyst, symbolization and absence in the analytic setting: On changes in analytic practice and experience – In Memory of D. W. Winnicott. *International Journal of Psychoanalysis, 56*: 1-22.

Green, A. (1977). Conceptions of affect. *International Journal of Psychoanalysis, 58*: 129-156.

352 REFERÊNCIAS

Green, A. (1983a). Langage dans la psychanalyse [Language in psychoanalysis]. In: *Langages*. Paris: Editions Belles Lettres, 1984.

Green, A. (1983b). La mère morte. In: *Narcissisme de Vie, Narcissisme de Mort*. Paris: Editions de Minuit. [*The Dead Mother*, trans. K. Aubertin. In: *Life Narcissism, Death Narcissism*, trans. A. Weller. New York: Free Association Books, 2001.]

Green, A. (1983c). *Narcissisme de vie, narcissisme de mort* [Life narcissim, death narcissism]. Paris: Minuit.

Green, A. (1986). *On Private Madness*. Madison, CT: International Universities Press.

Green, A. (1993). *Le travail du négatif*. Paris: Editions du Minuit. [*The Work of the Negative*, trans. A. Weller. New York: Free Association Books, 1999.]

Green, A. (1997). The intuition of the negative in *Playing and Reality*. *International Journal of Psychoanalysis, 78*: 1071-1084.

Green, A. (1998). The primordial mind and the work of the negative. *International Journal of Psychoanalysis, 79*: 649-665.

Green, A. (1999a). On discriminating and not discriminating between affect and representation. *International Journal of Psychoanalysis, 80*: 277–316. [Sur la discrimination et l'indiscrimination affect-représentation. *Revue Française de Psychanalyse, 63* (1)].

Green, A. (1999b). *The Fabric of Affect in the Psychoanalytic Discourse*, trans. A. Sheridan. The New Library of Psychoanalysis. London: Routledge.

Green, A. (1999c). *The Work of the Negative*, trans. A. Weller. New York: Free Association Books.

Green, A. (2000). The intrapsychic and the intersubjective in psychoanalysis. *Psychoanalytic Quarterly, 69*: 1-39.

Green, A. (2002). *Idées directrices pour une psychanalyse contemporaine.* Paris: Presses Universitaires de France. [*Key Ideas for a Contemporary Psychoanalysis: Misrecognition and Recognition of the Unconscious,* trans. A. Weller. New York & London: Routledge, 2005].

Green, A. (2004). Thirdness and psychoanalytic concepts. *Psychoanalytic Quarterly, 73*: 99-137.

Green, A. (2005a). *Key Ideas for a Contemporary Psychoanalysis: Misrecognition and Recognition of the Unconscious,* trans. A. Weller. New York & London: Routledge. [*Idées Directrices Pour une Psychanalyse Contemporaine.* Paris: Presses Universitaire de France, 2002].

Green, A. (2005b). *Psychoanalysis: A Paradigm for Clinical Thinking,* trans. A. Weller. London: Free Association Books.

Green, A. (2006). De la psychanalyse comme psychothérapie aux psychothérapies

pratiquées par les psychanalystes. In: *Les voies nouvelles de la thérapeutique psychanalytique.* Paris: Presses Universitaires de France.

Green, A. (2010). Thoughts on the Paris School of Psychosomatics. In: M. Aisenstein & E. Rappoport de Aisemberg (Eds.), *Psychosomatics Today: A Psychoanalytic Perspective* (pp. 1-46). London: Karnac.

Grossman, W. I., & Stewart, W. A. (1976). Penis envy: From childhood wish to developmental metaphor. *Journal of the American Psychoanalytic Association, 24*: 193-212.

Grotstein, J. S. (1981). *Splitting and Projective Identification.* New York: Jason Aronson.

354 REFERÊNCIAS

Grotstein, J. S. (1990a). Nothingness, meaningless, chaos and "the black hole". I. The importance of nothingness, meaningless and chaos in psychoanalysis. *Contemporary Psychoanalysis, 26*: 257-290.

Grotstein, J. S. (1990b). Nothingness, meaningless, chaos and "the black hole". II. The black hole. *Contemporary Psychoanalysis, 26*: 337-407.

Grotstein, J. S. (2000). *Who is the Dreamer Who Dreams the Dream? A Study of Psychic Presences.* Hillsdale, NJ: Analytic Press.

Grotstein, J. S. (2007). *A Beam of Intense Darkness: Wilfred Bion's Legacy to Psychoanalysis.* London: Karnac.

Grotstein, J. S. (2009a). *"... But at the Same Time and on Another Level." Vol. 1: Psychoanalytic Theory and Technique in the Kleinian/Bionian mode.* London: Karnac.

Grotstein, J. S. (2009b). *"... But at the Same Time and on Another Level." Vol. 2: Clinical applications in the Kleinian/Bionian mode.* London: Karnac.

Grubrich-Simitis, I. (1996). *Back to Freud's Texts: Making Silent Documents Speak.* New Haven, CT: Yale University Press.

Guignard, F. (1997). Universalidade e especificidade das contribuições de WR Bion a uma teoria psicanalitica do pensamento [Universality and specificity of Bion's contributions to a psychoanalytical theory of thinking]. In: M. O. A. F. França (Ed.), *Bion em São Paulo: ressonâncias* (pp. 253-262). São Paulo: SBPSP.

Hegel, G. W. (1818). *The Philosophy of Nature.* Oxford: Oxford University Press, 1970.

Heidegger, M. (1971). *Poetry, Language, Thought.* New York: Harper & Row.

Heidegger, M. (2003). *Philosophical and Political Writings*, ed. M. Sassen. New York: Continuum.

Heimann, P. (1950). On countertransference. *International Journal of Psychoanalysis, 31*: 81-84.

Hoffman, I. Z. (1994). Dialectical thinking and therapeutic action in the psychoanalytic process. *Psychoanalytic Quarterly, 63*: 187-218.

Imbasciati, A. (2006). Uma explicação da gênese do trauma no quadro da Teoria do Protomental [An explanation of the trauma genesis on the Protomental Theory]. *Revista de Psicanálise da SPPA (Porto Alegre), 13* (1): 75-102.

Inderbitzin, L. B., & Levy, S. T. (1994). On grist for the mill: External reality as defense. *Journal of the American Psychoanalytic Association, 42* (3): 763-788.

Isaacs, S. (1948). The nature and function of phantasy. In: J. Riviere (Ed.), *Developments in Psycho-Analysis* (pp. 67-201). London: Hogarth, 1952.

Jean Paul [Richter] (1804). *Vorschule der Aesthetik*, § 43 and 44. *Horn of Oberon: Jean Paul Richter's School for Aesthetics*, trans. M. Hale. Detroit, MI: Wayne State University Press, 1973.

Jean Paul [Richter] (1813a). Blicke in die Traumwelt. *Museum, 2*. [Also in *Werke*, ed. Hempel, *44*: 128.] Leipzig: Insel-Verlag (Insel-Bucherei, No. 356), 1923.

Jean Paul [Richter] (1813b). *Traumdichtungen*. Leipzig: Insel--Verlag (Insel-Bucherei, No. 356), 1923.

Johnson, M. K. (2006). Memory and reality. *American Psychologist, 61* (8): 760-771.

Kandel, E. R. (2006). *In Search of Memory*. New York: W. W. Norton.

356 REFERÊNCIAS

Killingmo, B. (2006). A plea for affirmation relating to states of unmentalised affects. *Scandinavian Psychoanalytic Review, 29*: 13-21.

Klein, M. (1946). Notes on some schizoid mechanisms. *International Journal of Psychoanalysis, 27*: 99-110.

Klein, M. (1952). Some theoretical conclusions regarding the emotional life of the infant. In: *Developments in Psychoanalysis* (pp. 198-236). London: Hogarth Press.

Klein, S. (1980). Autistic phenomena in neurotic patients. *International Journal of Psychoanalysis, 61*: 395-402.

Korbivcher, C. F. (2005). The theory of transformations and autistic states: Autistic transformations – a proposal. *International Journal of Psychoanalysis, 86*: 1595-1610.

Kristeva, J. (2000). *Melanie Klein*. New York: Columbia University Press, 2002.

Lacan, J. (1954). *Le Séminaire, Livre I. Les ecrits téchniques de Freud* (pp. 87-102). Paris: Seuil, 1975.

Lacan, J. (1973). *Le Séminaire, Livre XI. Les quatre concepts fondamentaux de la psychanalyse*. Paris: Seuil.

Lacoue-Labarthe, P., & Nancy, J. -L. (1988). *L'Absolu littéraire*. Paris: éd. du Seuil, 1978. [*The Literary Absolute*, trans. P. Barnard & C. Lester. Albany: State University of New York Press]. Available at: www.scribd.com/doc/40034084/13857-The-Literary--Absolute

Langer, S. K. (1942). *Philosophy in a New Key: A Study in the Symbolism of Reason, Rite and Art*. Cambridge, MA: Harvard University.

Laplanche, J. (1987). *Nouveaux fondements pour la psychanalyse*. Paris: Presses Universitaires de France. [*New Foundations for Psychoanalysis*, trans. D. Macey. London: Basil Blackwell, 1989].

Laplanche, J. (2007). Starting from the fundamental anthropological situation. In: *Freud and the Sexual*, trans. J. Fletcher, J. House, & N. Ray. New York: International Psychoanalytic Books, 2011.

Laplanche, J., & Pontalis B. (1967). *The Language of Psychoanalysis*. London: Hogarth; New York: W. W. Norton, 1973. London: Karnac, 1988.

Lecours, S., & Bouchard, M. (1997). Dimensions of mentalisation: Outlining levels of psychic transformation. *International Journal of Psychoanalysis, 78*: 855-875.

Levine, H. (1997). The capacity for countertransference. *Psychoanalytic Inquiry, 17*: 44-68.

Levine, H. (1999). The ambiguity of influence: Suggestion and compliance in the analytic process. *Psychoanalytic Inquiry, 19*: 40-60.

Levine, H. (2009a). Reflections on catastrophic change. *International Forum of Psychoanalysis, 18*: 77-81.

Levine, H. (2009b). Representations and their vicissitudes: The legacy of André Green. *Psychoanalytic Quarterly, 78*: 243-262.

Levine, H. (2011a). "The consolation which is drawn from truth": The analysis of a patient unable to suffer experience. In: C. Mawson (Ed.), *Bion Today* (pp. 188-211). Hove: Brunner-Routledge.

Levine, H. (2011b). Construction then and now. In: S. Lewkowicz, T. Bokanowski, & G. Pragier (Eds.), *On Freud's "Constructions in Analysis"* (pp. 87-100). London: Karnac.

Levine, H., & Friedman, R. J. (2000). Intersubjectivity and interaction in the analytic process: A mainstream view. *Psychoanalytic Quarterly, 69*: 63-92.

358 REFERÊNCIAS

Levy, R. (2005). *Trauma e não representação no campo analitico* [Trauma and non-representation in the analytic field]. Presented at the International Congress of Psychoanalysis, Rio de Janeiro.

Levy, S. (1984). Psychoanalytic perspectives on emptiness. *Journal of the American Psychoanalytic Association, 32*: 387-404.

Loewald, H. W. (1952). The problem of defense and the neurotic interpretation of reality. In: *Papers on Psychoanalysis* (pp. 21-32). New Haven, CT: Yale University Press, 1980.

Loewald, H. W. (1955). Hypnoid state, repression, abreaction, and recollection. In: *Papers on Psychoanalysis* (pp. 33-42). New Haven, CT: Yale University Press, 1980.

Loewald, H. W. (1960). On the therapeutic action of psychoanalysis. *International Journal of Psychoanalysis, 41*: 16-33.

Loewald, H. W. (1973a). On internalization. In: *Papers on Psychoanalysis*. New Haven, CT: Yale University Press, 1980.

Loewald, H. W. (1973b). Some considerations on repetition and repetition compulsion. In: *The Essential Loewald: Collected Papers and Monographs* (pp. 87-101). Hagerstown, MD: University Publishing Group, 2000.

Lutenberg, J. (2007a). Mental void and the borderline patient. In: A. Green (Ed.), *Resonance of Suffering: Countertransference in Non-Neurotic Structures* (pp. 89-120). London: International Psychoanalysis Library.

Lutenberg, J. (2007b). *El vacío mental* [The mental void]. Lima: Siklos.

Mancia, M. (2003). Dream actors in the theatre of memory. *International Journal of Psychoanalysis, 84*: 945-952.

Marty, P., & de M'Uzan, M. (1963). Operational thinking. In: D. Birksted-Breen, S. Flanders, & A. Gibeault (Eds.), *Reading French Psychoanalysis*. Hove: Routledge, 2010.

Marty, P., de M'Uzan, M., & David, C. (1963). *L'investigation psychosomatique*. Paris: Presses Universitaires de France.

Marucco, N. C. (2007). Between memory and destiny: Repetition. *International Journal of Psychoanalysis, 88*: 309-328.

Masson, J. M. (Ed.) (1985). *The Complete Letters of Sigmund Freud to Wilhelm Fliess, 1887-1904*. Cambridge, MA: Belknap.

McDougall, J. (1972). L'antianalysant en analyse. *Revue Française de Psychanalyse, 36*: 167-184. [The anti-analysand in analysis. In: S. Lebovici & D. Widlocher (Eds.), *Psychoanalysis in France* (pp. 333-354). New York: International Universities Press, 1980].

McDougall, J. (1978). *Plea for a Measure of Abnormality*. New York: International Universities Press, 1980.

McDougall, J. (1989). Un corps pour deux. In: *Théâtre du corps*. Paris: Gallimard. [One body for two. In: *Theatres of the Body*. London: Free Association Books].

Meltzer, D. (1983). *Dream-life: Re-examination of the Psycho--Analytical Theory and Techniques*. Strath Tay: Clunie Press.

Meltzer, D. (1986). *Studies in Extended Metapsychology. Clinical Application of Bion's Ideas*. London: Karnac.

Meltzer, D. (1991). Facts and fictions. In: P. Hartocollis & I. D. Graham, *The Personal Myth in Psychoanalytic Theory* (pp. 49-62). Madison, CT: International Universities Press.

Meltzer, D., Bremner, J., Hoxter, S., Weddell, D., & Wittenberg, I. (1975). *Explorations in Autism: A Psycho-Analytical Study*. Strath Tay: Clunie Press.

Merleau-Ponty, M. (1945). *Phenomenology of Perception*. London: Routledge 2002.

Merleau-Ponty, M. (1964). *The Primacy of Perception*, ed. J. M. Edie, trans. C. Dallery. Evanston, IL: Northwestern University Press.

Milrod, B. (2007). Emptiness in agoraphobia patients. *Journal of the American Psychoanalytic Association, 55* (3): 1007-1026.

Mishima, Y. (1969). *Runaway Horses*. New York: Alfred A Knopf.

Mishima, Y. (1972). *The Sea of Fertility*. New York: Alfred A Knopf.

Mitrani, J. L. (1995). Toward an understanding of unmentalized experience. *Psychoanalytic Quarterly, 64*: 68-112.

M'Uzan, M. de (2003). Slaves of quantity. *Psychoanalytic Quarterly, 72*: 711-725.

Natterson, J., & Friedman, R. (1995). *A Primer of Clinical Intersubjectivity*. Northvale, NJ: Jason Aronson.

Novalis (1990). *Henry von Ofterdingen*, trans. P. Hilty. Prospect Heights, IL: Waveland Press.

Noy, P. (1978). Insight and creativity. *Journal of the American Psychoanalitic Association, 26* (4): 717-748.

Ogden, T. H. (1994a). The analytic third: Working with intersubjective clinical facts. *International Journal of Psychoanalysis, 75*: 3-20.

Ogden, T. H. (1994b). The concept of interpretive action. *Psychoanalytic Quarterly, 63*: 219-245.

Ogden, T. H. (2004). This art of psychoanalysis: Dreaming undreamt dreams and interrupted cries. *International Journal of Psychoanalysis, 85*: 857-877. [Also in: *This Art of Psychoanalysis: Dreaming Undreamt Dreams and Interrupted Cries*. Hove: Routledge, 2005].

Ogden, T. H. (2006). Maintenir et contenir, être et rêver. In: A. Green (Ed.), *Les Voies nouvelles de la thérapeutique analytique*. Paris: Presses Universitaires de France.

Oliner, M. M. (1988a). Anal components in overeating. In: H. J. Schwartz (Ed.), *Bulimia: Psychoanalytic Treatment and Theory* (pp. 227-254). Madison, CT: International Universities Press.

Oliner, M. M. (1988b). *Cultivating Freud's Garden in France*. Northvale, NJ: Jason Aronson.

Peirce, C. S. (1894). What is a sign? In: *The Essential Peirce, Vol. 2*, ed. The Peirce Edition Project. Bloomington, IN: Indiana University Press, 1998.

Poincaré, H. (1908). *Science and Method*. New York: Dover, 1952.

Pontalis, J. -B. (1988). *Perdre de vue*. Paris: Gallimard.

Prochiantz, A. (1989). *La construction du cerveau*. Paris: Hachette. [*How the Brain Evolved*, trans. W. J. Gladstone. New York: McGraw-Hill, 1992.]

Proust, M. (1919 [2003]). *A la recherche du temps perdu*. Paris: Gallimard. [*In Search of Lost Time*, trans. L. Davis. New York: Viking Penguin].

Racker, H. (1957). The meanings and uses of countertransference. *Psychoanalytic Quarterly, 26*: 303-357.

Rangell, L. (1975). Psychoanalysis and the process of change: An essay on the past, present and future. *International Journal of Psychoanalysis, 56*: 87-98.

Reed, G. S. (2006). The reader's lack: Commentary on Wilson. *Journal of the American Psychoanalytic Association, 54* (2): 447-456.

Reed, G. S. & Baudry, F. (2005). Conflict, structure and absence: André Green on borderline and narcissistic pathology. *Psychoanalytic Quarterly, 74*: 121-155.

362 REFERÊNCIAS

Rey, J. -M. (2010). *Paul ou les ambiguïtés*. Paris: éd. de L'Olivier.

Riccio, D. C., Rabinowitz, V. C., & Axelrod, S. (1994). Memory: When less is more. *American Psychologist, 49*: 917-926.

Rocha Barros, E. (2000). Affect and pictographic image: The constitution of meaning in mental life. *International Journal of Psychoanalysis, 81*: 1087-1099.

Rolland, J. C. (1998). *Guérir du mal d'aimer* [Recovering from the sickness of loving]. Paris: Gallimard.

Rosenfeld, H. (1987). *Impasse and Interpretation*. London: Tavistock.

Rousseau, J. -J. (1986). *Essay on the Origin of Languages*, trans. J. H. Moran & A. Gode. Chicago, IL: University of Chicago Press.

Roussillon, R. (1999). *Agonie clivage et symbolisation*. Paris: Presses Universitaires de France. [*Primitive Agony and Symbolization*. London: Karnac, 2011].

Rustin, M. (1989). Encountering primitive anxieties. In: L. Miller, M. Rustin, & J. Shuttleworth (Eds.), *Closely Observed Infants* (pp. 7-21). London: Duckworth.

Sandler, J. (1993). On communication from patient to analyst: Not everything is projective identification. *International Journal of Psychoanalysis, 74*: 1097-1107.

Sandler, P. C. (1997). The apprehension of psychic reality: Extensions in Bion's theory of alpha-function. *International Journal of Psychoanalysis, 78*: 43-52.

Sandler, P. C. (2009). *A Clinical Application of Bion's Concepts. Vol. 1. Dreaming, Transformation, Containment and Change*. London: Karnac.

Sapisochin, S. (2007). Variaciones post-freudianas del "Agieren": Sobre la escucha de lo puesto en acto [Post-Freudian variations of *Agieren*: On listening to what is enacted]. *Revista de Psicoanálisis de la Asociación Psicoanalítica de Madrid 50*: 73-102.

Scarfone, D. (2006). A matter of time: Actual time and the production of the past. *Psychoanalytic Quarterly, 75*: 807-834.

Scarfone, D. (2011). Repetition: Between presence and meaning. *Canadian Journal of Psychoanalysis/Revue Canadienne de Psychanalyse, 19* (1): 70-86.

Schlegel, A. (1978). "Geist ist Naturphilosophie", Kritische Fragmente, no. 82. In: P. Lacoue-Labarthe, & J. -L. Nancy (Eds.), *L'Absolu littéraire*, Paris: éd. du Seuil.

Schlegel, F. (1979). *Kritische Friedrich-Schlegel-Ausgabe, Vol. 16.* Paderborn, Germany: Schöningh, 1981.

Segal, H. (1957). Notes on symbol formation. *International Journal of Psychoanalysis, 38*: 391-397.

Segal, H. (1978). On symbolism. *International Journal of Psychoanalysis, 59*: 315-319.

Sparer, E. (2010). The French model at work: Indication and the Jean Favreau Centre for Consultation and Treatment. *International Journal of Psychoanalysis, 91*: 1179-1199.

Spitz, R. A. (1965). *The First Year of Life: A Psychoanalytic Study of Normal and Deviant Development of Object Relations.* New York: International Universities Press.

Steiner, G. (1975). *After Babel: Aspects of Language in Translation.* Oxford: Oxford University Press.

Steiner, J. (1993). *Psychic Retreats: Pathological Organizations in Psychotic, Neurotic and Borderline patients.* London: Routledge.

Stern, D. (1997). *Unformulated Experience: From Dissociation to Imagination in Psychoanalysis.* Hillsdale, NJ: Analytic Press.

364 REFERÊNCIAS

Stolorow, R. D., Atwood, G. E., & Brandchaft, B. (1994). *The Intersubjective Perspective*. Northvale, NJ: Jason Aronson.

Tustin, F. (1986). *Autistic Barriers in Neurotic Patients*. London: Karnac.

Vermote, R. (2011). On the value of "Late Bion" to analytic theory and practice. *International Journal of Psychoanalysis, 92*: 1089-1098.

Vitale, S. (2004). "Si prega di chiudere gli occhi." Il pensiero selvaggio della cattedrale. In: F. Oneroso & A. Gorrese (Eds.), *Mente e pensiero. Incontri con l'opera di Wilfred R. Bion* (pp. 45-82). Naples: Liguori.

Widlocher, D. (2004). The third in mind. *Psychoanalytic Quarterly, 73*: 197-214.

Winnicott, D. W. (1945). Primitive emotional development. In: *Through Paediatrics to Psycho-Analysis* (pp. 145-156). London: Hogarth Press & The Institute of Psychoanalysis, 1975; reprinted London: Karnac, 1992.

Winnicott, D. W. (1947). Hate in the countertransference. In: *Through Paediatrics to Psycho-Analysis* (pp. 194-203). London: Hogarth Press & The Institute of Psychoanalysis, 1975; reprinted London: Karnac, 1992.

Winnicott, D. W. (1949). Mind and its relation to the psyche-soma. In: *Through Paediatrics to Psycho-Analysis* (pp. 243-254). London: Hogarth Press & The Institute of Psychoanalysis, 1975; reprinted London: Karnac, 1992.

Winnicott, D. W. (1951). Transitional objects and transitional phenomena: A study of the first not-me possession. *International Journal of Psychoanalysis, 34* (1953): 89-97. [Also in: *Through Paediatrics to Psycho-Analysis* (pp. 229-242). London: Hogarth

Press & The Institute of Psychoanalysis, 1975; reprinted London: Karnac, 1992].

Winnicott, D. W. (1954). Metapsychological and clinical aspects of regression within the psycho-analytical set-up. In: *Through Paediatrics to Psycho-Analysis*. London: Hogarth Press & The Institute of Psychoanalysis, 1975; reprinted London: Karnac, 1992.

Winnicott, D. W. (1960). Ego distortion in terms of true and false self. In: *The Maturational Processes and the Facilitating Environment* (pp. 140-152). London: Hogarth Press & The Institute of Psychoanalysis, 1965; New York: International Universities Press, 1965; reprinted London: Karnac, 1990.

Winnicott, D. W. (1963a). Communicating and not communicating leading to a study of certain opposites. In: *The Maturational Processes and the Facilitating Environment* (pp. 179-192). London: Hogarth Press & The Institute of Psychoanalysis, 1965; New York: International Universities Press, 1965; reprinted London: Karnac, 1990.

Winnicott, D. W. (1963b). Dependence in infant care, in child care, and in the psychoanalytic setting. In: *The Maturational Processes and the Facilitating Environment* (pp. 240-260). London: Hogarth Press & The Institute of Psychoanalysis, 1965; New York: International Universities Press, 1965; reprinted London: Karnac, 1990.

Winnicott, D. W. (1967). The location of cultural experience. In: *Playing and Reality* (pp. 95-103). London: Tavistock, 1971.

Winnicott, D. W. (1971a). Mirror-role of mother and family in child development. In: *Playing and Reality* (pp. 101-111). London: Tavistock, 1971.

366 REFERÊNCIAS

Winnicott, D. W. (1971b). *Playing and Reality*. London: Tavistock, 1971.

Winnicott, D. W. (1971c). Transitional objects and transitional phenomena. In: *Playing and Reality* (pp. 1-25). London: Tavistock, 1971.

Winnicott, D. W. (1974). Fear of breakdown. *International Review of Psychoanalysis, 1*: 103–107. In: *Psycho-Analytic Explorations* (pp. 87-95), ed. C. Winnicott, R. Shepherd, & M. Davis. London: Karnac, 1989.

Wittgenstein, L. (1953). *Philosophical Investigations*. London: Blackwell.

Yovell, Y. (2000). From hysteria to posttraumatic stress disorder: Psychoanalysis and the neurobiology of traumatic memories. *Neuropsychoanalysis, 2*: 171-181.

Índice remissivo

abandono
  memórias internalizadas de, 96
  repetição traumática de, 96
  retaliatório, medo de, 66
Abel, C., 188
Abram, J., 146
ação analítica, 84
  para catalisar o ato de
  figurabilidade (exemplo clínico
  Thomas), 88-93
  como resposta à comunicação
  inconsciente, 84
ação interpretativa, concepção de
  Ogden, 92
adições, 36, 46, 85, 252
Adler, A., 210
afeto, 136-137

definição de Freud, 136
e representação, oposição entre, 263
Affektbetrag, 136
afonia, 191
Agieren, 196, 198
Agierenwollen, 181
Ahumada, J., 109
Aisenstein, M., 11, 17, 87, 111, 237-254
Alexander, F., 59
aliança no tratamento, ausência de, 36
Almodóvar, P., 309
alucinação(ões), 46, 68, 101, 110, 156,
  183, 217, 220, 232, 249, 277, 291,
  326, 328
  capacidade de, do inconsciente, 182
  onírica, 182, 201
alucinação negativa, 46, 68, 217, 232

368 ÍNDICE REMISSIVO

alucinação onírica, 182, 201

alucinose, transformações em, 277

Alvarez, A., 329

ambiente facilitador, *setting* como, 34

análise de crianças, 36, 101, 321

análise selvagem, 35

analista

atenção uniformemente flutuante

do, 240, 244

capacidade de *rêverie*, 292, 318

como "duplo" do paciente, 293

espaço onírico do, 299

trabalho de sonho do, e

simbolização, 273-293

André, J., 11, 37, 196, 257-272

Andreas-Salomé, L., 177

anorexia, 64, 252, 261, 336

ansiedade ante estranhos, 337

ansiedade de castração, 167

ansiedade de separação, 62, 89, 337

em crianças pequenas, 329

ansiedade depressiva, 33

ansiedade impensável, 328

ansiedade sinal, 87, 253

antianalisando(s), 31

antimetafísica, 201-208

Anzieu, D., 19, 324

Anzieu-Premmereur, C., 12, 38, 165,

321-339

aparelho psíquico, conceito

metafísico de, como preenchido

com entidades "eternas", 121

Apfelbaum, L., 193

après-coup, 145, 167, 196

apresentabilidade, 191, 268

e figurabilidade, 178-185

uso do termo por Freud, 192

apresentação

conceito de, 206-207

vs. representação, 25-26

apresentação(ões) de coisa, 26, 127,

248

vs. apresentação de palavra, 26

apresentação(ões) de palavra, 26, 27,

127, 142, 152, 157, 166, 168, 248

vs. apresentação de coisa, 26

Ariyoshi, S., 246, 254

assassinato primitivo, 175

associação livre, 28, 35, 36, 48, 49, 60,

107, 153, 162, 187, 238, 240

Associação Psicanalítica

Internacional, Congresso de

Londres (1975), 30

associar livremente, incapacidade

de, 35

at-one-ment, 279

ataque histérico, 181

ataques aos vínculos, 33

atemporal [*Zeitloskeit*], 120

atenção flutuante, 162, 163, 166, 253,

316, 331

regra fundamental da, 278

atenção uniformemente flutuante,

240, 244

atuação [*acting out*], 78, 120, 131, 137, 194-197

em vez de memória, 118

vs. recordar, uso dos termos, 138

Atwood, G. E., 110

Auerbach, E., 185

Aulagnier, P., 131, 132, 133, 213, 214, 227, 228, 229, 230, 231, 233

originaire, 133

autismo, 303

autoerotismo, 197, 322, 325, 333, 337

automutilação, 217, 228, 233

Axelrod, S., 224

Bacon, F., 269

Balint, M., 32

Baranger, M., 107, 110, 274, 304, 312

Baranger, W., 107, 110, 274, 304, 312

barreira da memória, 154-155, 166

persistência e força da, 167

barreira de contato, 319

barreiras autistas, 296, 300

Barros, E. L. R., 276

Barros, E. M. R., 274, 276, 291

Baudry, F., 43

bebê/criança

anoréxico, 260, 264

capacidade de distinguir "eu" e "não eu", 327

identificação histérica precoce com a mãe, 254

representação, 326, 330, 338

funcionamento psíquico do, 323

e mãe, relação intersubjetiva complexa entre, 274

sistema perceptivo do, 324

bebê anoréxico, 260, 264

Beckett, S., 300, 305

Beebe Tarantelli, C., 193

Bewusstwerden, 179, 198

Bibring, E., 111

Bilderrätsel, 187

Binswanger, L., 203

Bion, W. R., 22, 31, 37, 73, 76, 84, 86, 108, 111, 154, 196, 313, 322

analista "sem memória, sem desejo", 206

at-one-ment, 279

capacidade de notação, 79

capacidade de pensar, 31, 34, 70, 75, 78, 82, 95, 98, 273, 278, 284

capacidade de *rêverie*, 196, 275, 278, 292, 318, 338

continente/contido, 92, 192, 300

elementos alfa, 23, 111, 130, 132, 273, 315

elementos beta, 23, 110, 130-134, 192, 273, 276, 277, 279, 284, 290, 292, 315, 318

função-alfa, 23, 39, 92, 93, 131, 137, 273-274, 277, 278, 289, 293, 297, 304, 308, 333

inconsciente inacessível, 296, 298, 306, 315, 316

370 ÍNDICE REMISSIVO

K, 80, 108

mente primordial, 25

O, 80, 108, 109, 319

objetos bizarros, 132, 277, 281, 284, 290

parte não psicótica da personalidade, 276

trabalho-de-sonho-alfa, 293

transformações em alucinose, 277

vínculos

ataques aos, 33, 192

e pensamento, 48

bissexualidade, 33

bitriangulação, 34

Bohleber, W., 211

Bollas, C., 306

Börne, L., 204

Botella, C., 12, 22, 37, 42, 72, 141-173, 214-21, 292, 293, 299

conceito inicial de figurabilidade de Freud, retorno ao, 232

experiência do mundo externo, 220

expressão de contratransferência do analista em ação (exemplo clínico), 88-93, 101

figurabilidade psíquica, 27, 83, 90, 109, 240

trabalho de, do psicanalista, 241

memória do trauma, relevância da percepção sensorial para, 217

modo de representação relacionado

à elaboração onírica para a compreensão dos traços mnêmicos subjacentes ao trauma, 214

perda do objeto como caminho para a realidade, 220, 221

realização alucinatória do desejo, 226

objeto perdido da, 219, 220

Botella, S., 13, 22, 37, 42, 72, 141-173, 214-221, 292, 293, 299

ver também Botella, C.

Bouchard, M., 38, 110

Brandchaft, B., 110

Braunschweig, D., 254

Bremner, J., 300

Brill, A. A., 179

brincadeira representacional, 44

brincadeira simbólica (exemplo clínico), 334-336

Brown, L. J., 274, 290, 292, 293, 324

Brücke, E. W. von, 189

Brunswick, R. M., 36

Brusset, B., 209

buraco negro, 211, 292, 301, 304

Burlingham, M. J., 36

campo analítico, 21, 107, 276, 284, 285, 293, 308, 309, 317, 319

e áreas não simbólicas, 276

conceito dos Baranger de, 312

teoria do, 299

HOWARD B. LEVINE | GAIL S. REED | DOMINIQUE SCARFONE 371

campo psíquico, 117-129, 136, 151
  como parte da mente
  primordial, 120
câncer, 241, 261
  como objeto de elaboração psíquica
  (exemplo clínico), 243-254
capacidade de notação, 79
capacidade negativa, 315
capacidades de representação do
  paciente, fortalecimento das, 107
Cassorla, R. M. S., 13, 37, 110, 273-293
Castoriades-Aulagnier, P.
  ver Aulagnier, P.
cena primitiva, 162, 269
cena substitutiva, em sonho, 170
censura, 180
  contorno da, 191
  função defensiva da, 180
Charcot, J., 175, 184
Chasseguet-Smirgel, J., 215
Civitarese, G., 14, 37, 295-319
clivagem, 32-34, 232, 328-330, 339
"coisa em si" (Kant), 203
colapso, uso do termo por Winnicott,
  196
Colóquio Psicanalítico, Aix-en-Provence
  (1983), 237
complexo de Édipo, 167
complicação em ψ, 116, 120
compulsão à repetição, 199, 237, 238,
  288
comunicação inconsciente entre
  analista e paciente, 84, 106, 317

concepções, uso do termo por
  Freud, 124
condensação, processos primários
  freudianos de, 123
condicionamento pavloviano, 214
"confisco afetivo", 197
conflitos edípicos, 275
conluio, 288
  de agressão mútua, 289
  idealizado, 289
consciência durante o sono, 180
construção, conceito de, 146
construções formadoras de coerência,
  interpretação como, 97
continência, 324, 339
  capacidade da mãe para, 333
  capacidade do analista para, 298
  materna, 333
continência materna, 333
continente/contido, 39, 92, 192, 300
contratransferência, 82, 92, 101,
  111, 163, 192, 194, 244, 270,
  293, 294, 336
  expressa em ação, 88
  como fonte de dados necessária
  sobre o inconsciente do paciente, 48
  interferência contratransferencial, 88
  papel da (Green), 31, 32, 35
  trabalho de, "no limite", 241, 253
convicção
  conceito de, 145-148
  em delírios e sonhos, 147
  vs. recordar, 146

372 ÍNDICE REMISSIVO

regrediente, 167, 170

convicção regrediente, 167, 170

Cornillot, M., 330

criança(s)

   análise de, 36, 101, 321

   capacidade de

   linguagem, 339

   representação, 326, 330, 338-339

   simbolização, 339

   criatividade da, 339

   pré-psicóticas, 141

   representação da mãe, 322

criança/bebê

   anoréxico, 260, 264

   capacidade de

   distinguir "eu" e "não eu", 327

   identificação histérica precoce

   com a mãe, 254

   representação, 326, 330, 338

   funcionamento psíquico do, 323

   e mãe, relação intersubjetiva

   complexa entre, 274

   sistema perceptivo do, 324

criar ligações, conceito de, 145

criatividade da criança, 339

criatura fronteiriça, ego como, 258

culpa, 33, 182

   inconsciente, 38, 66, 85

   do sobrevivente, 234

cura pela fala, psicanálise como, 238

cuspir como protótipo de negação, 260

Dali, S., 302

Darstellbarkeit, 151, 185, 191, 201,

   208, 214-216, 232, 240, 268

   conceito de, 184

   significado do termo, 142, 178,

   179, 264

   e trabalho onírico, 142

   uso do termo por Freud, 142

Darstellen, 240

Darstellung, 25-26, 27, 179, 181, 183,

   185, 201, 206, 209, 215

   significado do termo, 339

   uso do termo por Freud, 179

   vs. Vorstellung, 25-26

David, C., 32, 272

De Masi, F., 224

defesas autistas, 339

defesas do ego, 96

defesas primitivas, 69, 328, 336, 339

delinquências, 36

delírios e sonhos, convicção em, 147

dependência do objeto, 31

depressão

   essencial, 34, 242

   primária, 33, 34

   secundária, 33

derivativo(s) da pulsão, 46, 67

derivativos pulsionais, 197

desamparo primordial, 259

descatexia, 23, 28, 32-34, 45, 74, 94,

   97, 98, 100, 110

descondensação, mecanismos de, 201

descontinuidade, significado do
termo, 49

desejo de morte, contra o marido, 183

desejo(s) inconsciente(s), 29, 90, 215

deslocamento, 28, 46, 48, 173
processos primários freudianos
de, 123

desmantelamento, significado do
termo, 300

desmentida, 46, 106, 200, 201

desobjetalização, 46, 47, 74

desvitalização, 67

desvitalização psíquica, 85

determinismo psíquico, conceito
de, 222

Diderot, D., 270, 272

dimensão interna, supressão da
(exemplo clínico), 221-222

Dingvorstellung, 187

dissociação, 109, 217, 329, 330

distúrbio neurológico, 89

distúrbio/patologia psicossomático,
36, 168

doença como objeto de elaboração
psíquica (exemplo clínico), 243-254

doença neurótica, 46

doenças somáticas, 46

Donnet, J.-L., 33, 34, 82, 194

"Dora" (caso de Freud), 183, 191

Eckstein, E., 186

economia psíquica, conceito de, 204

Edelman, G., 117

ego
auxiliar, 326
mãe como, 326
como criatura fronteiriça, 258
inconsciente, 28, 67, 68, 72

ego auxiliar, mãe como, 326

ego de prazer inicial, 227

ego inconsciente, 28, 67, 68, 72

ego-pele, 258, 266

Einstein, A., 175

Eisler, R., 206

Eizirik, C., 174

elaboração secundária, 173

elementos alfa, 23, 111, 130, 132,
273, 315

elementos beta, 110, 130-134, 192, 273,
276-277, 279, 284, 290, 292, 315
como protopsíquicos, 23

Ellis, H., 204

empatia do analista, 162

enactment, 88, 89, 92, 101, 110, 212,
271, 298
agudo, 288, 289

enactment agudo, significado do
termo, 288

enactment crônico, 288, 289

Énaudeau, C., 14, 210, 269

enquadre, funcionalidade do, 194

enquadre analítico, 71

Entgegenkommens, Zweck des, 190

Enzensberger, H. M., 310

374 ÍNDICE REMISSIVO

equilíbrio dinâmico, leis do, da vida
   da mente, 119
Erinnerungsbild, 154
erogenização dos sentidos, 229
Erscheinung, 206
Escravos da Quantidade, 134
escuta
   analítica, 178, 195, 201
   modo regrediente de, 163
escuta analítica, 178, 195, 201
espaço transicional, 44
estado de sessão, 153-154
estados *borderline*, 33, 194
   significado do termo, 258
estados mentais inacessíveis, 296
estados mentais não representados,
   211-234
estado(s) não representado(s) e
   figurabilidade psíquica, 141-173
estados psicóticos, mecanismos de
   defesa caraterísticos de, 32-33
estruturas *borderline*, 201
estruturas psicossomáticas, 141
exclusão do objeto, 31
exclusão somática, 32
Experiência inconsciente existencial
   bruta, 74, 81-83, 99
expulsão via ação, 32

facilitação, teoria freudiana da, 139
facilitações neuronais (Freud), 116
Fain, M., 32, 134, 231, 251, 254,
   323, 334

Fairbairn, W. R. D., 32
falha materna, 196
falta, conceito de Lacan de, 72
falta de representação (exemplos
   clínicos), 50-67
fantasia(s) inconsciente(s), 24, 49, 97,
   106, 278, 333
   bipessoal, 299
Federn, P., 258
Fédida, P., 194
Feldman, M., 173
Ferenczi, S., 31
Ferro, A., 83, 86, 101, 107, 110, 293,
   303, 317, 318
fetiche como substituto para o falo
   materno, 200
fetichismo, 200
figurabilidade, 27, 88-92, 100, 106,
   191, 196, 198, 214-217, 221, 223,
   225, 229, 234, 252, 268, 274, 293
   e apresentabilidade, 178-185
   ato do analista de, 82
   básica, 315
   conceito de, 156, 178, 232
   exemplo clínico, 157-173
   psíquica, 51, 90, 109
   e estados não representados,
      141-173
   trabalho do psicanalista de, 241
   qualidade processual da, 156
   rêverie como caminho de, 295-319
   significado do termo, 264

trabalho de, 90, 94, 141, 168, 169, 226, 241, 261

do analista, 314

do psicanalista, 155-157, 241

de traços sensoriais, uso em psicanálise, 222

uso do termo, 178

figurabilidade psíquica, 83, 90, 109

trabalho psicanalítico de, 241

ver também figurabilidade

figurabilité, 27, 215

conceito de, 173

significado do conceito, 141

significado do termo, 141, 142, 178

figuração, 27, 81, 110, 169, 178, 182, 184, 199, 284, 324, 325, 326, 329, 338, 339

falta de, e defesas iniciais, 330-333

poder epifânico da, 205-206

significado do termo, 339

figurar, 240

Fliess, W., 132, 186, 208, 209

fluxo de consciência, 312

fobia da morte, 182

Fonagy, P., 139

"forma bruta", 198

formação dos símbolos, 323

fragmentação, 67, 98, 100

da personalidade, 234

na psicose, 233

Fraiberg, S., 330

Franco Filho, O. M., 292

French, T. M., 111

Freud, A., 30, 36, 37, 39

Freud, S. (*passim*)

Além do princípio do prazer, 29, 192

"Algumas lições elementares em psicanálise", 202

"Análise terminável e interminável", 176

Andreas-Salomé, carta a, 177

"The claims of psycho-analysis to scientific interest", 181

complicação em ψ, 116, 120

compulsão à repetição, 29

condensação, processo primário de, 123

Conferências introdutórias sobre psicanálise, 177, 191, 209

"Construções em análise", 144, 146, 170, 171, 292, 298, 319

desamparo primordial, 259

deslocamento, processo primário de, 123

"A dinâmica da transferência", 181

"A disposição à neurose obsessiva", 210

"A dissecação da personalidade psíquica", 139

"Dora", 183, 191

O ego e o id, 28, 108, 127, 178, 223, 296

"Ensaios de metapsicologia", 116, 117, 136

Um esboço da psicanálise, 146

Estudos sobre a histeria, 199

376 ÍNDICE REMISSIVO

facilitações neuronais, 116

"Fetichismo", 200, 201

Fliess, carta a, 132, 208

"Formulações sobre os dois princípios do funcionamento mental", 239

"Fragmento da análise de um caso de histeria", 179, 183

sobre a função dos neurônios, 115, 116, 136

Glanz auf der Nase, 200

Group psychology and the analysis of the ego, 177

grupo "Wilhelm", 186

"Heredity and the aetiology of the neuroses", 117, 208

"A história do movimento psicanalítico", 210

"Homem dos Lobos", 146

"Homem dos Ratos", 210

"O inconsciente", 23, 26, 74, 177, 202, 278, 296

"Instincts and their vicissitudes", 23, 218

A interpretação dos sonhos, 73, 78, 142, 143, 148, 150-154, 170, 179-180, 185, 187-190, 198, 199, 204, 205, 209, 214-217, 232, 274

"Introdução ao narcisismo", 226

Irma, 185

Jokes and their relation to the unconscious, 204

libido, 117

metapsicologia, 22, 76, 117, 143, 144, 174, 176, 200, 201-222, 204, 293

"A metapsychological supplement to the theory of dreams", 143

Moses and Monotheism, 148

"A negação", 105, 260

"Notas sobre um caso de neurose obsessiva", 181, 210

"A note on the prehistory of the technique of analysis", 204

"A note on the unconscious in psychoanalysis", 124

Novas conferências introdutórias sobre psicanálise, 143, 175, 177, 178, 184, 202

"Otto", 186

"o pequeno Hans", 191

princípio do prazer-desprazer, 22

"Projeto para uma psicologia científica", 115, 118, 120, 129, 136, 173

The psychopathology of everyday life, 73

"On psychotherapy", 75

quota de afeto, 117, 136

realização alucinatória do desejo, 323

"Recordar, repetir e elaborar", 29, 117, 118, 128, 146, 148, 218, 285

representação psíquica, teoria da, 76

"reprodução", conceito de, 117-118

"Resposta a Adler", 210

"Screen memories", 117, 143

"A significação antitética das palavras primitivas", 188

"Sobre os sonhos", 218

"Some general remarks on hysterical attacks", 181, 191

teoria da memória, 117

teoria dos sonhos, símbolos na, 123

teoria/modelo da mente estrutural, 28, 29, 38, 66, 108, 193, 201, 209

teoria/modelo da mente topográfico, 21, 23, 28, 29, 37, 38, 66, 191, 193, 201, 209

Totem and taboo, 176, 182

trabalho onírico, 111, 142-144, 151, 153, 156, 170, 177, 180, 186, 133, 189, 214, 215, 217, 221, 232, 239, 241, 264, 274, 282, 283, 285-286, 288

tradução, mecanismo de, 132

Traumgedächtnis, 148

Três ensaios sobre a teoria da sexualidade, 269

Friedman, R., 110, 276

função-alfa, 23, 39, 92, 131, 137, 273-274, 277, 289, 333

do analista, 278, 289, 293, 308

"emprestar" ao paciente, 93

materna, 333

do paciente, 297

deficiências da, 304

Galton, F., 186

Gardiner, M., 36

Gedankenverwandlung, regrediente, 151

geômetra, pensamento regrediente do, 156

Gergely, G., 139, 337

Gesetzt-oder Vorgestelltwerden, 179

Gibeault, A., 38

Giordano, P., 311

Glanz auf der Nase, 200

Green, A., 22-38, 54, 74, 76-77, 79, 81, 84-88, 110, 134, 198, 199, 232, 237, 238, 292, 293

alucinação negativa, 46, 68, 217, 232

conceito de vazio de, 43-49, 65-71

"confisco afetivo", 197

descatexia, 28

"forma bruta", 198

mãe morta, 68

mente primordial, 25

negativo, 43

"outro similar", 49

rasgo no tecido da psique, 24

transferência sobre a palavra, 48, 49, 71

vazio, remendo cobrindo, 68

Groddeck, G., 261

Grossman, W. I., 16, 69

Grotstein, J. S., 292, 293, 315, 330

Grubrich-Simitis, I., 176

guarda-chuva, uso de (exemplo clínico), 258, 262, 265-271

Guignard, F., 292

Häberlin, P., 203

Hegel, G. W., 241

378 ÍNDICE REMISSIVO

Heidegger, M., 210, 269

Heimann, P., 83

hipertensão "psicossomática", 263

histeria, 252, 269

estudo sobre, de Freud, 183

Hoffman, I. Z., 110

holograma afetivo, mãe como, 101

Homem dos Lobos (caso de Freud), 146

"Homem dos Ratos" (caso de Freud), 210

Hoxter, S., 300

ícones como signos peirceanos, 115, 121-122

Idade Clássica, influência da, em Freud, 269

ideação, 44, 46, 67

identidade perceptiva, busca pela, 216-226

identificação

inconsciente, 68, 287

transitória, 292

identificação(ões) projetiva(s), 23, 131, 275, 277, 283, 284, 292, 296-297, 308, 315, 317, 328, 330

conceito de Klein de, 72

primitiva, 296

ilusão primária de ser gratificado, 340

imagem mnêmica, 154, 203

imagens auditivas, uso do termo por Freud, 182

imagens visuais, uso do termo por Freud, 209

imaginação

e noção de apresentação, 206

transcendental, 206

imaginação transcendental, 206, 207

Imaginário (Lacan), 133

Imbasciati, A., 292

imperativo representacional, 76-77, 93

inconsciente (Ics.)

"capacidade de alucinação" do, 182

conceito de, 29

dinâmico, 74, 81

não estruturado/formulado, 74

reprimido, 27, 48, 74

inconsciente dinâmico, 74

criação do, 81

inconsciente inacessível, 295-319

buracos negros no, 314-315

exemplo clínico, 304-315

significado do termo, 297

inconsciente reprimido, 27, 48, 74

Inderbitzin, L. B., 225

índices como signos peirceanos, 115, 121-122

infância

medos paranoides e introjetos persecutórios na, 333

primeira, desenvolvimento da representação na, 321-239

inscrição(ões), 22, 23, 25, 80, 196, 254, 298

psíquica, 196

inconsciente, 203

inscrição psíquica

    inconsciente, 203

    teoria da, 196

instinto de morte, 228, 230

interpretação dos sonhos, 177

inveja do pênis, 69

"Irma", 185

    "injeção de Irma", sonho de

    Freud, 185

Isaacs, S., 278

Jean Paul [Richter], 204, 205

Joseph, B., 169

Jurist, E., 139

K (Bion), 80, 108

Kahn, L., 14, 27, 37, 175-208

Kandel, E. R., 217, 224

Kant, I., 175, 202, 203, 206, 207

Kawabata, Y., 246, 247, 254

Kernberg, O., 66

Killingmo, B., 86

Klein, M., 32, 33, 39, 66, 72, 293, 322

    defesas para proteger o ego

    infantil, 330

    ego frágil do bebê, 313

    fantasia inconsciente, 24

    medos paranoides e introjetos

    persecutórios na infância, 333

Klein, S., 296

Königstein, L., 190

Korbivcher, C. F., 290

Körner, C. G., 152, 204

Kreisler, L., 323

Kristeva, J., 313

Lacan, J., 48, 133, 238

Lacoue-Labarthe, P., 206, 207

Langer, S. K., 273

Laplanche, J., 17, 136, 142, 178, 185,

    215, 260

    "situação antropológica

    fundamental", 132, 133

Lecours, S., 38, 110

lembrança(s) encobridora(s), 170, 171

    passado como, 143

Lespinasse, J. J. E. de, 268

Levine, H. B., 15, 21-38, 67, 73-108,

    276

Levy, R., 292

Levy, S., 46, 225

libido, definição de Freud, 117

Li'l Abner, 104, 105, 106

linguagem

    capacidade da criança para, 339

    papel estruturante da, na criação

    da mente, 76

linguística, 133

Loewald, H., 71, 117, 212, 213, 214,

    232, 233

Lutenberg, J., 111, 292

mãe

    ausência da, efeito da, 44

    e bebê, complexa relação

    intersubjetiva entre, 274

380 ÍNDICE REMISSIVO

capacidade de continência da, 333

depressão pós-parto (exemplo clinico), 330-332

desejos destrutivos em relação à, 60

como ego auxiliar, 326

função-alfa da, 131, 137, 333

como holograma afetivo, 101

identificação histérica precoce do bebê com a, 254

morta, 28, 68

como objeto transformacional, 306

papel como cobertura psíquica, 197

representação da, 54, 325

pela criança, 322

desvanecimento da, 45

rêverie da, capacidade de, 333, 338

suficientemente boa, 28, 36-37, 259, 338

Mancia, M., 297

Marty, P., 32, 34, 134, 272

Marucco, N. C., 292, 293

Masson, J. M., 132, 208, 209

McDougall, J., 31, 43, 106, 262

McEwan, I., 311

mecanismos de defesa característicos de estados psicóticos, 32-33

melancolia, 33

Meltzer, D., 231-232, 276, 300

memória

teoria de Freud da, 117

sem lembranças, 167, 169

memória onírica, 145, 148

e realidade alucinatória, 145

mentalização, 201, 315

uso do termo, 139

mente

modelo de, 131

estrutural de Freud, 28, 29, 38, 66, 108, 193, 201, 209

de Laplanche, 132

metapsicológico de três camadas de Aulagnier, 131

topográfico de Freud, 23, 28, 29, 37, 38, 66, 193, 201, 209

não pensante, 124

pensante, 124

primordial, 25, 37, 118-137, 292

mente primordial, 37, 118-137, 292

significado do termo, 25

Merleau-Ponty, M., 272, 312, 313

metafísica, 202, 204, 206, 264

metáfora(s) de desenvolvimento, 69

metapsicologia, uso do termo por Freud, 176

Milrod, B., 49

Mishima, Y., 243, 248, 254

Mitrani, J. L., 110

modelo palimpsesto, 293

modo de escuta regrediente, 163

morte, fobia da, 182

M'Uzan, M. de, 32, 134, 272

Nachträglichkeit, 211

Nancy, J.-L., 206, 207

não representação, 41-71

    conceito de Green de, 66

não representado, conceito de, 264

não-sonho(s), 276-284

    -a-dois, 284-289

    projeção de, 285

    (exemplo clínico), 286-289

    ↔ sonhos, 289-293

narcisismo

    considerando o, 226-231

    primário, 219, 220, 226, 227, 259

    teoria de Freud do, 226, 227, 259

Natterson, J., 110

Nebenmensch, 129, 267

necessidades do ego *vs.* necessidades
    do id, 305

necessidades do id *vs.* necessidades
    do ego, 305

negativo, conceito de Green, 43, 70

neurociência, 22

neurônios

    φ, 116

    ψ, 116

    facilitações neuronais, 116

    função dos, teoria de Freud sobre,
    115, 116, 136

neurose(s), 22, 33, 37, 157, 165, 200,
    234

    conceito de, teoria baseada no, 30

    edípica, 162, 164

infantil, 167

    teoria da, psicanálise como, 142,
    143, 144

    de transferência, 36, 143, 167

Novalis, 205

Noy, P., 216

núcleo psicótico, 31, 34

núcleos autistas, 296, 297, 298, 301

O (Bion), 80, 108, 109, 319

objetalização, 46

objeto

    integração estrutural por meio do, 31

    retirada do investimento do, 33

objeto(s) bizarro(s) (Bion), 132, 277,
    281, 284, 290

    exemplo clínico, 279-284

objeto idealizado, 47

objeto intermediário, 335

objeto primário, representação de,
    45-46, 49

    falha na, 42, 54, 55

    interna, 46

objeto transcendental, 203

objeto transicional, 44

objetos internos

    capacidade para representar, falta
    de, 27

    destruição de, 43

Ogden, T. H., 83, 107, 110, 111, 192,
    311

    ação interpretativa, concepção
    de, 92

382 ÍNDICE REMISSIVO

terceiro analítico, 275, 319

intersubjetivo, 319

Oliner, M. M., 15, 37, 38, 211-234

onipotência, 37, 71, 226, 234

    regressão à, 234

originaire, 131, 132, 166

    Aulagnier, 133

"Otto", 186

"outro similar" (Green), 49

pacientes *borderline*, 33, 141, 145, 151, 193, 259

pacientes histéricos, 181

pacientes não neuróticos, 21, 30, 36, 84

pacientes neuróticos, 24, 30, 37, 48, 84, 296

    com barreiras/núcleos autistas, 296

pacientes parafrênicos, 181

pacientes psicossomáticos, 260

pacientes psicóticos, 131, 227, 296

pacientes somáticos, 241

Parmênides, 269

parte não psicótica da personalidade, 276

parte psicótica da personalidade, 276

passado

    conceito de, como lembrança encobridora, 143

    inscrito, e experiência atual, 197

passado inscrito e experiência atual, 197

patologias, 95, 220

patologias neuróticas, 192

patologias psicóticas, 192

Peirce, C. S., 121-4, 126, 128, 132, 133, 135

pensamento

    capacidade para, 31, 34, 70, 75, 78, 82, 95, 98, 273, 278, 284

    ausência da, 70

    deficiência na, 296

    falta de, 298

    operatório, significado do termo, 272

    e representação, relação entre, 239

    simbólico, 127

pensamento regrediente do geômetra, 156

pensamento simbólico, capacidade para, 333

pensar simbólico, 127

"pequeno Hans" (caso de Freud), 191

perceptibilidade, 215, 223, 226

perda do objeto, como caminho para a realidade, 220

personalidade, fragmentação da, 234

perversões sexuais, 36

Phantasieren, 204

Piazolla, A., 174

plasticidade, 261, 265

    significado do termo, 264-265

Poincaré, H., 152-153

Pontalis, J.-B., 136, 142, 178, 215, 268

ponto de vista econômico, 198, 199, 203

    início do, 199

posição depressiva, 43, 284

prazer de órgão, 228

pré-consciente, 29, 107, 168, 196, 249, 254, 333, 338

transformar o inconsciente em, 240

princípio do prazer, 22, 230, 240, 253

princípio do prazer-desprazer, 22

processus originaire, 229

Prochiantz, A., 242

projeção, 330

protopensamento, 192

Proust, M., 217, 218

psicanálise

analogia da, com escultura, 75

como cura pela fala, 238

como teoria da neurose, 142

como teoria da representação, 147

Psicologia do Ego norte-americana, 66

psiconeurose edípica, 158

psicose, automutilação radical na, 233

psicose branca, 34

psicose temporária, sonho como, 147

psique

"ejeção da" (McDougall), 106

rasgo no tecido da, 24

psychose blanche, 34

pulsão, conceito psicanalítico de, 203, 264

pulsão de morte, 45, 158

Quattrocento italiano, influência do, em Freud, 269

"quota de afeto", teoria de Freud da, 117, 136

Rabinowitz, V. C., 224

Racker, H., 83

Rangell, L., 39

reação terapêutica negativa, 65, 158

Real (Lacan), 133

realidade alucinatória e memória onírica, 145

Realisierung, 183

realização alucinatória do desejo, 216, 217, 226, 323

objeto perdido da, 219

recordar

vs. atuar, uso dos termos, 138

como principal objetivo do trabalho psicanalítico, 117

Reed, G. S., 16, 21-71

referência, deslocamento da, 185-191

registro(s), 22, 80

regra fundamental, 237

da atenção flutuante, 278

régrédience, 151

regrediência, 147, 157, 158, 165, 166, 167, 171-173

como campo psíquico, 152

conceito de, 149-155, 293

tradução do, 149-151

do pensamento do analista, 169

Regrediente, significado do termo, 151

regrediente Gedankenverwandlung, 151

regressão

defensiva, 89

formal, 184, 188, 248, 251, 278

conceito de, 293

384 ÍNDICE REMISSIVO

fusional, 31

induzida pela transferência, 259

à onipotência, 234

regrediente, 166, 169

teorização da, 188

transferencial, 239

relações de objeto, padrões de defesa
de, 47

reparação, 33, 284

repetição, compulsão à, 29, 199, 237, 238, 288

Repräsentant, 136

Repräsentanz, 136

representabilidade, 173, 179, 213, 215, 240

significado do termo, 173

representação
e afeto, oposição entre, 263

vs. apresentação, 26

ausência de, 68, 72, 80, 329

e construções formadoras de coerência (exemplo clinico Erin), 94-106

capacidade de, 24, 34-37, 290, 322, 328, 336

da criança/do bebê, 326, 330, 338

capacidade de, falha na, 48, 70

conceito de, e ausência de, 76

demandas de, 237, 239

falha na, 42, 43, 49, 55, 69, 96

da mãe, 322, 325

materna, 45

falta de, 54

modos de, 214, 216, 221-233

que caracterizam os estágios do desenvolvimento humano, 213

do objeto, 24, 45, 50

do objeto primário, 45-46

falha na, 42, 54, 55

interna, 46

e pensamento, relação entre, 239

processo de, 25, 93, 179, 274

na primeira infância, 321-339

psicodramática, 240

psíquica, teoria de Freud da, 76

significado do termo (Freud), 23, 77, 79

significado psicanalítico do termo, 22

simbólica, 285

vazios na, 43

teoria da, 86

de Freud, 108

psicanálise como, 147

termo, significado do, 77

psicanalítico, 22

representar, capacidade de, 24, 27, 30, 34, 47, 78, 332

falha na, 24

repressão, 46, 109, 143, 159, 179, 188, 189, 200, 210, 224, 246, 252, 254, 309

reprimido, retorno do, 179

"reprodução", conceito de Freud, 117-118

resistência(s), interpretação da(s), 35

restrições psíquicas, graus de, 231-232

retraimento depressivo, 46

rêverie

   do analista, 278, 298, 314

   como caminho de figurabilidade, 295-319

   capacidade de, 196, 275, 278, 292, 318, 338

   da mãe, 338

   materna, 333

   trabalho de, 205

reversão afetiva, 46

Rey, J.-M., 185

Riccio, D. C., 224

Rocha Barros, E., 111

Rolland, J. C., 109, 238, 239

românticos de Jena, 206

Rosenfeld, H., 289

Rousseau, J.-J., 266

Roussillon, R., 22, 42

Rustin, M., 328

Sach-Vorstellung, 25, 127

   vs. Wort-Vorstellung, 25-26

Sandler, J., 290, 292, 293

Santo Agostinho, 184, 268

São Francisco, 307

São Paulo, 184

Sapisochin, S., 285

Saussure, F. de, 133, 209

savoir-voir, 205

Scarfone, D., 16, 21-38, 115-138

Schelling, F. W. J., 261

Scherner, K. A., 204

Schiller, F., 152, 204

Schlegel, A., 205, 207

Schlegel, F., 205, 207

Segal, H., 42, 48, 290, 291

Selbstbewusstsein, 207

semiótica, 121, 133

separação-individuação, 43

sessão, estado de, 153-154

setting

   como ambiente facilitador, 34

   perturbações no, déficits de representação surgindo como, 297-298

sexualidade infantil, 163, 265, 334

significado, construção de, 138

significados, hierarquia de, primazia do falo na, 270

significante(s), 28, 77, 85

   definição de Saussure, 209

   e significado, 76

   e signos, uso de Lacan de, 133

signos peirceanos, 115, 121-123, 124, 130

Simbólico (Lacan), 133

simbolização, 28, 31, 32, 42, 44, 48, 92, 133, 137, 192, 204, 223, 272, 328

   capacidade para, 322

   da criança, 339

   dificuldades de, 295

   processo inicial de, 321

   e trabalho de sonho do analista, 273-293

simbolizar, 274, 289

símbolo(s)

386 ÍNDICE REMISSIVO

como signos peirceanos, 115, 121-122

e simbolizado, 76, 290

na teoria freudiana do sonho, 123

sintomas psicossomáticos, 48

sistema *Ics.*, 28, 66

ver também inconsciente

sistema protomental

conceito de Bion, 313

significado do termo, 318-319

"situação antropológica fundamental" (Laplanche), 132, 133

somatização, 277

sonho(s)

-a-dois, 283, 287, 293

significado do termo, 275

"apresentação distorcida" dos, 199

capacidade de, da dupla analítica, 274, 277, 281, 284, 288, 299, 337

condensação nos, 186

conteúdo manifesto do, 162, 180

e delírios, convicção em, 147

função alucinatória do, 182

injeção de Irma, 185

↔ não sonhos, 289-293

como poemas oníricos, 208

como psicose temporária, 147

sagacidade infinita dos, 189

simbólicos, 293

sonho, trabalho do analista de, e simbolização, 273-293

sonhos simbólicos, 293

Spaltung, uso do termo por Freud, 210

Sparer, E., 76, 78

Sperber, H., 188

Spitz, R. A., 47

Steiner, G., 142

Steiner, J., 289

Stern, D., 108, 110

Stewart, W. A., 69

Stolorow, R. D., 110

Strachey, J., 25, 26, 127, 150, 151, 173, 179, 214

sujeito e objeto, confusão entre, 31

superego, 39

excessivamente rígido, 225

Swedenborg, E., 204

tabu do incesto, 237

Target, M., 139

tela incolor, pintura sobre, trabalho analítico análogo a, 73-108

tempestades afetivas, 85, 97

teoria das pulsões, 45

teoria/modelo da mente estrutural (Freud), 28, 29, 38, 66, 108, 193, 201, 209

teoria/modelo de mente topográfico, 23, 28, 29, 37, 38, 66, 193, 201, 209

terceiro analítico intersubjetivo, 275, 319

terror sem nome, 279, 284

Tertuliano, 184

trabalho-de-sonho-alfa, 111, 276

significado do termo, 274

trabalho ideacional, desmantelamento

do, 187

trabalho onírico, 142-144, 151,
153, 156, 170, 180, 186, 133, 189,
214, 215, 217, 221, 232, 239, 241,
282-288

conceito de Freud, 274

teoria do, 177

trabalho psíquico (Freud), 77, 90,
177, 238, 240

traço(s), na mente primordial, 125

traço(s) de memória, 45, 76, 84, 91, 165,
212-217, 221, 223, 226, 232, 254

sensoriais, 217

importância dos, para as reações
emocionais fundamentais, 215-216

subjacentes ao trauma, 214

do trauma, 234

traço mnêmico, 169

arcaico, 297

e imagem mnêmica, 203

traços sensoriais, figurabilidade de,
uso em psicanálise, 222

tradução, mecanismo de (Freud), 132

transferência (*passim*)

complacência transferencial, 82

compulsão transferencial, 253

distorção transferencial, 101

Eros transferencial,
materialização de afetos por meio
de, 195

neurose de, 36, 167

conceito de, 143

sobre o objeto, 48, 67

sobre a palavra, 48, 49, 71

papel da, centralidade do, 128-130

de passado esquecido para o
analista, conceito de, 157

processo de dupla (Green), 237

regressão transferencial, 239

transfiguração, potência de, 206

transformação alfa, 276

transformações em alucinose, 277

transtornos/patologias *borderline*,
192, 301

transtornos primitivos de
personalidade, 82

transtornos psicóticos, 301-302

trauma(s)

como buraco negro na estrutura
psíquica, 211

conceito de, e elementos beta, 192

consequências de, identificáveis
na relação analítica, 291

efeitos do, e estados mentais não
representados, 211

iniciais, 249

memória do, relevância da
percepção sensorial para, 217

negativo do, 169, 171, 172

precoces, 196, 242, 298

não representados, 144

traços mnêmicos subjacentes ao,
214, 234

transmissão intergeracional de, 293

Traumgedächtnis, uso do termo por
Freud, 148

388 ÍNDICE REMISSIVO

triângulo edípico, 269

Trieb, 264

tropos, 122, 128

Tustin, F., 296

Überzeugung, 145-148

vazio, 48, 55, 68-71, 292
    alucinação negativa, 46
    conceito de, 111
    encontro com, 53
    remendo cobrindo o (Green), 68

Verbildlichung, uso do termo por
    Freud, 208

verdadeiro *self* e falso *self* (Winnicott),
    75

verdadeiro pensamento, 109

Verdrängung, 200

Verleugnung, 200

Vermote, R., 38

vínculos, ataques aos, 33, 192

Vitale, S., 319

Vorgestelltwerden, 179

Vorstellung, 25-26, 77, 115, 124, 136,
    179, 185, 215, 238, 239, 250
    vs. Darstellung, 25
    significado do termo, 262
    uso do termo por Freud, 179

Vorstellungsinhalt, 150, 181

Watson, J. S., 337

Weddell, D., 300

Widlocher, D., 110

"Wilhelm", grupo, 186

Winnicott, D. W., 22, 31, 37, 47, 49,
    97, 107, 145, 159, 170, 259, 312,
    319, 322, 333
    "amorfo" e "criação de forma", 195
    ausência da mãe, efeito da, 44
    "a capacidade de criar o mundo", 328
    capacidade de *rêverie*, 196, 275,
    278, 292, 318, 338
    "colapso", medo do, 195, 196
    descatexia, 23, 28, 44, 45
    espaço transicional, 44
    ilusão primaria de ser gratificado,
    340
    necessidades do id vs.
    necessidades do ego, 305
    objeto transicional, 44, 326
    tolerância do bebe à frustração, 327
    verdadeiro *self*, 32-33
    e falso *self*, 75

Wittenberg, I., 300

Wittgenstein, L., 139

Witz, 189, 204, 205, 207

Wortdarstellung, plastische, 187

Wort-Vorstellung, 127
    vs. Sach-Vorstellung, 25

Yehoshua, A. B., 306

Yovell, Y., 217, 224

Zweck des Entgegenkommens, 190

Zwischenarbeit, 190

GRÁFICA PAYM
Tel. [11] 4392-3344
paym@graficapaym.com.br